全国高等教育自学考试指定教材
学前教育专业(独立本科段)

学前教育诊断与咨询

Xueqian Jiaoyu Zhenduan yu Zixun

(附:学前教育诊断与咨询自学考试大纲)

全国高等教育自学考试指导委员会　组编

主　编　顾荣芳
参编者(以编写章节为序)
　　　　虞永平　邱学青
　　　　孔起英　许卓娅

高等教育出版社

图书在版编目(CIP)数据

学前教育诊断与咨询／顾荣芳主编；全国高等教育自学考试指导委员会组编．--北京：高等教育出版社，2014.5(2023.12重印)

ISBN 978-7-04-045587-8

Ⅰ.①学… Ⅱ.①顾… ②全… Ⅲ.①学前教育-教育诊断-高等教育-自学考试-教材②学前教育-咨询-高等教育-自学考试-教材 Ⅳ.①G61

中国版本图书馆 CIP 数据核字(2016)第 119382 号

策划编辑：雷旭波　　责任编辑：雷旭波　　责任印制：刁　毅

出版发行	高等教育出版社	网　址	http：//www.hep.edu.cn
社　址	北京市西城区德外大街4号		http：//www.hep.com.cn
邮政编码	100120	网上订购	http：//www.hepmall.com.cn
印　刷	北京市鑫霸印务有限公司		http：//www.hepmall.com
开　本	880mm×1230mm　1/32		http：//www.hepmall.cn
印　张	8.25		
字　数	202 千字	版　次	2014 年 5 月第 1 版
购书热线	010-58581118	印　次	2023 年 12 月第 9 次印刷
咨询电话	400-810-0598	定　价	11.00 元

本书如有质量问题，请与教材供应部门联系调换。
版权所有　侵权必究
物 料 号　45587-00

组编前言

当您开始阅读本书时,人类已经迈入了21世纪。

这是一个变幻莫测的世纪,这是一个催人奋进的时代。科学技术飞速发展,知识更替日新月异。希望、困惑、机遇、挑战,随时随地都可能出现在每一个社会成员的生活之中。抓住机遇,寻求发展,迎接挑战,适应变化的制胜法宝就是学习——依靠自己学习、终身学习。

作为我国高等教育组成部分的自学考试,其职责就是在高等教育这个水平上倡导自学、鼓励自学、帮助自学、推动自学,为每一个自学者铺就成才之路。组织编写供读者学习的教材就是履行这个职责的重要环节。毫无疑问,这种教材应当适合自学,应当有利于学习者掌握、了解新知识、新信息,有利于学习者增强创新意识、培养实践能力、形成自学能力,也有利于学习者学以致用,解决实际工作中所遇到的问题。具有如此特点的书,我们虽然沿用了"教材"这个概念,但它与那种仅供教师讲、学生听,教师不讲、学生不懂,以"教"为中心的教科书相比,已经在内容安排、形式体例、行文风格等方面都大不相同。希望读者对此有所了解,以便从一开始就树立起依靠自己学习的坚定信念,不断探索适合自己的学习方法,充分利用已有的知识基础和实际工作经验,最大限度地发挥自己的潜能以达到学习的目标。

欢迎读者提出意见和建议。

祝每一位读者自学成功。

全国高等教育自学考试指导委员会
2002年10月

目 录

学前教育诊断与咨询

第一章　学前教育诊断与咨询基本原理 …………………… 1
　第一节　学前教育诊断与咨询的基本内涵及功能………… 1
　第二节　学前教育诊断与咨询的原则……………………… 6
　第三节　学前教育诊断与咨询的基本过程及相互关系…… 8
第二章　学前课程的诊断与咨询 …………………………… 17
　第一节　学前课程方案的诊断与咨询 …………………… 17
　第二节　学前课程实施的诊断与咨询 …………………… 36
第三章　学前儿童游戏活动的诊断与咨询 ………………… 43
　第一节　学前教育机构游戏环境设置的诊断与咨询 …… 43
　第二节　学前教育机构游戏活动指导策略的诊断与咨询 … 55
　第三节　学前儿童游戏发展水平的诊断与咨询 ………… 66
第四章　学前教育机构环境设置的诊断与咨询 …………… 78
　第一节　学前教育机构物质环境设置的诊断与咨询 …… 78
　第二节　学前教育机构心理环境构建的诊断与咨询 …… 87
　第三节　学前教育信息环境开发的诊断与咨询 ………… 96
第五章　学前教育教科研工作的诊断与咨询……………… 104
　第一节　学前教育教研工作的诊断与咨询 …………… 104
　第二节　学前教育科研工作的诊断与咨询……………… 130
第六章　幼儿园教师的诊断与咨询………………………… 157
　第一节　幼儿园教师角色期待与实际水准差异的诊断与咨询

　　　　……………………………………………………………………………… 157
　　第二节　幼儿园教师专业化发展的诊断与咨询……………… 189
第七章　学前教育机构体制的诊断与咨询……………………… 194
　　第一节　学前教育行政体制的诊断与咨询…………………… 194
　　第二节　学前教育机构体制的诊断与咨询…………………… 204
后　　记…………………………………………………………… 214

附　学前教育诊断与咨询自学考试大纲

《自学考试大纲》出版前言…………………………………………… 217
　　Ⅰ　课程性质与设置目的…………………………………… 219
　　Ⅱ　课程内容与考核目标…………………………………… 220
　　Ⅲ　有关说明与实施要求…………………………………… 255
附录　题型举例……………………………………………………… 257
《自学考试大纲》后记………………………………………………… 258

第一章 学前教育诊断与咨询基本原理

第一节 学前教育诊断与咨询的基本内涵及功能

考察当前我国的学前教育,可以发现许多研究习惯从应然角度考虑,关注的是理想的学前教育状态,而对学前教育中存在的问题与不足的深入研究较为欠缺。然而,广大幼教工作者在学前教育实践中面临各种各样的问题,迫切需要在诊断教育现象、制定教育对策等方面得到指导。学前教育诊断与咨询正是在借鉴医学诊断学、教育病理学及心理咨询学等学科的一般原理的基础上,研究学前教育机构中的各种教育病理现象,并据此做出判断与鉴定,制定教育策略,提供教育帮助的一门尚在起步阶段的新兴学科。

(一)学前教育诊断与咨询的基本内涵

1. 学前教育诊断的基本内涵

诊断:诊,即看病;断,即判断、决定。诊断是指医生在检查病人的症状之后判定病人的症状及其发展情况,即诊病后所作的结论。学前教育诊断是指学前教育专家对某个或某些学前教育机构当前的教育状态所作的判断与鉴定。学前教育诊断的主要目的有两个:一是咨询者决定是否为来访者咨询,如果能为其咨询,需要制定怎样的咨询计划;二是为开展咨询搜集较为详细的基础材料,主要包括来访者的基本情况。

学前教育诊断与咨询

学前教育诊断与学前教育评价、学前教育鉴定的意思相近,但也有区别。学前教育评价往往是较全面的、一般性的教育测量与评估,重点在于对事物价值的判断。学前教育鉴定是学前教育评价较深入的工作,重点在于判定事物的优劣真伪。学前教育诊断则是结合心理学、教育学、诊断学对学前教育环境、学前教育师资、学前教育对象及其在学前教育活动中的地位、作用和相互关系等进行的一种深入的、多层次的评价工作,其目的是为了细致地了解各个层次的学前教育机构及各种类型的学前教育对象的教育需要,并以此为依据开展学前教育咨询。学前教育诊断的有些内容是专业的,需由有关专家来完成,有些内容可由教师采用现成的评估表、评分表或自己制定检验表来完成。① 诊断包括对诊断对象优点的认识,不限于辨认诊断对象的不足与问题,最重要的是确定存在问题的根源。

学前教育诊断具有以下特性:(1)教育性。有学者认为,教育诊断的观念固然自医学诊断演变而来,但是教育诊断与医学诊断却不宜混为一谈,医学诊断是为医药治疗而存在,正如教育诊断为教育治疗而存在一样。② 学前教育诊断关注的是来访者能否进行有效的学前教育活动,同时针对存在问题展开咨询,提供教育策略。(2)求因性。学前教育诊断相对而言较学前教育评价更关注教育过程中出现的问题的性质及其对学前教育过程可能产生的影响。(3)客观性。学前教育诊断过程中重视资料的收集、数量化的陈述与质的分析并重。(4)个别性。整个诊断过程就是对各种各样的、个别化的教育问题做出假设和验证,考虑来访者所面临的独特的教育情境,以便确定目前的教育水平和最终的教育目标的

---

① 陈云英主编:《残疾儿童的教育诊断》,科学出版社,1996年2月,第4页。
② 郭为藩等编著:《特殊儿童的教育诊断》,(台)正中书局出版社,1993年10月,第15页。

第一章 学前教育诊断与咨询基本原理

过程。

2. 学前教育咨询的基本内涵

咨询：咨，即商量；询，即询问。咨询即提供智力服务。以咨询机构形式，依靠具有丰富知识经验的咨询人员，为委托方提供各种智力服务的行业被称为咨询业。现代咨询业自19世纪初在英国诞生以来，大致经历了个体咨询、集体咨询、综合咨询和国际合作咨询四个发展阶段。一些从事软科学研究并出售"智能"产品的公司即咨询公司，于20世纪40年代在西方国家应运而生，这是一种服务性的公司，它接受企事业单位、团体或个人委托，运用丰富的专业知识、经验和才能，提供最优化的理论、策略和方法，并进行预测。咨询的类别可分为决策咨询、技术咨询、工程咨询、管理咨询及其他各种专业咨询。

学前教育咨询是指咨询者通过语言、文字等媒介，对来访者的教育观念和教育行为施加影响，从而帮助来访者解决学前教育工作中的具体问题，为学前教育机构或学前教育工作者提供专业的智力服务。学前教育咨询反映了咨访双方的一种关系，它是一个活动过程。学前教育咨询的途径可以分为书信咨询、电话咨询、网络咨询和现场咨询等。学前教育咨询的对象可以分为个别咨询和团体咨询。个别咨询即针对某一学前教育机构开展的咨询；团体咨询即针对两个以上的学前教育机构共同存在的教育问题开展的咨询。

3. 诊断者、咨询者和来访者

学前教育诊断与咨询中具有专业知识和技能，能够为来访者提供诊断或咨询服务者被称为诊断者或咨询者。诊断者和咨询者往往是学前教育理论与实践专家，诊断者主要负责对来访者的教育状态做出判断和鉴定，咨询者主要负责为来访者分析当前的教育现状并提出教育策略。国外有学者认为，咨询者愿意从事咨询工作最常见的动机一般有三个，即（1）为他人做一些事情，那些事情是别人已经为自己做过的;(2)为他人做一些事情,那些事情是自己希望为别人做的;(3)与他人共享自己已获得的一些具有启发性的东西。① 有效的学前教育咨询者不仅具有咨询所必须的专业知识和技巧,而且具有咨询经验,并且能够敏锐地认识并妥善地处理各种人际关系,具有乐意接纳持有不同教育价值观的来访者的态度。作为一名咨询者,应经常反思:自己的咨询行为反映了怎样的价值观,自己对待种种教育问题的态度和信念基于何种学前教育理论,自己究竟能否为那些来访者进行有效的咨询,为什么,以利于提高学前教育咨询的质量。

要求接受咨询服务并要求解决问题者被称为来访者,来访者有时代表个人,有时代表某个学前教育机构。前来咨询的来访者带有并不完全相同的心理期待,有时来访者的期望值过高,希望咨询者能解决所有的问题或彻底解决问题;有时来访者的期望值过低,只是将问题加以诉说,并无彻底解决的愿望。

4. 学前教育诊断与咨询工作者的基本素养

一些国家如美国,对心理诊断与咨询工作者有严格的资格要求,要获得这种资格必须在大学或研究机构进行长期学习和临床实践。而目前由于教育诊断与咨询尚处在探索阶段,没有专门的培训机构培训学前教育诊断与咨询工作者,因此,学前教育诊断与咨询工作者必须通过系统阅读并在有经验的咨询者的指导下实践,学习和掌握诊断与咨询的基本知识与技能。一般来说,学前教育诊断与咨询工作者应熟悉学前教育机构的基本情况并有丰富的专业经验,具有一定的学前教育理论修养,持有科学的儿童观、教师观和教育观,具有学前儿童心理、卫生及教育等方面的扎实宽泛的知识,否则将无法开展学前教育诊断与咨询,也不可能为来访者

---

① [美] S. Cormier, B. Cormier 著,张建新等译:《心理咨询师的问诊策略》,中国轻工业出版社,2000年6月,第18页。

第一章　学前教育诊断与咨询基本原理

提供科学的决策。

咨询者是以一个活生生的完整个人投入到咨询之中的,每一位咨询者或治疗家都不会像想像的那样只把大致相同的理论和方法带入咨询。咨询者的专业训练、专业经验固然重要,咨询者的个人经历、个性特点乃至人生观也不会在咨询活动中保持沉默。① 咨询过程体现了咨访双方一种特殊的人际关系,这种关系的特殊性即体现出双方的相互作用,因此诊断与咨询工作者应具备以下人格素质:(1)情绪稳定,有和谐的人际关系。诊断与咨询工作者要能客观地认识自己的情绪类型,应该具有能够解决个人问题的能力,能自我接纳、自我调节。不仅能通过专注倾听,对对方的心理做出敏感反应,而且能对自己的心理做出敏感反应。咨询者对人际关系应有较深刻的理解,尊重来访者的价值,真诚地关心来访者,热心提供帮助。咨询者的优越感将会影响咨询的效果,甚至妨碍咨询的顺利进行,所以咨询者必须具有与他人协作配合的能力。(2)尊重来访者,有良好的自身修养。咨询者对来访者几乎是无条件的积极关注和尊重,在诊断者与咨询过程中,诊断者与咨询者应有自知之明,充分了解自己的长处和短处,不断改善自我,不断提高自身修养。(3)有较强的判断力。诊断者与咨询者能够凭借已有经验,根据来访者的反映或现场观察做出敏锐的初步的判断。

(二)学前教育诊断与咨询的主要功能

1. 学前教育诊断的主要功能

(1)收集来访者的基础资料:诊断时首先对来访者所在学前教育机构的办学时间、办学指导思想和办学特色等加以了解,尽可能收集到有关该机构的较为全面的资料。

(2)确定咨询对象:通过诊断,确定来访者属于以下三种情况中的哪一类。第一类,存在一定的问题,需要加以改进;第二类,没

---

① 江光荣著:《心理咨询与治疗》,安徽人民出版社,1998年7月,第171页。

有特殊问题,所存在的问题属于学前教育过程中的正常现象;第三类,诊断所需资料尚不够齐全,需要继续收集,以便作进一步的判断。其中,第一类来访者是学前教育咨询的适宜对象。

(3)明确问题出现的背景和条件:通过诊断分析,能够使来访者和咨询者明确某些问题产生的特定背景和条件,从而有利于有的放矢地解决问题。

(4)把握问题的实质:通过诊断,能够找到来访者提出的问题的根源,发现问题的实质,有时还能发现其他新的问题。

2. 学前教育咨询的主要功能

(1)帮助来访者梳理存在问题,认识问题症结。在来访者诉说自己的一系列困惑后,咨询者有必要指出其面临的众多问题中的核心问题,帮助来访者认识问题的症结。

(2)咨询者和来访者共同确定教育需要。根据诊断结果,咨询者与来访者共同确定特殊教育需要。

(3)提供教育行为策略,帮助来访者自我改进。以解决各种教育问题为目的,提出有的放矢的教育行为策略,帮助来访者自我修正、自我改进。

第二节 学前教育诊断与咨询的原则

(一)学前教育诊断的原则

1. 客观真实的原则

由于学前教育诊断是对某个学前教育机构存在的教育病理现象所作的判断与鉴定,而判断与鉴定的结果是开展有效的学前教育咨询的基础,也是采取相应教育策略的前提,因此诊断中应注重客观事实,对来访者所面临的教育病理现象产生的背景以及表现出的特殊性尽可能做出最客观的分析,确保诊断的真实可靠。如果条件许可,诊断者应亲临现场进行观察、分析和判断。

第一章 学前教育诊断与咨询基本原理

2. 科学有序的原则

学前教育诊断并非是完全依赖经验的判断,而是常常需要凭借诊断标准,对是否存在教育病理现象、存在何种类型的教育病理现象等做出有科学依据的鉴定。其鉴别过程又是遵循一定规律的有序进程,需要从发现问题的一般症状到揭示问题的特殊症状,从挑明危害较小的种种迹象到挖掘有碍全局的严重事件,层层剥离,有序分析,直至找到问题的症结。

3. 耐心谨慎的原则

诊断者必须在耐心听取和全面把握了有关来访者的丰富资料,并进行了相关分析后才开始审慎地加以评价和诊断,切不可以偏概全,做出与事实相悖的结论,误导来访者。

(二)学前教育咨询的原则

1. 咨访结合原则

良好的咨询效果有赖于咨访双方的有效互动,离开了任何一方的积极参与,咨询的效果都将事倍功半。因此,在咨询过程中,咨询者不仅应以热情诚恳的态度认真地对待来访者介绍的每一个细节和提出的每一个问题,而且应充分调动来访者的积极性,激发来访者主动参与分析、解决问题的兴趣。咨询者通过诸如"你们希望从咨询中获得怎样的帮助"这样的提问,唤起来访者对咨询的期待。

2. 综合原则

咨询者要善于将来访者提出的问题放在其特定的教育背景下综合分析,要尽可能地考虑导致问题产生的多种因素及其相互关系,避免急于下结论;咨询者提供的教育策略应避免头痛医头、脚痛医脚,针对某一问题的解决策略不应妨碍其他问题的解决。

3. 灵活原则

咨询者能够在把握来访者共性的基础上,视具体情况,最大限度地根据来访者的特殊性,灵活地应用咨询理论、方法,以取得最有效的咨询效果。来访者一般存有尽快解决问题的心理,但咨询者必须通过审慎考虑方可做出分析、提出建议,因此,条件成熟时可实时咨询,否则可延时咨询。

4. 保密原则

尽管许多教育问题可以让更多的人知晓甚至参与讨论,但有些教育问题可能纯属某学前机构的内部问题而不便对外张扬,因此,咨询者不应将诸如此类的问题泄露给其他人。

5. 尊重原则

咨询者与来访者应该相互尊重,否则容易使咨访双方产生不满情绪,不利于咨询活动的开展。咨询者对来访者应无任何强硬的要求或其他企图,只是在承认来访者所提出的问题是有价值的前提下,对来访者提出建设性意见,至于是否接受意见则由来访者自己决定。

第三节 学前教育诊断与咨询的基本过程及相互关系

(一)学前教育诊断的基本过程

1. 全面诊察

该阶段的主要任务是收集信息。诊断者收集的信息越全面,信息反馈就越准确。一般可从以下纬度把握信息的来源:(1)时间纬度。从过去到未来,了解过去的信息可以帮助诊断者了解来访者发展到今天的过程,了解目前的信息可以帮助诊断者了解来访者当前的教育现状,了解未来的信息可以预示来访者的发展趋势。(2)主客观纬度。主观纬度是指来访者对自己的认识、评价,比如我园是一个什么样的幼儿园或希望他人把我园看成一个什么样的幼儿园,与其他幼儿园相比,我园有怎样的特色与不足。客观纬度是指教育行政部门对来访者的评价与满意度。"请客观地评价一下你们的现状"这一提问可以使来访者理清思路,较为客观

第一章 学前教育诊断与咨询基本原理

地认识自己,也有利于咨询者进一步把握全面的情况。

尽管收集信息的途径可能是面谈,也可能是通信联系或其他方式,但无论何种途径的诊察都应促使来访者充分反映自身的基本情况,让来访者感受到咨询者对他的尊重、理解,并在一定程度上能够与他产生共鸣。面谈时,诊断者可以通过非指示的引导性语言让来访者更清楚、更积极地表明问题,例如:"你为什么会想到来这里?""对这个问题,你能再详细地说说吗?""对不起,我一下子还没有明白你的意思,能再解释解释吗?"诊断者也可以通过恰当的支持性的非言语行为传递自己的真诚,例如:直接而间歇的目光接触和微笑、朝向来访者倾身而坐等。面谈时诊断者应做好访谈记录(参见学前教育诊断与咨询记录表)。

2. 筛选补充

对诊察阶段获得的众多资料进行审查,筛选出最典型、最能反映本质问题的有价值的信息,并进行资料与信息的归类。一旦发现所需资料尚不完备或不具体,必须及时补充。该阶段应使所获取的资料和信息条理化和系统化,可以依据来访者的背景资料即基本情况(如园址、建园时间、园规模、班级规模、教师队伍等)、来访者当前的困惑、来访者的自我评价、来访者希望得到解决的问题等线索整理资料。

筛选补充资料的过程实际上是一个尝试错误的过程,这一阶段的核心问题是保留什么资料,补充哪些资料,这与诊断者的价值取向及假设判断有关。当诊断者以某种假定和判断为依据时,便会凭经验筛选,定向地收集补充相关的资料;当诊断者试图进行全方位的深入咨询或对来访者的问题暂时心中无数时,便会将来访者的所有资料全部收集补充起来。

3. 问题探索

通过对众多有价值信息的分析归纳,探索来访者存在的主要问题,分辨问题的主次。来访者有时会提出许多凌乱的问题,其中有些问题可能归属同一性质,随着主要问题的解决,其他问题便迎刃而解,诊断者因此须将这些问题进行归纳,并尽快抓住一个主要话题进行深入讨论;有时来访者仅提出一两个十分笼统的问题,需要诊断者依据所掌握的资料进行客观的分析,将一个大问题分解为若干个小问题,然后分别处理;有时来访者对存在的问题并不明确,只是对当前的教育状态不满意,需要诊断者帮助其理清思路,明确实质性的问题;有时来访者对问题产生的时间认识模糊,在回答诸如"你们什么时候出现这个(这些)问题的"这一类提问时倾向于把问题的发生时间说成是近期,但通过询问不难发现,有些问题其实早就存在,只是最近才趋于明显或严重而已。

问题探索阶段的重点是:①

(1)事实　发生了什么问题,问题产生的前因是什么,后果又是什么。

(2)认识　来访者是怎样看待这一问题的,来访者的认知能力和认知方式有何特点。

(3)行为　问题产生前来访者做了什么,问题产生后来访者又做了什么。

(4)环境　问题的产生与来访者所处的环境条件是否有关,来访者所处环境的特殊性是什么。

4. 症结判断

该阶段旨在分析问题产生的缘由、判定问题的症结,将教育病理现象与可能的原因联系起来。为了探明来访者对问题的归因方式,诊断者可以通过询问来达到这一目的,如"你(们)认为出现这些问题的主要因素有哪些"这一问题有利于帮助来访者正确分析问题产生的原因,当诊断者对来访者看问题的方法、动机、见解以较为温和的方式试探性地提出质疑时,往往是在向对方暗示,即来

---

① 江光荣著:《心理咨询与治疗》,安徽人民出版社,1998年7月,第171页。

第一章 学前教育诊断与咨询基本原理

访者对现存问题的看法存有不妥之处。为使诊断正确,诊断者应及时了解来访者对解决问题曾做过的努力和尝试。经过周密分析,诊断者应对来访者做出诊断结论,找到问题的核心。

(二)学前教育咨询的基本过程

1. 目标设定

咨询目标的确立首先依赖于学前教育的目标。咨访双方的学前教育价值观、儿童观、教师观、活动观、环境观以及评价观等对咨询目标起决定作用。

目标设定在咨询过程中具有重要意义。首先,使咨询方向明确,导引咨询全过程;其次,保持对咨询过程的监控,有益于咨询效果的评价;再次,促使咨访双方在咨询过程中积极投入,向着既定目标努力。

目标探讨可从了解来访者的愿望着手,有时来访者只是对自己的教育现状感到不满,但对如何改变现状并不清楚,因此咨询中必须通过咨访双方的互动,商定咨询目标。咨询者与来访者的互动即相互作用是指两个主体相互发生影响的过程。互动的实质是一方对另一方发出影响信息,另一方对这种影响进行认知和评价并做出一定反应,后者的反应又作为反馈信息作用于前者。咨询是一种互动,是双向的信息交流而非单向交流,这意味着不仅咨询者在影响来访者,来访者也在影响咨询者。咨询过程中的互动应是一种良性互动,即咨访双方体现出相互信任、富有建设性的友好关系。学前教育诊断与咨询中,并没有一个单独的阶段发展咨访关系,良好咨访关系的建立渗透在诊断与咨询的各个环节。

咨询目标由咨访双方共同商定,咨访双方协商咨询目标的过程既可以调动来访者解决问题的积极性,也可以有效地激发来访者对咨询的信心并调整其对咨询的期待值。需要注意的是咨询目标最终仍由咨询者确定。咨询目标可以分为终极目标和中间目标,特定的来访者决定了特殊的终极目标和中间目标。中间目标是达到终极目标的一个个阶段性目标,也可以看做是目标体系中的分解目标。咨询目标也可以分为修正目标和发展目标。修正目标着眼于消除教育病理现象,发展目标着眼于借鉴新的经验完善教育。

2. 方案探讨

咨询目标确定以后,咨访双方商议策略,探讨解决问题的方案或行动计划。方案探讨需要根据来访者存在的问题的性质、严重程度、特定的环境条件,咨询者的策略和专业知识与技术储备,结合已经确立的咨询目标进行。咨询者有时根据需要为来访者设想出各种可能的方案,并帮助权衡、评估方案,最终确定一个相对合适的方案。在学前教育咨询中,没有惟一正确的绝对方案,咨访双方只能根据现有条件,根据方案的有效性和可行性对可能的多种方案进行比较和选择。由于来访者熟悉和了解自身的教育环境,也有改善教育现状的迫切愿望,因而让来访者参与探讨方案的过程是可行的;同时为了避免来访者对咨询者提出的方案的不理解而简单否定,如来访者有时因并不确切知道将要干什么而凭直觉武断地认为某个方案是"不切实际"的,故来访者参与方案的探讨又是必要的。

3. 方案实施

在来访者接受既定方案的前提下,进入方案实施阶段,即以一定的学前教育理论为指导,按照设定的目标行动。方案实施阶段,来访者应充分发挥主动性、积极性和创造性,咨询者尽力适时地帮助来访者,但帮助过程应重在点化与领悟,而不是包办代替,不应妨碍来访者独立解决问题能力的培养。在实施阶段,原则上依据既定方案进行,但若发现不妥之处,应及时根据反馈结果进行调整,而在调整前需要判明原定实施步骤是设计不当,还是运用不当,或者是未实施到底。

4. 评估终止

第一章　学前教育诊断与咨询基本原理

评估终止是指对咨询的整体效果做出总结性评价,并且根据实际情况终止咨访关系。

评估阶段是指咨访双方可以对照预先设定的目标及实施步骤逐项进行,通过总结性评价,可以使来访者因回顾咨询过程从而巩固咨询收获,也可以使咨询者因反思咨询效果从而提高咨询能力。科学的评估有利于总结经验,找到继续发展的路径。

咨访关系的终止,有可能源于以下情形之一:①

(1)咨访双方都觉得所有咨询目标都已经达到,是理想的结果。

(2)咨询目标尚未达成,由咨询者主动提出终止咨访关系。因此终止咨访关系的常见原因之一是咨询者感到自己的专业能力不能有效地帮助来访者,或者感到来访者可以从其他人那里得到更合适的帮助,咨询者出于职业道德和对来访者负责任的态度而终止咨访关系。有时也因咨询者的人事变动而终止咨访关系。

(3)来访者提前终止咨访关系。常见原因有二:一是来访者感到没有所期待的收获,二是来访者觉得自己没有能力将预设方案加以实施。

学前教育诊断与咨询记录表

受理时间_____　受理次数_____　NO._____

来	访	者	背	景	资	料
姓名		年龄		职务及职称		
所在单位	名称				邮编	
	电话			电子信箱		
来访者主诉(咨询的主旨、问题概要)				诊断者的初步印象		

---

① 江光荣著:《心理咨询与治疗》,安徽人民出版社,1998 年 7 月,第 178 页。

诊 断 者 对 问 题 的 探 索
1. 发生了什么问题,问题产生的原因是什么,后果是什么。
2. 来访者对问题的认识是否正确,不正确的原因是什么。
3. 问题产生前来访者做了什么,问题产生后来访者又做了什么。

第一章　学前教育诊断与咨询基本原理

4.问题的产生与来访者所处的环境条件是否有关,来访者所处环境的特殊性是什么。

诊断结论:

诊断理由:

诊断者:

咨询要点:

方案探讨:

遗留问题:

咨询者:

（三）学前教育诊断与咨询的相互关系

1. 一般而言，科学的诊断是有效咨询的前提。

2. 诊断与咨询的各个阶段存在着交叉，虽然诊断与咨询过程每一个阶段的重点不同，但各阶段中的要素贯穿于整个过程的始终，并非如阶段划分所暗示的那样，必须依次经过每一个阶段，最后才到达评估总结阶段。每个阶段都与其他阶段相关联，譬如，即使到了方案探讨阶段，诊察、收集资料和及时吸收反馈信息等仍然是需要的，而在方案实施中，良好咨访关系的营建仍然不可忽视。

（四）学前教育诊断与咨询中的注意点

由于咨询过程是咨询者与来访者的互动过程，双方都会对对方产生一定的影响，有时形成的影响并不利于保障咨询应有的效果，因此在诊断与咨询过程中，需要注意以下方面：

1. 不要轻易打断来访者的谈话。咨询者的随意附和或随意议论都有可能导致来访者谈话时避重就轻，从而掩盖存在问题的真相。

2. 不要过早地对来访者加以褒贬。咨询者对来访者客观叙述时的表扬或批评，有可能导致来访者刻意迎合咨询者的喜好，有选择地或并不完全符合实际地继续谈话。

3. 不要过早地解释。解释是否得当，依赖于咨询者对来访者的了解程度。因此，过早地解释意味着对存在问题的片面理解和判断，而且容易使来访者产生信任危机。

第二章 学前课程的诊断与咨询

学前课程诊断与咨询是学前教育诊断与咨询的一个重要领域。在以往的学前教育诊断与咨询中,存在以幼儿发展诊断代替学前课程诊断、以对课堂教学的诊断代替学前课程诊断的现象。其实,学前课程诊断与咨询是一个相对独立的领域,有其自身的内容范围和策略。我们认为,学前课程的诊断与咨询主要包括学前课程方案的诊断与咨询以及学前课程实施进程的诊断与咨询两大部分。本章将对学前课程诊断与咨询的内容范围、主要策略等问题进行一些尝试性的讨论。

第一节 学前课程方案的诊断与咨询

(一)学前课程诊断与咨询的基本步骤

学前课程方案是指学前课程在实施前的书面表达形式。它包括学前课程的基本理念、目标、内容及其组织,基本的活动形式和程序,评价的途径和方法等方面的内容。由于每一个学前课程都有特定的理念,不同的学前课程理念对教育行政部门、幼儿园、教师及幼儿在学前课程设计和实施中的作用有不同的规定,因此,不同的学前课程方案的详略程度及重点部分是不同的。从我国当前的学前课程方案来看,有些学前课程方案详尽、具体,有些学前课程方案简约、粗略,那么是否存在一个学前课程方案诊断与咨询的一般路径呢?答案是肯定的。学前课程方案诊断与咨询的基本步骤是：

1. 寻找学前课程方案的整体文本

学前课程方案的诊断与咨询是以学前课程方案的文本为对象的。获得学前课程方案的文本是诊断与咨询工作得以展开的前提条件。由于不同的学前课程建设的历史和水平不尽相同，因此学前课程方案的水平也就存在一定的差异。有些幼儿园有较为完整的学前课程方案，而有些幼儿园的学前课程方案可能是不完整的，或学前课程方案中有些部分尚未真正成为书面的形式，还有一些学前课程方案没有成为一个整体，方案的各部分是零碎的，没有真正建立有机的联系。因此，寻找学前课程方案的整体文本，在有些幼儿园较为简单和容易，在有些幼儿园则有一定的困难，但几乎在所有的幼儿园都能发现学前课程文本的主要内容，只是文本的整体性水平和创新程度及园本化程度有一定差别。

在寻找学前课程方案文本的过程中，尤其是在对学前课程方案文本整体性水平较低的学前课程进行文本搜寻的过程中，应注意以下几个方面：

（1）抓住学前课程的基本要素，即学前课程目标、内容、实施进程等方面，避免基本学前课程要素的遗漏。

（2）寻找学前课程的基本文献。应从幼儿园、班级及教师个人的文献中寻找能反映学前课程基本要素及其运行状况的文献，并将这些文献有机地整合起来。

（3）注意发现一些尚未文本化的材料，其中可能蕴含了重要的学前课程要素和课程运行状态。

2. 研读学前课程方案

对整合起来的学前课程方案进行深入的、全面的研读，理解学前课程方案中蕴含的基本思想和核心内容。在研读学前课程方案时应注意以下几个方面：

（1）应尽可能全面地阅读相关的学前课程材料，避免以点盖

第二章 学前课程的诊断与咨询

面、以偏概全。对于大量的实践性材料（如各类计划、活动设计方案、工作总结等）也应尽可能地以抽样等方式加以阅读,以便发现学前课程的真貌。

(2)应以联系的观点看待各种学前课程材料,避免学前课程方案中各要素之间关系的割裂,更应避免无视学前课程材料之间的联系,对学前课程方案做出不准确的判断。

(3)应一方面坚持基本的法规、政策和幼儿教育基本理论的指导,另一方面从幼儿园的现状和水平出发,研读学前课程方案文本。避免不顾幼儿园的现实,对学前课程方案形成偏见、歧见,这不利于对学前课程方案深入、全面的了解。

3. 通过多种方式理解学前课程方案

任何一个学前课程方案都或多或少地有其实践的基础。有些学前课程方案是对实践的总结、概括和升华。研读学前课程方案只是理解学前课程方案的一个途径。要真正全面地理解学前课程方案,还必须运用观察、访谈等多种途径,利用实践中现有的反馈信息。在利用这些途径时应注意以下几个方面：

(1)应有针对性。无论是对幼儿园教育实践的观察,还是对教师的访谈,都应围绕学前课程方案中缺乏的内容、难以理解的内容甚至是相互矛盾的内容进行。毋须对学前课程方案中的所有内容进行普遍的考察和旁证,否则就可能混淆学前课程的方案诊断和实施诊断。

(2)应注意从多个角度收集相关信息。为了全面、深入地理解学前课程方案,应注意从多个不同的角度收集相关的信息,避免信息的单一和误导。如,除了阅读教师的教学计划、活动方案外,还可以了解一些教师现实的想法,了解一些幼儿的反应以及其他相关人员的想法。

(3)注意比较不同来源信息的差异及其成因。简单罗列不同来源的信息,无助于对学前课程方案的理解。应对多种来源的信息进行分析、比较和综合,不但要比较信息本身的异同,还要关注同一活动、事件及现象产生不同信息的原因。只有这样,才能形成对学前课程方案状况的更为全面和深入的了解。

4. 参考一些与方案相关的文献

每一个学前课程方案都是一定的理论观念和实践经验相结合的产物。学前课程方案或多或少地有一定的理论支撑,尤其是那些园本学前课程,则有更鲜明的理论指向。我们要了解一个学前课程方案不能不关注这个学前课程的理论基础,要了解和理解学前课程的理论基础,就必须了解和把握与这个学前课程相关的一些理论和思想。通常,诊断者和咨询者的理论储备总是有局限的,必须从特定的学前课程方案出发,阅读一些相关的理论文献,从而进一步理解学前课程方案的理论基础。通过学习,可以了解学前课程方案设计者对相关理论的发展和创新,也可以发现学前课程方案设计者对相关理论的误解和扭曲,这也有助于深入把握学前课程方案。

(二)学前课程方案诊断的基本内容

要诊断和咨询一个学前课程方案,一般应从以下几个方面加以考虑:

1. 学前课程理念

学前课程理念是学前课程的指针,是学前课程特质的关键影响因素,也是学前课程方案展开的引导因素。对学前课程理念的诊断与咨询应从以下几个方面加以考虑:

(1)学前课程理念的有与无。一个完整的学前课程方案必须包含学前课程理念,因此,每一个学前课程方案都应有相应的学前课程理念。但并非所有的学前课程方案都呈现学前课程理念。有些学前课程方案纯粹是教育内容的安排,通篇没有出现学前课程理念,因此,这种学前课程方案至少是不完整的方案。但不完整的方案并不意味着就一定没有相应的学前课程理念作为指针或导

第二章 学前课程的诊断与咨询

引。因为内容的选择和组织都是在一定理念的指导下进行的,有时某些实际上存在的理念甚至没有被学前课程的开发者意识到,所以实际上几乎所有的学前课程方案都有相应的理念,但并非所有的学前课程方案都呈现学前课程的理念。

一个完善的学前课程方案应尽可能呈现学前课程的理念。因为理念的呈现有助于学前课程实施者有意识地贯彻和依循这些理念,有助于学前课程方案的推广,有助于人们理解学前课程方案,也有助于学前课程的设计者和实施者对现有的学前课程方案不断地反思。

(2)学前课程理念的清晰与模糊。不同的学前课程方案所呈现的理念其清晰程度各不相同。有些学前课程方案所呈现的理念明确、清晰,透过这些理念,我们可以了解学前课程开发者的知识背景、基本的教育观和儿童观,可以了解学前课程开发者的学术视野和研究水准,甚至还能从学前课程理念中透析学前课程的特色和实践状况。但也有一些学前课程方案中呈现的学前课程理念模糊、笼统,人们无法明了学前课程开发者真正的观念倾向,无法了解学前课程开发者对学前课程的认识和建构学前课程的指导思想。

一个完善的学前课程方案应尽可能呈现明确的、清晰的学前课程理念。这有助于学前课程理念的传播和学前课程实施的开展。学前课程方案中应突出主要的、最能反映本学前课程特点的理念,学前课程理念的表述应简洁、明了,具有概括性和理论性。

(3)学前课程理念的一致与矛盾。在众多的学前课程方案中出现的理念可能有一些差别,有些甚至是矛盾和对立的。正是学前课程理念的不同,才形成了学前课程方案及学前课程实施的多样性。但在一个学前课程方案中,学前课程的理念应是一致的,只有一致的理念才能指导构建系统的学前课程方案。一致的学前课程理念来自于学前课程开发者对学前课程理念深入的、系统的学习和思考,来自于学前课程开发者对学前课程理论和实践的继承和创新。而相互矛盾的学前课程理念往往是学前课程开发者对学前课程理论生搬硬套、生吞活剥、一知半解的结果。大凡相互矛盾的学前课程理念都是很难在现实的学前课程实施中起到积极作用的,有时甚至还会给学前课程的实施者造成观念上的混乱、实践上的误导。有时学前课程方案中观念的矛盾不只反映在用文字叙述的理念之间,也反映在用文字叙述的观念与整个方案中蕴含的观念之间,还反映在整个学前课程方案的各个不同部分蕴含的观念之间。如一个学前课程方案中,文字表述的理念非常强调儿童的主动学习,强调发挥儿童的主题作用,但在设计好的众多的教育活动中,儿童很多时候都处于被动的地位,教师一直直接控制着整个活动的进程。这就是现在的理念和隐在的理念之间的矛盾。

(4)学前课程理念的正确与错误。学前课程方案中所呈现的理念应该多样化,甚至多元化。但多样化和多元化的学前课程理念应是拒斥伪科学和非科学的,也就是说,学前课程的理念应该是科学的、正确的。学前课程开发者坚信的,不一定是科学和正确的,必须从儿童发展、教育科学等多种学科的科学知识出发,建构既科学又能反映一定教育机构特点的学前课程理念。判断学前课程理念正确与否的标尺是现代儿童发展和教育科学理论,可以说,理念的正确性是对学前课程理念的最基本的要求。没有正确的理念,就没有科学的学前课程方案,更难有科学的学前课程实践。要确保学前课程理念的正确和科学,就必须提高学前课程开发者在儿童发展、教育科学等方面的科学素养,使他们在接受日益多样化的理论观念的同时,具有判断是非的能力。

(5)学前课程理念的下移与停滞。学前课程理念是学前课程的灵魂,是对学前课程的其他因素起重要影响作用的因素。学前课程理念不应停留在文字的表述上,而应渗透到学前课程的各个部分中,渗透到学前课程设计和学前课程实施之中。因此,学前课

第二章 学前课程的诊断与咨询

程理念不应束之高阁,而应下移,体现在学前课程的一切方面和与学前课程相关联的一切活动之中,只有这样,学前课程理念才能真正发挥应有的作用。但在现实的学前课程方案中,并非学前课程理念都实现了下移,有些学前课程方案中的学前课程理念只停留在文字上,没有充分反映在学前课程的其他部分中;有些学前课程方案中的学前课程理念只下移了极少的层面就停滞了;有些学前课程方案中的理念只有很少的部分能体现在方案中最具体、最微观的内容之中。

(6)学前课程理念的体现与扭曲。学前课程方案是以文字的形式呈现的,检验学前课程理念是否得到体现的重要途径之一就是通过文字进行推断。但文字推断不是关注简单的语词复述,而是关注文字所蕴含的精神的传递。有些学前课程方案中,学前课程理念的核心语汇几乎没有被重复表述,但学前课程理念中的精神却得到了重复的贯彻和落实;有些学前课程方案中,学前课程理念中的核心语汇在各个层面上不断地被重复,但学前课程理念中所包含的精神并没有真正地得到贯彻和落实。有些学前课程方案中,实际上所体现的理念与方案中所确定的表述理念之间存在很大的差异,有时甚至出现了背离的现象。也就是说,学前课程理念在学前课程方案设计和展开的过程中被扭曲了。造成这种现象的主要原因是学前课程开发者对表述的学前课程理念并不是其由衷地相信、认同的,甚至并不是其真正理解的。

2.学前课程目标

学前课程目标是对学前课程实施结果的预期,也是学前课程实施的现实指向。对学前课程目标的诊断与咨询应从以下几个方面加以考虑:

(1)学前课程目标的有无与全缺。在一个学前课程方案中,学前课程的理念首先体现在学前课程目标之中,因此,学前课程方案不能没有学前课程目标。但由于不同的学前课程方案的理论基础和设计原则不同,学前课程目标的呈现形式也有所不同。有些学前课程方案明确、具体地呈现学前课程目标。有些学前课程方案只呈现学前课程目标的一般指向和学前课程目标确定的原则。这样,从学前课程方案来看,学前课程目标可能是现在的,也可能是隐在的,可能有,也可能无。我国目前绝大部分的学前课程方案都是明确地呈现学前课程目标的,但在明确呈现学前课程目标的方案中,有些方案呈现的目标种类全面、层次分明。如学前课程的总目标,各年龄阶段的学前课程目标,各领域或各主题的目标,有些还有月、周、日等一些以时间维度划分的目标,此外,还有大量的活动目标。但有些学前课程方案目标的种类不全,有些层次的目标有缺损。如有些学前课程方案没有总的目标,有些学前课程方案只有时间维度的目标,有些学前课程方案恰恰没有时间维度的目标。

(2)学前课程目标的可能与不可能。目标是学前课程所追求的结果,任何一个学前课程目标都叙述了一种可能。与学前课程有关的一切努力就是为了使学前课程目标的可能变为现实。学前课程目标是否具有实现的可能性,可以通过学前课程实施来检验,也可以通过其他的形式来检验。学前课程目标的可能性是基于对幼儿和教育的科学认识的基础之上的,对幼儿发展的规律,对教育、教学的规律把握得越全面、越深刻,就越能很好地把握学前课程目标的可能性。学前课程目标不应是学前课程开发者任意设定的一个幼儿可能发展的水准,而应反映大多数幼儿在科学、合理的教育环境中可能的发展水准。学前课程目标的确定是一项需要坚实的科学知识和实践经验支撑的工作。在现实的众多学前课程方案中,大部分方案所确定的目标具有实现的可能,反映了幼儿发展和教育的规律;也有些方案的目标要求过高,在实践中没有实现的可能;有些学前课程方案的目标要求过低,幼儿在学前课程学习前就已达到这种水平,也就无所谓实现的可能性问题。学前课程目

第二章　学前课程的诊断与咨询

标的可能性主要取决于学前课程目标与幼儿发展的现实水平之间的距离,也受教育教学策略的影响。

(3)学前课程目标的全指向与多指向。学前课程目标是指向幼儿发展的,有些学前课程方案中的目标指向幼儿所有的发展领域,这种学前课程目标是全指向的目标。也有一些学前课程方案中的目标只指向幼儿发展的某些方面,对于其他的一些发展方面不加表述,这种学前课程目标是多指向的目标,也许突出了学前课程开发者认定的重点,但不全面。在一些开放性的学前课程方案中,采用多指向的学前课程目标未尝不可,但在较为封闭的学前课程方案中,采用多指向的学前课程目标有可能造成目标涵盖不全,进而造成幼儿发展的偏差。全指向的学前课程目标能避免目标的偏差,但也有重点不突出、特色不明显之嫌。考察一个学前课程方案的目标,不是简单地关注其目标是全指向还是多指向,而应从特定方案本身的特点、性质出发,对其做出评判。

(4)学前课程目标的必要与不必要。如果以全指向的学前课程目标为横坐标,以幼儿可能达成的目标为纵坐标,那么,学前课程目标将是无限丰富多样的。但学前课程本身蕴含了一种限制,时间、空间及资源的相对限制,这种限制迫使学前课程开发者去思考可能的是否就是必要的,去思考幼儿学习的代价,去思考学前课程目标所蕴含的相对价值。有些目标也许经过长期的努力,幼儿有可能达成,但这些目标在小学或更高的年龄段只需很少的时间就能顺利地实现,那么,我们就应考虑这种目标是否有必要。有些目标幼儿经过艰苦的努力达成了,但它对当前的学习和进一步的学习没有任何作用,与现实的生活也没有直接的联系,这种目标也是没有价值的,至少是没有现实价值的。所谓必要的学前课程目标应是幼儿发展所需要的,是与幼儿进一步的发展相关的。

(5)学前课程目标的增加与遗漏。学前课程方案中的学前课程目标总是通过分解、延伸等具体的方式,构成一个层层细化的目标网络。原则上讲,学前课程方案中各层次的目标应源发自学前课程的总目标。因此,总目标的不断细化和传递是学前课程目标网络形成的主要途径。反之,学前课程目标传递和分解的停滞,必定会影响总体学前课程目标的贯彻和落实。学前课程目标传递和分解的停滞必然会造成学前课程目标增加和遗漏的现象。原定目标不能进一步延伸,那么非原定的目标就会出现,这样,实际呈现的学前课程目标就会在原定目标的基础上有所增加。与此同时,实际呈现的目标与学前课程原定的目标相比也必然有所遗漏。如果认定原定的总目标是合理的,那么,无论是增加还是减少都是不合理的。如果总目标是随意的,那么,增加或减少可能在一定程度上纠正这种随意性。

3. 学前课程内容

学前课程内容是根据学前课程目标和现实的教育资源加以选择的各类活动内容,也是一些幼儿经过努力有可能获得的经验。对学前课程内容的诊断与咨询应从以下几个方面加以考虑:

(1)学前课程内容和目标的一致与不一致。一般来说,学前课程内容是根据学前课程目标加以确定的,学前课程内容是学前课程目标的具体化和延伸。因此,学前课程内容和学前课程目标之间应该是一致的。也只有学前课程内容与学前课程目标是一致的,学前课程目标的确立才具有现实的意义,学前课程内容的确定才能为实现学前课程目标服务。但在具体的学前课程方案中,学前课程目标和内容之间的一致并不是机械的、刻板的。尤其是在具体的教育情景中,随机的教育资源和教育机会相当丰富,幼儿的需要和兴趣也是多样的、不断变化的,在有利于幼儿身心发展的原则下,具体的教育内容对原定学前课程目标的适当背离是可能的,也是可以的,这也是在实践中发展和充实学前课程目标。

(2)学前课程内容的经验化与非经验化。对不同年龄段的学习者来说,他们所学的学前课程内容应该以与其身心发展相一致

第二章 学前课程的诊断与咨询

的形式来呈现。年龄越低,学前课程内容越应该强调可感知和可经验,越应该以特定的能让学习者参与其中的活动来呈现,越应该考虑学前课程内容与活动的方法、形式和手段的结合,即应关注学前课程内容的经验化。在现实的学前课程方案中,学前课程内容呈现的状况也是不尽一致的。有些学前课程方案更多地关注知识的呈现,注重知识点的确定,而另一些学前课程方案则更多地关注经验过程,关注对学前课程内容的教学法的加工。学前课程内容经验化的基本前提是学前课程内容对学习者的适宜性。学前课程内容经验化是学前课程内容为学习者所接受的基本条件。

(3)学前课程内容的确定与不确定。由于学前课程理念的差异,不同的学前课程方案中,学前课程内容的确定性程度是不同的。一般来说,越具有开放理念的学前课程方案,学前课程的内容越不确定,越具有生成性。相反,学前课程理念越强调规范性的学前课程方案,学前课程内容就越具有确定性。有些学前课程方案中,内容的呈现较为粗略,而有些学前课程方案呈现的内容则较为详尽。一般来说,内容越详尽,确定性就越大。有些学前课程方案为了避免由详尽造成的过于确定,给内容赋予了可选择性。对学前课程内容的确定和不确定不能简单地做出良莠判断,因为这涉及学习者的状况、教师的状况、以往的经验及学前课程的理念等众多因素。但就我国当前学前课程的实际来看,学前课程内容总体上说不宜过于确定,应具有一定的生成性。当然,无视学前课程目标的、不切实际的生成难于取得应有的成效。

(4)学前课程内容的平衡与不平衡。学前课程平衡首先是目标的平衡,但目标的平衡能否真正导致学前课程的平衡,要看学前课程内容是否平衡。学前课程内容是学前课程平衡的关键因素,学前课程平衡必须关注内容的平衡。并非所有的学前课程方案都能做到内容的平衡。有些学前课程方案在内容的选择上有明显的倾向,如有的侧重艺术,有的侧重语言,有的侧重科学。有些学前课程方案的主题,主要与科学有关,其他方面的内容则反映得不够,这就是学前课程的不平衡。学前课程的不平衡经常会造成学前课程目标的偏移或缺失。有时,学前课程的不平衡往往与学前课程开发者自身的兴趣和爱好有关,有时还与学前课程开发者的学前课程设计技术有关。

(5)学前课程内容的生活化与非生活化。学前课程内容是更多地反映知识体系还是反映儿童的现实生活,或是同时加以关注,这是学前课程开发者必须做出的抉择。对这样抉择起重要影响的是学习者的身心发展状况。幼儿的身心发展特点决定了幼儿不是以系统的知识、技能的学习为主要任务的,学前课程应更多地关注幼儿的现实生活,注重生活对幼儿发展的价值,尽可能从生活中发现学前课程的内容。引导幼儿学习生活,从生活中学习。生活化的学前课程应是学前课程的主要特点。因此,学前课程方案应从内容层面上充分体现生活性。非生活化的知识导向性学前课程往往不能充分反映学前课程的特点。学前课程方案中的活动、主题等应尽可能有现实生活的气息。

4.学前课程结构

学前课程结构是指学前课程内容组织的较为稳定的和基本的形式,它是学前课程的一个基本框架。对学前课程结构的诊断与咨询应从以下几个方面加以考虑:

(1)学前课程结构与学前课程理念的一致与不一致。学前课程结构是学前课程内容组织特征的综合表现。学前课程结构从一定程度上说是由学前课程理念决定的。如学前课程理念中强调学前课程对于社会文化再生产的价值,强调系统化的知识教育,则学前课程的结构很可能有学科或领域学前课程的取向。如学前课程理念中更多的是强调幼儿的兴趣和幼儿的生活,则学前课程的结构会有综合的、活动的取向。经常地,有怎样的理念就有怎样的学前课程结构。但在考察现实的考察方案时,我们也可以发现,学前

第二章 学前课程的诊断与咨询

课程理念与学前课程结构不一致的情况也经常出现。有些学前课程方案几乎涉及了各种流行的观念,但学前课程的结构只反映了其中的某些观念,无视另一些已呈现的观念。还有些学前课程方案呈现的观念与学前课程结构是矛盾的、不一致的。造成这种情况的主要原因是学前课程涉及者对学前课程理念的追求有多重动机,有些学前课程设计者甚至并不理解特定学前课程理念的真正内涵。

(2)学前课程结构的完善与不完善。讨论学前课程结构是否完善是在学前课程结构与学前课程理念基本一致的通常背景下进行的。学前课程结构是否完善,主要是指学前课程的基本要素是否齐全,这些要素间是否真正形成联系。如果一个学前课程方案中只出现部分学前课程要素,或学前课程要素呈现不充分,就必定会影响学前课程结构的完善程度。如有的学前课程方案没有充分呈现学前课程的目标,以致人们不能明了系统的学前课程内容是凭何确定的,有些学前课程方案只呈现了部分学前课程内容,以致人们不能理解其他的一些学前课程目标依靠什么来实现;有些学前课程方案中的方法、形式和手段过于单调,与特定的活动目标、特定的学前课程内容没有形成有机的联系。这些都是学前课程结构不完善的表现。

对学前课程方案完善程度的要求是因学前课程理念的不同而异。有些学前课程理念所引导的学前课程方案追求结构的完善,而在另一些学前课程理念引导下的学前课程方案追求的是适度的不完善,由不完善产生开放,产生创新和变革。应该警惕的是在完善的理念指导下的学前课程方案的不完善,这会影响学前课程实施的成效。

(3)学前课程结构的合理与不合理。这里,学前课程方案的合理与否主要是从学前课程的各要素的关系上说的。学前课程各要素之间产生了联系,并不意味着学前课程的结构一定是合理的,要判断学前课程结构是否合理,一定要从学前课程要素关系的合理性上加以判断。在有些学前课程方案中,学前课程的各要素虽然产生了一定的联系,但这种联系不是有机的联系,而是牵强的,有时甚至只是形式上联系,而没有形成真正的内在联系。有些学前课程方案中,某些要素之间的联系被弱化,而另一些联系被过度地强化,造成学前课程结构的失衡甚至畸形。

5. 学前课程实施的策略

学前课程实施策略是指学前课程实施过程中需要采用的方法、内容及形式的有机组合,是学前课程实施的技术性要素。对学前课程方案中预设的实施策略的诊断与咨询应从以下几个方面加以考虑:

(1)实施策略与学前课程理念的一致与不一致。学前课程的基本理念应该对学前课程实施策略的选择产生影响,学前课程实施策略的选择也应该反映学前课程的基本理念。学前课程的实施有众多的策略,由于学前课程的开发者所持理念的不同,在学前课程方案中所选择的策略体系就会有所不同。如具有儿童中心倾向和主动学习思想的学前课程方案,所选择的实施策略应更多地具有探究性、自发性、游戏、自选活动、小组讨论等活动形式应是重要的活动途径。但在现实的一些学前课程方案中,理念跟策略之间并不总是完全对应的,有些学前课程方案中,理念和策略之间甚至是自相矛盾的。如有的学前课程方案,强调了儿童的主体地位,强调了儿童自主学习,强调了探究对于儿童发展的价值,但在具体的活动设计中,策略体系却侧重教师的讲解、示范,侧重教师对知识的传授。因此,在这个方案中,我们可以见到很多全部集体性的活动由教师口头陈述,教师的口头陈述是这一学前课程方案使用频率最高的方法。

(2)实施策略的单一性与多样性。也许不同的学前课程方案由于学前课程理念的不同,会形成不同的学前课程实施策略体系,

第二章 学前课程的诊断与咨询

但每一个实施体系不应由单一的方法、形式及手段构成,而应由一系列的方法、形式及手段结合而成。学前课程方案中反映的实施策略应是多种多样的,因为学前课程内容及实施环境本身就是多种多样的,对策略的要求也必然是多种多样的。一个完善的学前课程方案所采用的实施策略应该具有多样性。但有些学前课程方案中,方法、形式及手段过于单调。

(3)实施策略的有机性和离散性。在现实的学前课程实施中,几乎没有哪一种策略是单独地发挥作用的,学前课程实施经常需要多种策略发挥系统的作用。策略之间的有机联系是取得良好实施成效的重要保证。有些学前课程方案中,策略的选择体现了多样性,但这些策略之间没有形成有机的联系,策略的多样性没有成为策略的有机性和系统性。这样,各种策略就难以发挥应有的成效。在学前课程方案中,对学前课程实施策略的考察,主要通过对方案中设计的生活活动、游戏活动及有组织的教育活动计划的考察。

(4)实施策略的确定与不确定。学前课程实施策略的确定与不确定主要受到两方面因素的影响。一是学前课程的理念,有些学前课程理念决定了学前课程实施策略的相对确定,有较为稳定的学前课程实施规范;另一些学前课程理念决定了学前课程实施策略应随学前课程实施的进展发生变化。学科倾向的学前课程理念与兴趣倾向的学前课程理念在实施策略的确定性上有很大的不同。另一个影响因素是具体的学前课程内容和学前课程实施情景。对于我国的幼儿园来说,学前课程的理念有一些差别,但大部分幼儿园的学前课程理念并没有本质上的不同。但在学前课程方案中,我们可以发现在学前课程实施策略的确定与不确定上还有一些不同,这主要是因为学前课程的内容选择及具体的学前课程实施情景有所不同。一所社区资源较为丰富的幼儿园,就可能较多地采用参观、观察及调查等活动,而社区资源较贫乏的幼儿园则难以开展这些活动。

6. 学前课程评价的策略

学前课程评价是对学前课程实施成效所作的价值判断,是对学前课程实施所取得的各种结果的系统衡量。学前课程评价策略是指学前课程评价过程中所采用的方法、手段、形式等的有机组合。对学前课程评价的诊断与咨询应从以下几个方面加以考虑:

(1)评价方案的有与无。学前课程评价是学前课程系统中的一个基本要素。因此,只有具有学前课程评价方案的学前课程方案才真正称得上是完整的学前课程方案。但由于我国对学前课程的开发和设计还处于探索阶段,尤其是作为园本学前课程的开发和设计还处于初级阶段,还没有关注评价方案的设计,因此,有不少学前课程方案中,评价方案是空白的。

(2)评价指导思想的正确与错误。学前课程方案中有了评价方案,还应关注评价方案中评价的指导思想是否正确。有些评价方案中,评价的指导思想只是为了监督教师,或为了对教师进行奖惩,那么,这种指导思想就是不正确的。其实,学前课程评价的核心目的是为了了解学前课程的状况、有效性,其他的目的都是从属于这一目的的,偏离这一目的的学前课程评价就不是真正意义上的学前课程评价。

(3)评价策略的科学与非科学。评价策略是影响学前课程评价的重要技术因素。这涉及评价内容与相应的策略的对应性或一致性,涉及各种评价策略的有机结合和灵活使用等方面的问题。如:要了解学前课程实施过程中教师对学前课程的改变情况,如果只采用阅读教师的活动设计方案是很难真正获得充分的有效信息的。因为教师的改变经常是在实践的过程中,而不是在设计的过程中发生的,如果没有明确的要求,教师往往不会自觉地记录自己对学前课程做出的改变。因此,适当的记录要求,简洁、有效的记录工具的提供,经常性的专题总结等都是了解教师对学前课程方案改变情况的重要途径。单一的方法和手段本身的存在具有一定的合理性,但当它们与具体的评价内容结合起来后,我们就能发现它们的不足,甚至是不科学的。

(4)评价主体的广泛与单一。某些学前课程理念倡导学前课程评价主体的多样性和广泛性;另一些学前课程理念倡导学前课程评价主体的单一性和相对稳定性。但现代学前课程的总体取向是强调学前课程评价主体的多样性。因此,在对特定的学前课程评价方案进行分析的过程中,首先应关注涉及的学前课程评价的主体,因为学前课程评价的内容是多样化的,不同的评价内容需要不同的评价主体。在现有的一些评价方案中,经常出现这样的情况:本该多主体的评价却简化为单主体的评价。如学前课程实施的成效不应该只由园长做出判断,教师自己、其他教师、幼儿及家长都可对此进行评价。

(5)评价内容的全面与片面。学前课程评价的内容是广泛的,因此学前课程的评价应尽可能地涉及学前课程的各个因素、各个方面。当然,学前课程理念、学前课程结构等的不同,致使不同的学前课程评价方案涉及的内容不可能完全相同,但每个方案都应尽可能全面地涉及有关的内容,避免方案中评价内容的片面性,影响学前课程评价的整体成效。

学前课程方案的诊断涉及的内容是广泛的,在此只讨论了一些主要的方面。在进行学前课程方案的诊断时,可对诊断的各方面的内容用简洁的表格或其他工具加以呈现,以使诊断工作顺利进行,又避免遗漏和信息缺损。

例：学前课程方案诊断信息记录表

课程方案名称：

项目	分支项目	诊断语	咨询要点
课程理念	1		
	2		
	3		
	4		
	5		
	6		
课程目标	1		
	2		
	3		
	4		
	5		
课程内容	1		
	2		
	3		
	4		
	5		
课程结构	1		
	2		
	3		
课程策略	1		
	2		
	3		
	4		
课程评价	1		
	2		
	3		
	4		
	5		

第二章　学前课程的诊断与咨询

案例分析：

来访者：我们的教材（其实是课程方案，编者注）你已看过了。教材刚出来的时候，我们很兴奋，真是看到教材就像看到自己的孩子一样，但这种兴奋好像慢慢地在消失，现在甚至还有些惭愧和不安。幼儿园内部的老师和外面的老师、专家提了不少意见，有人还说我们出这套教材也是随波逐流的表现，劳民伤财。作为园长，我真不知下一步怎么办。

咨询者：大家对你们的课程方案提了一些什么意见呢？

来访者：意见很多。比如，有的老师在征集修改意见表上写"这种教材只是政绩工程，既没有新思想，也没有新方法，有些部分我不愿看第二遍"等等，看到这些意见，我很伤心。

咨询者：有没有你觉得很有道理的意见呢？

来访者：有的。有两位老师来找我谈了一个晚上，她们肯定了教材的优点，也提出了教材的缺点。比如，她们认为教材中反映我们周围生活的内容还不够，有些内容东抄西抄，有些活动的教案不是我们幼儿园中最好的，前言里写了要进行研究性教学，写了用多元智能理论指导教学改革，但编写教材的教师并不明白这些东西。幼儿园编教材真的很吃力，很多理论我觉得很好，但就是不知道怎么去用。

咨询者：你自己是怎么评价这个课程方案的呢？

来访者：不瞒你说，我可从来不敢叫我们的教材是课程方案，我觉得真的不配。我们花了不少心血来编这套书，至少说我们毕竟有了自己的课本，有了教材，但水平的确还很低，问题还很多。

咨询者：你觉得主要的问题是什么呢？

来访者：主要是内容不够新。我们有一个教师从"部编教材"里选了十多个作品，还有我们的科研跟不上，很多内容没有说服力，没有科研证明。请你给我们提提意见。

咨询者：你们的方案我看了两遍，我并没有感到多么差，但问题总是有一些的,只是你认为最大的问题,在我看来并不是什么问题。课程的内容是否适合,不是以新旧作为标准的。你们的老师很有眼光,"部编教材"里的确有一些非常好的儿童文学作品,只要符合出版的有关法规,借用这些作品是很好的。我认为,你们的课程方案最大的问题是没有充分体现你们幼儿园自身的特点,对幼儿园的基本条件、幼儿园可以利用的资源研究得不够,挖掘得不够。一个不知道你们幼儿园的人看了你们的方案后很难判断你们的幼儿园到底是一所什么性质的幼儿园,幼儿园可能在哪里。刚才你说有的教师认为方案中的有些内容还不是你们幼儿园最好的,这也证明了你们对教师的创造性和教师现有的经验挖掘和利用得不够。

来访者:教材主要是课题组的老师写的。

咨询者:课题组有多少人?

来访者:算我5个人。

咨询者:你们幼儿园有多少老师?

来访者:19个老师,8个保育员。

咨询者:你们几个人很了不起,但你对教师的发动的确是不够的。

来访者:我也觉得以后应该让所有2级以上的教师都参加。

咨询者:我觉得你们方案中另一个问题是部分课程理念与课程目标、内容等要素之间是断裂的,具体地说,有些理念仅仅留在了前言里,没有能够对课程目标和内容构成真正的影响。

第二节 学前课程实施的诊断与咨询

学前课程实施是学前课程系统中的一个重要因素,也是学前课程从文本转为实践的关键环节。学前课程实施的诊断内容很广,但主要集中在对现实的教学活动、生活活动及游戏活动等活动

第二章 学前课程的诊断与咨询

的诊断。学前课程实施面对的不是一个文本,而是教师、幼儿以及环境的相互作用的过程,因此,学前课程实施的诊断有自己的特点和规律。学前课程实施的诊断与咨询的一般要求是:

(1)关注学前课程实施的各类活动。学前课程实施过程是一个复杂的、系统的过程,涉及众多的活动,这些活动都是学前课程实施诊断的对象。因此,学前课程实施诊断应尽可能多地关注不同类型、不同性质的活动,以便获取充分、完整的信息。

(2)关注各类活动的每一个环节。对学前课程实施各类活动都应加以关注,并应注意活动展开的各种环节。因为一个活动的状况和成效应从活动的各个环节中去发现,只凭活动结果很难对活动做出正确的判断。

(3)尽可能地关注每一个幼儿的活动。学前课程实施的活动是教师和幼儿双方共同的活动。不能忽视参与实施过程的幼儿的活动,而应尽可能地关注每一个幼儿的活动。

(4)关注多层次的互动过程。在学前课程实施的过程中,幼儿之间、幼儿与教师之间、幼儿与环境之间都在发生着互动,对这种多层次的互动的关注有助于深入地把握学前课程实施的状况。

(5)关注教师作用的发挥。教师是学前课程实施的关键所在。在学前课程实施过程中,各种活动的开展都是与教师的作用分不开的。在学前课程实施的过程中,教师在不同的时间、不同的空间、不同的活动情景下发挥的作用是不同的,应关注教师作用的转变和发挥过程。

对学前课程实施的诊断与咨询,应从以下几个方面加以考察:

1. 系统教学活动

系统教学活动是学前课程实施的重要手段之一。系统教学不只是一个教师讲授的过程,也是一个师生互动并最大限度地引发幼儿通过自身的操作、体验等获得发展的过程。系统教学活动的诊断与咨询应从以下几个方面加以考虑:

(1)活动反映的理念的正确与错误。学前课程实施过程中的任何活动都应是在一定的理念指导下的活动,活动总是体现一定的理念,没有毫无理念的活动。但活动中所体现的理念不一定是正确的,有些活动体现的是错误的理念。判断理念正确与否的重要标准是看是否有利于幼儿身心的健康发展。活动中理念的正确与否,可能与学前课程方案有关,也可能与学前课程方案无关。当教师在实施学前课程方案时,把自己的认识、感受融入活动过程中,用自己的行为来诠释学前课程方案,形成自己的新的理念,这样必然会与学前课程方案之间产生不一致。当教师的诠释实际上有违儿童的身心发展规律时,错误的理念就出现了。

(2)活动中教师与幼儿作用发挥得合理与不合理。系统教学的过程实际上是在教师指导下或在师幼共同创造的教育情景下,幼儿通过多种方式学习的过程。在这个过程中,教师与幼儿之间的互动是重要的活动形式。在师幼互动中,教师和幼儿作用的发挥应受互动内容和互动情景的制约,也就是说,并非所有的互动中教师和幼儿都发挥同样的作用。如教师对幼儿干预太多,幼儿不能充分发挥活动的自主性,不能从活动中获得积极的感受,说明活动中教师和幼儿的作用发生了偏差。相反,在活动中,幼儿随心所欲,教师采取放任的态度,活动处于无序和低效的状态,也说明教师和幼儿作用发生了偏差。

(3)活动中幼儿的投入与不投入。任何活动要取得良好的成效,都应尽可能让幼儿处于良好的状态,使幼儿能积极地投入到活动中去,对活动充满兴趣。因此判断一个活动的成效应关注幼儿投入的程度。

(4)活动材料的适宜与非适宜。活动材料是学前课程的重要资源,也是幼儿活动的重要对象。从一定意义上看,材料的适宜性决定了活动的成效。判断活动材料是否适宜,从宏观的方面看,应考察材料是否符合幼儿的身心发展水平;从微观的方面看,应考察

第二章 学前课程的诊断与咨询

材料是否与当前的活动要求相适应;从更为现实的方面看,应考察材料能否引发幼儿活动的兴趣和进一步活动的愿望。

(5)活动策略的应变与刻板。系统教学活动的组织过程,也是多种教学活动策略运用的过程。活动策略的运用受课程方案的影响,但也受特定的活动情景的影响。活动策略的运用应是灵活的、变化的,不应是刻板的、僵死的。活动策略的应变应依据活动的需要,依据现实的活动情景。策略的变化不是目的,不要为变化而变化,更不能以变化的幅度作为衡量活动质量的标准,策略的应变应为达成活动目标服务。

(6)活动中目标的达成与未达成。活动目标的达成是衡量活动成效的最重要的标准。教育活动是一种指向特定目标的活动,教师在活动过程中所做的一切努力都是为了达成活动的目标。一个教育活动的目标或大部分目标没有达成,其原因要么是方案设计有误,要么是活动过程中出现了严重的差错。

通过对以上几个方面的分析,我们能大致了解系统教学诊断与咨询的基本问题,了解分析系统教学中存在的主要问题的方法和立场,也应能据此提出一些改进的意见和建议。

2.日常生活活动

日常生活活动是学前课程的重要组成部分,也是十分重要的部分。对日常生活活动的关注,体现了学前课程把幼儿的身体发展放在首位的特点,因此,关注生活活动体现了学前课程的特质。对学前课程中生活活动的诊断与咨询应从以下几个方面加以考虑:

(1)对日常生活活动的重视与忽视。日常生活活动的组织是课程实施的重要内容。没有日常生活活动,就不是真正的学前课程,忽视日常生活活动的课程实施就是片面的课程实施。因此,应关注日常生活活动在课程中的地位,关注日常生活实施在课程实施中的地位。对日常生活的强调在各年龄班应有所区别,对年龄越小的儿童,越应更多地关注其生活活动。

（2）日常生活活动的有序与无序。生活活动是生活教育的主要途径,也是基本秩序教育的主要途径。有序的生活能使幼儿安宁和愉悦,无序的、混乱的生活则使幼儿烦躁和不安。因此,生活秩序是与幼儿的发展联系在一起的。生活的秩序不是简单的对幼儿行为的控制,而是对幼儿自主活动的保证和身心安全的保证。

（3）日常生活活动的有效衔接与过多等待。偶尔的、适当的等待是难免的,也是对幼儿心理品质的锻炼。但经常的、时间过长的等待是对幼儿的折磨。在日常生活活动中,当幼儿从一个环节转向另一个环节时,应尽可能避免等待的现象,更应避免把等待当做控制幼儿行为和惩罚幼儿的手段。幼儿等待的频率和等待的时间是衡量生活活动环节衔接是否有效的重要标准。

（4）日常生活活动中教育的渗透与隔离。日常生活活动本身是教育的重要途径和手段。与系统的教学相比,生活活动作为教育活动的一种形式有其特殊性。在生活活动组织的过程中,应该努力将其他活动中涉及的相关教育内容融合到生活活动中来,避免生活活动与其他活动的隔离。其实,生活活动中有很多扩展和联系其他活动中已有经验的机会。

（5）日常生活活动中教师与幼儿作用发挥得合理与不合理。幼儿缺乏生活的能力,与教师相比,幼儿是生活的弱者,但幼儿也是生活的主人,是对生活具有浓厚兴趣的学习者。生活活动不应只是教师的活动,也应该是幼儿的活动。幼儿在生活活动中具有不可替代的作用。对幼儿的生活活动全面包办是不可取的,对幼儿缺少应有的照料同样也是不可取的。

3. 游戏活动

游戏是幼儿重要的活动形式,也是一种幼儿最为自由、自主的活动形式。游戏活动是学前课程内容的重要组成部分。游戏活动的诊断与咨询应从以下几个方面加以考虑:

第二章　学前课程的诊断与咨询

（1）游戏活动的真实与虚假。游戏是幼儿主动、自发的活动。所谓游戏活动的真实是指游戏活动应从幼儿的兴趣出发，根据幼儿自身的需要，而不受成人的牵制，或由成人去调控。所谓游戏活动的虚假是指仅仅是贴上了游戏的标签，幼儿并没有获得真正的活动自主，活动的进程基本受控于成人的指令。

（2）游戏活动的自主与非自主。幼儿是否自主是判断游戏真实性的标志之一。只有真实的游戏，幼儿才有真正的自主，虚假的游戏中，幼儿必定会丧失自主。考察游戏，必须关注幼儿是否获得了活动的自主。

（3）游戏材料的丰富与贫乏。游戏材料是游戏得以展开的重要条件。丰富的游戏材料能激发游戏活动的持续开展，相反，游戏材料的贫乏会影响游戏的深入和持久。当然，游戏材料的丰富不只是一个简单的数量指标，不只是单纯的"多"，而是适宜前提下的适量，即游戏材料一定要适于幼儿当前的游戏，数量再多，如果与当前的游戏无关，也无助于游戏的开展；如果材料适宜当前的游戏，数量又非常多，甚至是过分的多（如影响游戏的空间、分散幼儿的注意力等），那也无助于游戏的开展。

（4）游戏的教师参与与非参与。游戏是幼儿主动自发的活动，但幼儿园的游戏与家庭及社区情境中产生的游戏不同，游戏是学前课程的重要组成部分，教师对游戏环境的创设，对游戏中重要问题尤其是有碍幼儿安全的问题保留控制权。因此，教育机构中的游戏不可能绝对不受成人的影响，事实上，幼儿也经常需要教师参与到游戏过程中去。教师参与游戏是合理的、应该的，但教师对幼儿游戏的参与有一个限度，只有当教师的参与是幼儿希望的且并不影响幼儿的活动自主时，这种参与才是有价值的。因此，并不是所有的游戏都需要教师参与，也不是教师的参与一定有益于游戏的展开。只有当教师参与游戏有利于幼儿更好地游戏时，参与本身才是合理的。

(5)游戏中的创新与死板。游戏是幼儿最为放松的活动,游戏中幼儿最有可能发挥创造力,幼儿的很多创新行为都出自游戏过程之中,也可以说,是否具有创新性,是衡量游戏质量的重要标尺。反之,如果在游戏中,幼儿过于死板,不能充分地发挥创造性,那么,游戏很可能受到一些干预,幼儿很可能没有享受真正的游戏。当然,由于游戏类型及性质的不同,幼儿在游戏中的创造性表现可能也不同,但游戏确实是幼儿创造性发挥的天地。

(6)游戏中规则的合理与不合理。游戏是创造性的,但游戏也是需要规则的。尤其是在我国当前的国情下,幼儿游戏的空间、材料都相对有限,需要一定的规则来保证游戏活动的开展。有些游戏如果缺少了规则就没有了游戏的趣味。因此,游戏总是或多或少地同规则联系在一起,这样,就必须考虑游戏中规则的"度"的问题。有些规则对某些游戏来说是合理的,但对另一些游戏来说则可能是不合理的;有些游戏需要多项规则,而另一些游戏则可能只需要某一项规则。规则的性质、数量对不同的游戏具有不同的意义。合理的规则应是能保证并促进游戏活动不断展开的,规则应是对幼儿安全的保障,对游戏活动基本秩序的保障,是游戏趣味性的来源。

对于学前课程实施的咨询,应针对诊断中反映的主要问题,从理念、方法、形式、手段等方面加以咨询,因此,咨询的重点应是观念的咨询和实施技术方面的咨询。

第三章　学前儿童游戏活动的诊断与咨询

第一节　学前教育机构游戏环境设置的诊断与咨询

（一）学前教育机构的游戏环境

1. 环境：指个体生活的所有外部条件的总和。它包括自然环境和社会环境。

2. 游戏环境：指为幼儿游戏所提供的条件，包括幼儿与物发生作用的环境和幼儿与人进行社会交往的环境。幼儿与物发生作用的环境主要是指幼儿园各种人工或非人工的游戏空间和场地、游戏材料、游戏时间等。幼儿与人进行社会交往的环境是指游戏中的人际交往和心理氛围，包括教师与幼儿之间的师幼关系、幼儿与幼儿之间的同伴关系以及宽松、自由、民主、平等、和谐的游戏氛围等。

（二）游戏环境设置的一般问题及其对策

1. 游戏环境设置的一般要求

第一，给游戏环境以清晰的边界和路线标注

将游戏活动区域之间的过道清晰、明确地划分出来使其大小适宜，给幼儿以视觉清晰的过道，能促进幼儿投入适当的活动。研究表明，各活动区之间清楚的边界和路线有助于幼儿集中注意力投入自己的游戏，并保护他们互动的空间。使游戏区角之间有机联系起来，更有利于维持和延续游戏活动，因此可以利用家具、分隔物将空间分隔开来，也可以在游戏活动室里画出清楚的线路。

第二，把功能相近的、互补的区域放在一起

游戏中由于幼儿反映的经验是不同的，有些是反映动态的人际社会，将无形的人际交往通过言行表现出来；有些是反映静态的物质世界，将有形的东西用无形的材料反映出来。这两类经验的反映是不同的，因此，在设置游戏环境时，要把功能、性质相同的主题放在一起，才能有利于促进游戏情节的发展，减少幼儿在经验方面的冲突。

第三，将喧闹区与安静区分开

将有冲突的区域分开，以避免幼儿在游戏中发生不必要的矛盾。如：绘画区、手工区、阅读区、结构区等是比较安静的区域，应放在一起；而娃娃家、医院、自选商场等是相对喧闹的区域，幼儿的流动性较大，应把它们放置在一起，并留出较大的空间，以供幼儿相互交往。

第四，给幼儿留出自由支配的空间

幼儿是游戏的主人，教师为幼儿在游戏中设置的场地，不可能完全符合、满足所有幼儿的需要。为了保证幼儿有充分游戏的权利和可能，要给幼儿留出一定的自由支配的空间和材料，设置一定的区域作为备用区供幼儿选用，这样可以培养幼儿自己解决问题的方法和能力。

第五，将教育的意图渗透进游戏环境中

维果斯基指出，教育应该走在发展的前面，而游戏是幼儿园教育的基本活动，游戏不仅能给幼儿带来快乐，更重要的是能促进幼儿在游戏中获得综合能力的发展。研究表明教师的指导意图尤为重要，如果教师在提供环境和材料时，没有统一的计划和目标，那么幼儿在游戏中的表现可能会由此而受到限制。因此，教师在游戏中的指导作用，很大程度上是通过环境来渗透的，通过有意识地创设环境来促进幼儿游戏水平的提高。

第三章 学前儿童游戏活动的诊断与咨询

2. 游戏环境的设置一般存在以下几方面的问题

第一,游戏环境的设置缺乏刺激性

游戏环境的设置应该是以再现幼儿已有的经验以及引导幼儿向着其"最近发展区"发展为目的的,它的作用在于激发幼儿通过与环境的相互作用而获得发展。而目前在游戏环境设置中,有的提供了开展某种游戏的地方,却没有相应的玩具材料,幼儿即使有兴趣也无法将游戏玩下去;有的虽然提供了玩具和材料,但这些玩具和材料不符合幼儿的实际经验水平,要么因为太简单激不起幼儿的兴趣,要么要求太高、太难而不能使幼儿产生兴趣。例如,某中班教师为幼儿的建筑角提供了用废旧材料盒子做的楼房、用果奶瓶做的小花、用碎皱纹纸粘贴成的草地以及幼儿从家里带来的小汽车等辅助材料,希望能促进幼儿游戏水平的提高,引导幼儿在原有的基础上拓展建构停车场、马路、交警岗楼等。结果,教师在场时幼儿跟着一起搭建老师所希望的成果,而当老师离开后幼儿却独自玩起了开汽车、铺草地、把楼房摆在积木上等内容的游戏,令教师大失所望。这就是教师提供的环境缺乏刺激幼儿去建构停车场、马路、交警岗楼的信息,材料单一且功能固定、可变性太小,不能激发幼儿探索的兴趣和愿望,造成幼儿只能凭材料自身的性质去进行游戏。再如,有的教师为幼儿布置的"娃娃家"不仅有小床、小桌子、小柜子及幼儿需要的玩具材料,而且还提供了大量的"家电用品",如洗衣机、电视机、收录机、电冰箱、电烤箱等等,但这些用品的制作方法都是在一个废旧包装盒的表面,贴上一张代表某种用品外形的图画,虽然画上有表示开关的键或把柄,但却不能刺激幼儿真正地操作,幼儿与所设置的环境没有发生互动的条件和可能,致使提供的环境失去了其应有的价值。教师虽然花了很多时间为幼儿游戏准备大量的现成物品,但由于缺乏可变性、可操作性而不受幼儿的欢迎。

第二,游戏环境的设置缺乏层次性

目前,有不少幼儿园游戏环境的设置千篇一律、没有个性。当我们走进一个幼儿园时,只能从门上的编号来判断这是哪个年龄班,而不能从它的环境布置中看出每个班有何不同。因为他们所提供的玩具在数量和种类上是相同的;成型玩具与未成型玩具在比例上也是相同的;幼儿玩游戏的主题类型和区域的数量也是相同的;玩具材料的提供杂乱无章,既不配套也不成比例。这种体现不出幼儿年龄特点层次性的游戏环境,是不符合幼儿身心发展规律和需要的。

第三,游戏环境的设置缺乏合理性

幼儿园游戏环境的设置,主要是由教师凭借自己的主观经验为幼儿设置的,教师在不考虑幼儿已有的经验及对游戏的愿望和要求的前提下,为幼儿布置好了游戏的区域。这种游戏环境的布置往往只考虑了对空间的利用,有的甚至连如何利用空间都未加关注,缺乏合理的布局,结果是"娃娃家"离"菜场"、"医院"很远,甚至连几个"娃娃家"也都离得很远,区域之间相互没有联系;需要安静的"图书角"、"美工制作区"却和喧闹的"表演区"、"超市"在一起,人为地制造幼儿之间的矛盾和纠纷,限制并破坏了幼儿游戏的机会和条件。这种在空间的利用方面缺乏合理考虑的环境,往往超出幼儿的现有经验、能力及其认知发展的水平,在布局上显得凌乱、松散而不实用,影响了幼儿游戏的正常开展。

第四,游戏环境的设置缺乏计划性

游戏环境作为幼儿园环境的一个重要组成部分,应该体现出其教育价值。由于幼儿教师对游戏的认识存在偏差,使得游戏环境的设置缺乏教育的计划性。教师在为幼儿提供游戏主题和材料时,没有考虑"为什么"、"怎么样"提供既符合幼儿经验又能促进其向着"最近发展区"发展的环境。一般的做法是盲目地模仿别人的经验或者依据自己随心所欲的主观经验,有时也有部分来自于幼儿的需要,但却不能有计划地给幼儿一个完整的过程体验和

第三章　学前儿童游戏活动的诊断与咨询

获得相关经验的机会,使得幼儿园游戏主题和情节的发展总是停滞不前。正是由于这种游戏的环境缺乏教育的计划性,致使幼儿园游戏成为可有可无的活动。

3. 游戏环境设置的对策

美国学者布朗芬·布伦纳认为环境既能提供机会,也能产生潜在的危机。如果幼儿在环境中被剥夺了经验,就会产生压力感和紧张感,从而影响其发展;如果环境提供了机会,幼儿就会朝着社会文化目标的方向发展。他从生态学的观点提出幼儿是自己发展的主动参与者,而不是被动的接受者。正如蒙台梭利所主张的那样:让幼儿在适宜的环境里从事愉快的活动,通过有趣的"工作"来塑造自己的精神,才能使幼儿达到"正常化"。因此,为幼儿创设良好的游戏环境,有利于促进幼儿的发展。为幼儿开展游戏设置符合教育要求的合理的环境,一般可从以下方面考虑:

第一,为幼儿开展游戏设置丰富的游戏环境

所谓丰富的游戏环境,一方面是指有足够的游戏空间和场地,有多样性的可变化的游戏材料,有充足的游戏时间以及多样性的游戏同伴等,这是开展游戏所必须的条件。另一方面是指游戏环境要具有刺激性,不光在数量上能满足幼儿的需要,在质量上也要满足幼儿不断变化的需求。它既是幼儿熟悉的环境,又是能引起幼儿主动、积极地探索的环境,能引导幼儿朝着教育所希望达到的目标发展。只有丰富多彩的环境才能刺激幼儿去发现问题、解决问题,激发他们从游戏中学习和寻求获得各种有用的知识和经验。如果一个游戏环境拥有宽敞的区角、足够数量的玩具材料,但这些环境是静态的、没有变化的,幼儿对此可能缺乏兴趣,因为这样的环境对幼儿来说缺乏刺激性,不能激发幼儿的好奇心和求知欲。

第二,为幼儿开展游戏设置有计划的环境

要让游戏发挥其应有的教育作用,游戏环境的设置就要体现计划性。主要体现在教育教学目标的计划性和年龄层次的计划性两个方面。幼儿园游戏环境的设置应根据幼儿的兴趣和需要，将教育意图有计划地渗透到游戏环境的创设上。如果一个幼儿园游戏环境的设置没有计划性，教师没有预期幼儿可能的发展趋向，就会人为地剥夺幼儿充分享受游戏的权利，削减游戏对幼儿发展的独特价值。游戏中幼儿的行为是他们已有经验的反映，这些零碎的经验对幼儿来说也许是不经意地反映出来的，如果教师能有计划地抓住幼儿的现有经验，为幼儿提供能促使他们朝着可能达到的方向发展，幼儿也许就可能获得一个完整的经验。幼儿已有的经验和兴趣是提供游戏环境的依据，在我们的研究中发现：教师为幼儿提供游戏的环境是有一定的意图的，要把教育教学的目标渗透在游戏中，通过幼儿喜闻乐见的游戏来完成。例如，同样是一次为×××小朋友过生日，大家一起吃生日蛋糕的经验，如果教师在之后为幼儿提供相应的材料，幼儿就可以玩出情节更加丰富的游戏主题，如为娃娃过生日、制作蛋糕、烘烤蛋糕、送蛋糕、做花环、画生日蛋糕的广告等等。其实，教师在提供材料的过程中，已经把相关的教育教学目标通过这次"过生日"的系列活动完成了。而如果教师没有这方面的意识，不给幼儿继续提供相关材料以促进幼儿与材料进一步的互动，那幼儿的经验只能停留在原有的基础上。

　　幼儿园不同年龄班幼儿的经验和发展水平是有差异的，为他们玩游戏提供的游戏环境，应该体现出年龄要求的层次性。小班游戏环境的设置要求简单、相似的主题区域，主要围绕着以"家"的经验来开展游戏，对玩具材料的逼真程度要求较高，要多提供种类少、数量多的玩具材料，以引起他们对已有经验的回忆。中班游戏环境的设置要求有较丰富的游戏区域，对玩具材料的多样化要求较高，要多提供种类多、数量多的玩具材料，以使幼儿在游戏中想与同伴交往而又缺乏交往技能的愿望得到满足。大班游戏环境的设置要求以幼儿逐渐发展的认知能力和社交能力相符合，对玩具材料的可变性要求较高，要多提供种类多、数量相对少的各种玩

第三章　学前儿童游戏活动的诊断与咨询

具材料,以满足幼儿在与同伴的集体活动中获得快乐的愿望。因此,幼儿园游戏环境的设置应该体现出幼儿的年龄层次和要求。

第三,为幼儿开展游戏设置合理的游戏环境

游戏环境的合理性表现在游戏环境是开放的、互动的、参与的、符合幼儿年龄特征的。开放的、互动的游戏环境,是指游戏的时间与空间对幼儿来说都是可以自由支配的,游戏的玩具材料对幼儿来说是可以随意取放的,是共享的,游戏中的人际关系是平等的、互动的、和谐的。参与的游戏环境,是指游戏的环境布置是等待幼儿来探索、发现和操作的,让幼儿有事可做的环境,而不是教师准备好的现成的场地和材料,使幼儿只能看到一个现成结果的环境。符合幼儿年龄特征的游戏环境是既能满足幼儿需要的、幼儿可以自主地与之发生互动,又能促进幼儿发展的环境。只有符合幼儿年龄特征的游戏环境,幼儿才会感兴趣;只有符合幼儿需要的游戏环境,幼儿才会愿意参与。

案例分析:

来访者:我在组织幼儿游戏时,总觉得他们玩得不好。

咨询者:你认为幼儿游戏玩得不好,主要表现在哪些方面?

来访者:他们大多数都自己一个人玩,不愿意与别人玩,有些孩子只是站在旁边看别人玩,有些孩子则是东游西逛,好像没有事情一样。游戏中没有情节、没有交往,怎么指导也没有用。

咨询者:小班幼儿游戏初期没有交往也是正常的,但现在入园已经三四个月了,也许其中有什么问题,你能把你班上的环境布局画给我看看吗?

来访者:好的。房间由活动室、睡觉房及小衣帽间组成(见图3-1),这就是我们班游戏的环境布局图。

咨询者:在组织游戏的过程中,你有没有感觉到幼儿常有矛盾和纠纷发生?

来访者:是,有些地方每次都会出现。

咨询者：你能给我们举个例子吗？

来访者：主要集中在"菜场"附近。

咨询者：问题可能出在环境的布置方面。请看下面的分析。

图3-1　小班游戏的环境布局(2001年12月)

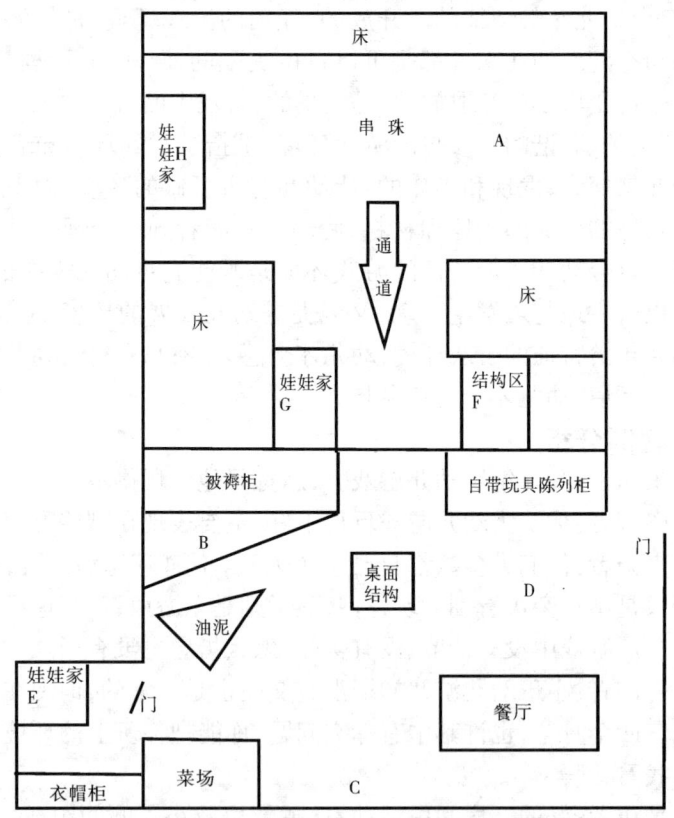

从图3-1中我们可以发现，这个小班游戏的主题主要是："娃娃家"、"餐厅"、"桌面结构"游戏和"串珠"、"油泥"等。而幼儿的行为大多表现为独自游戏、闲逛和旁观。可能是以下几方面的因素影响了幼儿游戏的行为。

第三章　学前儿童游戏活动的诊断与咨询

第一,空间的利用不充分,有的地方闲置,而有的地方又过于密集。图中的"A"、"B"、"C"、"D"四个地方都是空地,而在通道两侧的"娃娃家"、"结构区"却十分狭小,油泥和菜场处显得拥挤。

第二,场地的结构布局不合理。区域与区域之间缺乏有机的联系,把毫不相干的主题放置在一起,如"娃娃家H"没有与其他"娃娃家"设在一起,却和"串珠"、"结构区"放置在一起。这样不利于幼儿游戏中的相互模仿和学习,尤其是处于平行游戏阶段的小班幼儿,有要求和别人玩相同游戏的特点,因此更需要把同类的区域放在一起。

第三,边界和线路的标示不清晰。没有考虑明晰的通行要道,使往来频率较高的地方即通行要道人满为患,如在"通道"的前方设置"桌面结构"区,"油泥"不仅设置在"菜场"的旁边,而且还正好在门口,都可能会使幼儿在游戏中发生碰撞,容易造成不必要的意外事故。

第四,游戏的年龄特征体现不够。已经处于12月份的小班幼儿,已经玩了三个月的游戏,游戏中出现独自游戏、闲逛和旁观的频率应该很小了,但事实与之相反,那是什么原因呢?这也许是教师在材料提供方面存在问题。首先是玩具的陈设位置。教师将自带玩具放在幼儿视线最容易接触的柜子里,而幼儿从家里带的玩具大多是不统一的,每个人又特别喜欢自己的玩具,这可能是造成幼儿独自游戏的原因。其次是幼儿玩的游戏主题问题。教师一共为幼儿设置了九个区域,按正常的幼儿园班级人数,应该足够了,那为什么会有闲逛和旁观的行为出现呢?可能是游戏材料的提供不符合幼儿的年龄特征和需要,缺乏刺激性而不利于幼儿的游戏发展。

第五,场地的布置缺乏安全性。从区域的布置来看,"油泥"的桌面是三角形的,且位于门和"菜场"这两个要道之间,容易使幼儿在奔跑的过程中发生碰撞而受到伤害;通道两侧的"娃娃家"、"结构区"十分狭小,也容易造成幼儿之间的相互摩擦;从幼儿保育的角度来说,游戏在卧室中进行,不利于保持卧室的清洁和卫生。

根据以上分析,提出下列建议:

第一,合理利用空间来布置场地。将"油泥"搬到"B"处,将"桌面结构"搬到"D"处,"娃娃家E"搬到"A"处,"结构区F"调到原"娃娃家E"处,原"结构区F"与"娃娃家G"合并为一个"娃娃家",或者作为一个备用区,供幼儿自由安排,将"串珠"与"菜场"对调(具体修改后的游戏的环境布局如图3-2)。这样,边界和路线的标注明显,幼儿可以在游戏中四处流动,玩得安全、尽兴。像"娃娃家"、"菜场"、"餐厅"这样的喧闹区就和"串珠"、"结构"等安静区相对有了划分;幼儿之间减少了相互碰撞、摩擦的机会。

第二,将"餐厅"调至"C"处,便于与"娃娃家"主题发生联系;将"桌面结构"移到原"餐厅"处。这样,就可以给"自带玩具柜"留出一定的空间,以满足个别独自游戏幼儿的需要。

第三,将安静的区域放置在卧室,将喧闹的区域放置在活动室。这样可以减少幼儿在卧室的流动,而且,还能使"自带玩具柜"发挥更大的作用。(具体修改建议见游戏的环境布局图3-3)

第四,根据幼儿的年龄特征,促进幼儿游戏的发展。小班幼儿的主要经验就是以家为中心,来反映他们对生活的理解。因此,要依幼儿的人数适当增加"娃娃家"的数量,以满足幼儿游戏的愿望,减少旁观和无所事事的频率。可以在"餐厅"和"菜场"处提供"娃娃家"的材料,以满足幼儿的需要。

第五,观察幼儿游戏的情况,及时调换游戏材料。幼儿在游戏中的行为表现,最容易反映出教师提供的环境是否适宜。有时候我们成人认为好的、合理的玩具、材料,幼儿并不领情。不少幼儿园花钱买的制作精美的桌椅,在游戏中并不是幼儿的首选,而看似没用的破纸盒,却大受幼儿的欢迎。所以,考察游戏环境布置是否

第三章　学前儿童游戏活动的诊断与咨询

有效,要看它的利用率如何,幼儿是否喜欢。

图 3-2　小班游戏的环境布局(2001 年 12 月)

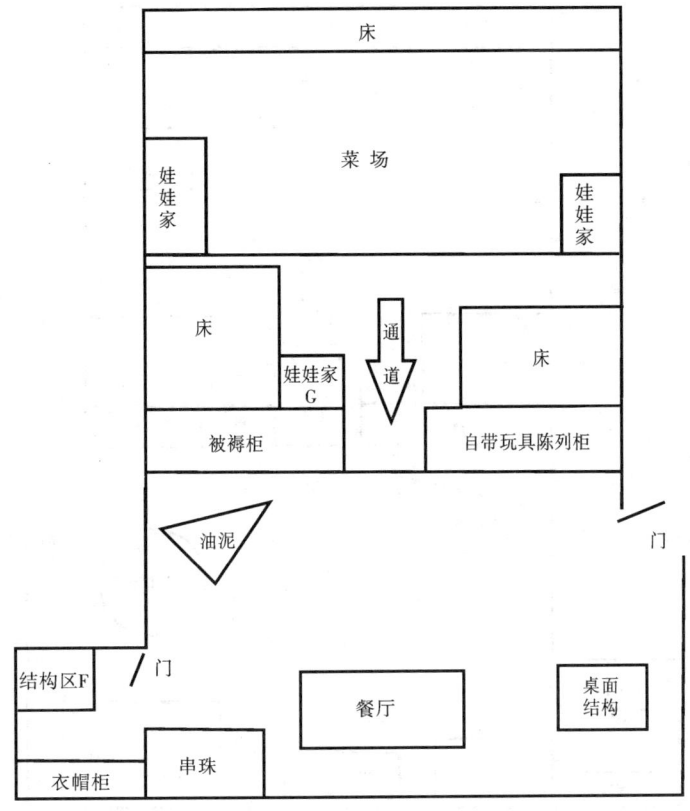

图 3-3　小班游戏的环境布局(2001 年 12 月)

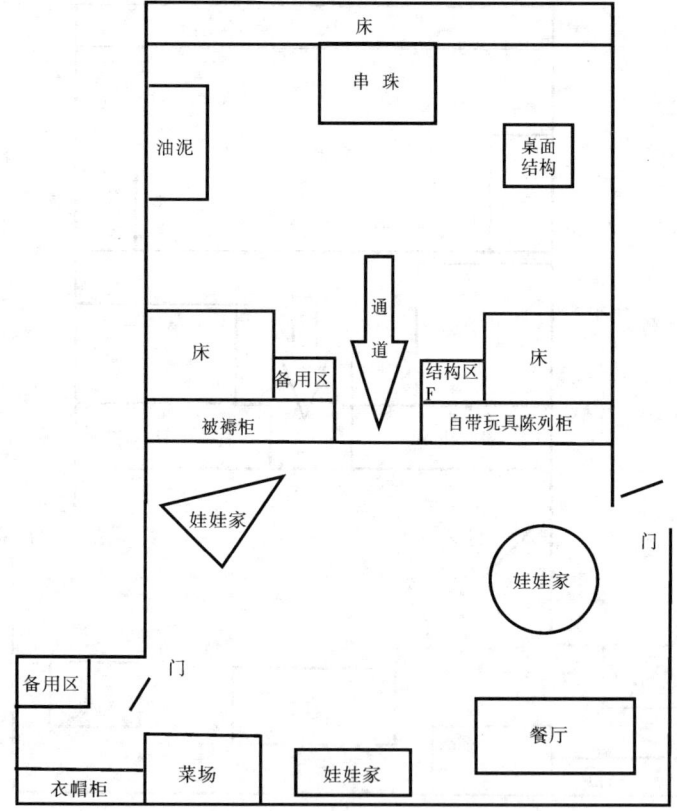

第二节 学前教育机构游戏活动指导策略的诊断与咨询

(一) 学前教育机构游戏活动指导的要求

在指导游戏活动时,要正确处理好以下几对关系:

1. 学习与娱乐

幼儿在游戏中成长,游戏对于幼儿来说,其价值不应该仅仅在满足快乐上,而应该在满足快乐的同时获得发展。幼儿通过游戏增长知识和经验,通过游戏获得各种能力的发展。幼儿在快乐的游戏中获得经验,学习与娱乐的关系并不矛盾,两者是相辅相成的。游戏由于有重过程、轻结果的特点,因此幼儿在游戏中能够自主、自愿地以自己的方式,根据自己的发展速度和进程来学习和表现自己的经验,充分体验并享受游戏自主快乐的过程。

2. 规则与自由

规则和自由是相互对立的,就好像"红灯"与"绿灯"的关系,没有红灯的约束,就不可能有绿灯的通行;没有规则的制约,也就不可能有自由,规则离开了自由,也没有存在的可能。规则和自由又是同步的,当你拥有自由的时候,规则是同时存在的,一旦规则消失了,自由也就不复存在了。幼儿身心发展水平不同,对规则的理解和掌握则不同,拥有的自由度也不同。例如,小班的幼儿只能基本遵守"不抢玩具"的规则,而要求他们在游戏中做到"合作"、"协商"是不现实的,这样,他们在游戏中的表现就是不自由的,因为他们根本不具备这样的能力。因此,不同年龄班的培养重点是不一样的,游戏中的自由必须建立在一定的规则约束之上。

3. 现实与创造

游戏中幼儿用自己的已有经验来反映现实生活,当有些情节超出了幼儿经验的范围,他们就会通过想像来弥补。幼儿在游戏中总是游离于想像与现实之间,一会儿是现实的,一会儿是假想的。幼儿在游戏中的创造往往会被成人无意识地、用现实的眼光给予否定。例如，大班"医院"游戏中，教师引导幼儿："把你们想像的东西做成药。"而当某幼儿用"菜"做"药"后，教师却问他："你家的药是用菜做成的吗？"该幼儿一脸茫然道："不是。"很显然，教师是希望幼儿在游戏中有所创造，因为游戏能促进幼儿创造力的发展，教师的主观意愿是好的。但是，当幼儿按照教师的要求努力后，得到的不是肯定而是否定，因为教师是用成人的、现实的标准在衡量幼儿的创造，其结果只有是否定的了，教师的实际行动和主观想法是有差距的。因此，教师在游戏中要鼓励幼儿在现实的基础上去创造，同时也要允许幼儿有不同于平常的，甚至是离奇的、与众不同的想法存在，并且，要经常地加以鼓励和赞扬，才能促使幼儿在现实已有经验的基础上去创造和想像。如果总是以成人的眼光来评判幼儿的游戏，就会影响幼儿在游戏中的创造力和想像力的发展。

4. 自主与指导

研究表明，由教师指导的游戏更能促进幼儿游戏水平的提高和幼儿能力的发展。教师在鼓励幼儿自主探索、尝试的前提下，给幼儿以适当的帮助是非常重要的，这样不仅能使游戏得以继续延伸，而且能让幼儿在尝试的过程中获得成功感和胜任感。

过去很长一段时间幼儿园游戏都存在着教师为幼儿设计好一切，幼儿就好像"演员"一样在"导演"的安排下演戏而不是游戏。随着教育观、儿童观的转变，这种现象逐渐减少，游戏的权利渐渐地还给了幼儿。但实践中有一些教师认为，游戏中的自主就是教师不能指导，当幼儿有了问题需要教师的帮助时，教师惟恐自己的介入指导是在"导演"，而不敢给予必要的指导，由过去的"导演"变成了"放羊"，无法正确把握游戏的"度"，从而削减了游戏应有的教育作用。幼儿由于身心发展水平的限制，对周围事物的认识和理解具有一定的局限性，在游戏中出现的各种问题，正是他们认

第三章　学前儿童游戏活动的诊断与咨询

知冲突的表现,需要教师加以指导和帮助。幼儿必须在成人的教育引导下具备一定的能力的基础上,才有可能自主。

(二)学前教育机构游戏活动指导存在的一般问题及其对策

1. 游戏活动指导存在的一般问题

第一,对幼儿的游戏活动缺乏真正的观察

具体表现为不观察、不会观察、观察了却不会记录、观察记录了却不会分析利用观察的结果。对游戏缺乏观察,有些是属于观念层面的,有些是属于技术层面的。有些教师认为,游戏是幼儿自己玩,只要不出问题,教师就可以不管,把游戏看成是放松和歇息的手段,根本没有观察游戏的意识;有的教师对在游戏中为什么观察、观察什么、怎样观察都不太清楚,想观察却不会观察。譬如,不知道哪些是需要记录的,哪些是不需要记录的,不知道从记录下来的文字、表格中提取重要的信息。对教师而言,观察游戏活动中的幼儿难于观察教学活动中的幼儿,因为游戏活动中的幼儿更可能处于动态之中,如果教师不会观察游戏中的幼儿,那么就无法了解幼儿到底在干什么,也就无法真正指导幼儿的游戏。

第二,对幼儿是游戏的主人缺乏足够的尊重

游戏对于幼儿来说,是自身能力和经验的表现,相对于现实生活中处处受到成人的保护和牵制而言,只有游戏是幼儿能独立驾驭的世界,幼儿只是因为好玩而玩,幼儿有权决定玩什么、怎样玩、和谁在一起玩等,幼儿是游戏的主人。游戏是幼儿的需要,而不是成人愿望的执行者,幼儿需要成人的尊重和认可;游戏是幼儿的娱乐,而不是成人完成教育教学目标的借口;游戏是幼儿的权利,而不是成人作为奖励的砝码。有的教师在指导幼儿游戏时,很少用心了解幼儿是如何想的,总是以教师的身份把现成的知识答案告诉幼儿,要求幼儿达到某种水平,存在不尊重、不平等、不对话的现象,轻易打断幼儿游戏的氛围,使幼儿游戏的权利在不同程度上遭受剥夺。

第三,对幼儿游戏的特点缺乏充分的认识

幼儿的游戏是一种快乐的、满足幼儿需要和愿望的、自发的、不同寻常的活动,幼儿在游戏中注重的是游戏过程体验,而对于游戏后会有什么样的结果却不在乎,他们想玩就玩,不想玩就停止。不同年龄段的幼儿游戏的特点是不同的,同一年龄段幼儿的游戏也是有差异的。由于对幼儿游戏的特点缺乏充分的认识,面对幼儿的游戏,教师往往会以自己的标准统一地看待不同的幼儿,对他们游戏的不同水平缺乏了解,出现了几个典型的"轻重失调"。即重知识的掌握轻情感及社会性的发展,重游戏的预成结果轻幼儿的实际能力水平的提高,重游戏的逼真形式轻幼儿在游戏中的创造性的发挥,重直接的语言指导轻幼儿在游戏中的自由探索,重游戏的结果轻游戏的过程体验。结果造成指导游戏时出现"教师游戏幼儿"、"幼儿被动地跟着教师玩"等现象的出现,致使在幼儿园中出现游戏的地位逐渐被教学所取代的趋势。

2. 指导游戏的对策

第一,有效观察是指导幼儿游戏的前提

前苏联心理学家维果斯基指出,游戏创造了幼儿的最近发展区,幼儿在游戏中的表现总是超出了他们的实际年龄,高于他们在日常生活中的行为表现,游戏就好像放大镜的焦点,凝聚和孕育着发展的所有趋向。只有在幼儿自由的、主动的活动中才能真实地把握幼儿情绪、情感及社会性的发展。观察游戏不仅能帮助教师正确制定教育教学计划,同时也能使教师更加深入地了解幼儿游戏的兴趣和需要,达到有的放矢地指导幼儿游戏的目的。只有在观察的基础上,才能制定出适合幼儿需要的、有针对性的游戏指导计划。

第二,让幼儿真正成为游戏的主人

游戏是幼儿自觉自愿的自主性活动,而不是成人强加的逼迫性活动。幼儿有权决定游戏中的一切,包括游戏的主题、玩具、材

第三章　学前儿童游戏活动的诊断与咨询

料,这些都要以幼儿的需要和兴趣为出发点;游戏的情节、内容是幼儿自己经验的再现;游戏中出现的矛盾、纠纷要以幼儿的方式、方法来解决;游戏中环境的布置与保持也是幼儿自己的事情;游戏中的规则是根据幼儿的游戏需要制定的,而不是外界强加的;游戏中只有让幼儿根据自己的愿望和想法来与玩具材料发生互动,才能使活动的方式、方法具有灵活性,才有可能使幼儿真正产生兴趣和自主感体验。因此,游戏活动应该让幼儿成为游戏的主人,让幼儿主动控制活动进程,自主决定活动的方式、方法,而不是按成人所规定的或演示的方式、方法来操作。教师在指导游戏时,要尽量减少不必要的干预、包办代替或导演幼儿游戏的现象发生。要把握好指导的"度",幼儿自发的、主动的以及教师参与的游戏是促进游戏发展的重要因素,应该从全方位的角度来看待。

第三,根据游戏的特点指导游戏

（1）针对不同的年龄特征指导游戏。教师在指导游戏时,一定要根据幼儿的年龄特征来加以指导。幼儿园三个年龄班的游戏水平是不同的,小班的幼儿由于认知发展的不平衡,特别容易受到外界环境的影响,模仿周围的人和事,游戏处于平行游戏阶段。因此,"平行游戏法"特别适用于小班。"平行游戏法"就是当幼儿对新出现的玩具材料不感兴趣、不会玩、不喜欢玩或只喜欢玩某一类游戏时,教师可以在幼儿的附近,利用与幼儿相同的或不同的材料玩游戏,目的在于引导幼儿模仿,起暗示指导的作用。中、大班的幼儿则可以用"交叉游戏法"、"游戏经验分享法"进行指导。"交叉游戏法"是指当幼儿需要教师参与或教师认为有介入指导的必要时,由幼儿邀请教师作为游戏中的某一角色,或教师自己扮演一个角色融入幼儿的游戏,通过教师与幼儿、角色与角色之间的互动,起到指导幼儿游戏的作用。当幼儿与教师都感觉很快乐时,教师就应该主动退出,不宜呆得太久。"游戏经验分享法"就是为幼儿提供一段时间,让幼儿将游戏中的过程体验、存在的问题、有创意的想法及做法等讲出来,通过幼儿之间的讨论,使幼儿各自已有的经验发生碰撞,引导幼儿以他们自己的方式来解决问题、分享经验,教师在整个过程中是一个参与者、发问者、倾听者和解决问题的帮助者。

(2)针对不同的游戏主题指导游戏。幼儿在玩游戏时,由于使用的材料不同、游戏的规则不同、幼儿在游戏中的活动范围的大小等因素,会表现出不同的特点和形式。在不同的游戏主题中表现出的问题可能是不同的。在角色游戏中可能因不会与人交往而发生冲突,或材料不能满足需要而发生冲突;在结构游戏中可能需要的是技能或是辅助材料提供方面的指导;在规则游戏中可能就是对规则的理解方面的指导少了。在同一类主题的游戏中,由于经验的多少等原因也会出现不同的问题。所以,对不同的游戏的指导方法是不一样的,教师在指导游戏时要根据每种游戏的特点及幼儿的需要来进行指导。

(3)针对不同的情节发展指导游戏

幼儿游戏中同一主题的情节发展要经历产生、发展、高潮、结束等阶段。幼儿在每一个阶段的游戏情节表现和需要是不一样的,因此教师对每一个阶段的指导也应该是不一样的。如果教师没有根据情节的发展指导游戏,就可能使幼儿的游戏始终停留在原有水平。

这种情节的发展有横向和纵向两个方面。横向的发展是指在同一年龄阶段游戏主题的产生、发展过程,有些主题在某一个年龄班就可能经历产生、发展、高潮、结束等阶段。纵向的发展是指一个游戏主题在不同年龄段都可能存在和发展,在不同的时期会有不同的表现,这和幼儿的经验和年龄是分不开的。在游戏的产生阶段,教师应根据幼儿在游戏中的主要兴趣及他们的需要,适时提供环境和材料,并引起幼儿的关注,促进游戏情节的发展;在游戏中观察幼儿的情况,根据每次观察幼儿的进展,即时地增减玩具材

第三章 学前儿童游戏活动的诊断与咨询

料。随着幼儿游戏情节的发展,教师要预期幼儿的经验,为幼儿提供多种质地的、多种类型及功能的材料,这些材料包括成型的玩具、替代品以及辅助材料等,这样可以满足幼儿的多种需要。

案例:

这是一个教师对大班幼儿"医院"游戏的指导实录。教师在宣布游戏开始以后,出现了下面的对话:

教师:上次我到医院去看病、配药,可是药盒是空的,里面没有药。怎么办?

幼儿:自己做。

教师:怎么做?

幼儿:①用油泥

②用纸头

③用纸头加上油泥

④用小玩具

⑤用菜

⑥用小圆片

⑦用水

教师:可以做成什么形状?

幼儿:①长方形

②三角形

③圆形

教师:今天我们玩"医院"游戏,可以用这些东西做,需要什么材料自己去取。

幼儿自己选择场地和玩具材料,开始玩游戏。过了一段时间,教师来到了"医院",又有了下面的对话:

教师:我"头疼发烧"。

幼儿:(随手给了老师一个废旧药盒)

教师:我生了什么病?

幼儿：感冒。
教师：你怎么知道？
幼儿：(不予回答，伸手给了老师一个废旧药盒)给你"药"。
教师：怎么是空的？
幼儿：(不答)一天一片。
教师：(自感没趣，离开了"医院")

游戏结束后，教师把幼儿集中起来，一起讨论有关游戏的话题。这里只摘录有关"医院"的内容：

幼儿：……我没有生病，"医生"却给我开了"药"。
教师：应该怎么办？
幼儿：开单子，才能给药。
教师：先看病，写上药，拿单子到药房取药。今天我生病，看见药盒里有药了，可是药是不是应该有颜色？
幼儿：①黄色
　　　②红色
　　　③土色
　　　④棕色
　　　⑤黑色
　　　……
教师：怎么做？
幼儿：①油泥
　　　②油画棒上色
　　　③用有颜色的纸包
教师：下次我们玩"医院"就要做这样的"药片"。

案例分析：
这个"医院"的游戏是在教师的诱导下开始的，从对话中我们可以发现教师的意图是希望能通过提示，引导幼儿自己做"药片"，从而达到深化游戏的主题、丰富游戏情节的目的。教师提供

第三章 学前儿童游戏活动的诊断与咨询

了相应的操作材料,幼儿也在游戏中根据教师的提示制作起了"药片"。但为什么当教师在介入幼儿的游戏时,幼儿却不能按照教师的意图来进行游戏呢?这里可能存在以下几方面的问题:

第一,教师的指导不符合幼儿的年龄特征和心理需要。教师的指导有远离幼儿经验的倾向,忽视幼儿的年龄特征。与医院相关的经验对于幼儿来说是较少的,幼儿只有生病了才去医院,拥有最多的经验主要是发烧、输液、打针等。而对于如何制药则是幼儿甚至成人都较少关注的问题,如果仅仅是用某种材料做成一定的形状,来把"药盒"装满的话,这是小班幼儿都可以完成的事情,就这个动作来说远远低于大班幼儿的操作能力和实际水平,导致游戏中出现了过多的平行游戏,而较少出现有交往的合作游戏,不符合大班幼儿游戏的特点。幼儿玩该游戏并不是发自自己内心的需要,由游戏前的对话看来,是源于教师的引导和要求,游戏是教师发起的。教师首先问幼儿:"上次我到'医院'去'看病'、'配药',可是药盒是空的,里面没有'药',怎么办?"由此发起了制作"药"的情节。而由于幼儿在此方面的经验甚少,因此当教师到"医院"去时,就出现了这样的对话:教师说"我头疼发烧",其目的是想引导幼儿先"看病",后"开药",再"拿药",没想到结果却是幼儿随手就给了老师一个废旧药盒,这是出乎教师预料的,因此教师继续引导说:"我生的是什么'病'?"幼儿凭自己的经验回答道:"感冒。"教师还是继续问:"你怎么知道?"潜在意思是你又没有给我看病,怎么就知道是感冒呢?幼儿却很不领情,伸手给了老师一个废旧药盒道:"给你'药'。"教师放弃对看病程序问题的引导,开始对幼儿的行为做出反应,问到:"怎么是空的?"幼儿根本不理睬教师的问话,继续自己前面的情节说道:"一天一片。"教师自感没趣,离开了"医院"。这种引导其实是无效的、失败的,不仅没有促进幼儿在原来水平上有所发展,而且还干扰了幼儿正常的游戏,破坏了游戏的充满幻想的神秘氛围。由此看来,教师的指导策略是非常重要的。如果教师在指导游戏时,不把幼儿作为游戏的主人,不根据幼儿的需要和愿望来加以指导,就等于把游戏作为一种"糖衣",依次来让幼儿咽下乏味而苦涩的"苦果"。使游戏中的幼儿没有了天真烂漫的笑脸,使他们长满想像的翅膀被现实的眼光无情地折断了。

　　第二,教师的指导方式存在问题。教师在指导游戏时,并没有根据幼儿的已有经验来引导幼儿,而是根据自己事先预想好的思路引导幼儿,教师看似在通过提问引导幼儿自己去思考、发现和探索,但教师的问话和幼儿的经验实际上是两码事,教师并没有根据幼儿的思路和已有经验来激发幼儿进一步发展情节,而是表现出急于完成自己预成的目标,注重结果轻视幼儿游戏的过程和体验,师幼之间的对话缺乏有机联系,教师不能根据幼儿的回答做出进一步的设问,不会抓住幼儿的问题来引导幼儿做深入的进一步的探讨,幼儿经验的生成,缺乏指导的灵活性。例如,原来的对话中,"……我没有生病,'医生'却给我开了'药'。"教师急于引导幼儿去找到一个正确的做法,而对幼儿的谈话内容不加以关注。教师问:"应该怎么办?"幼儿就顺着教师的思路回答道:"开单子,才能给'药'"。教师得到了预期的答案总结道:"先看'病',写上'药',拿单子到'药房'取'药'。"然后教师又抛出问题:"今天我生病,看见药盒里有'药'了。可是'药'是不是应该有颜色?"这个问题完全可以让幼儿根据自己的经验和观察来得出,而不需要教师的诱导,这样的结果是幼儿没有自己探索的机会,教师把幼儿在游戏中发现学习的特殊功能给剥夺了,把游戏与教学混为一谈。

　　第三,没有处理好现实与创造的关系。忽视了幼儿是游戏的主人,幼儿在游戏中注重的是过程的体验,反映的是他自己已有的经验,而这种经验和他在医院看病时的体验是相符合的,看病—拿药—吩咐吃药的剂量……是对医生言行的模仿。教师以成人的眼光来看待幼儿的游戏,认为没有内容的"药"是个遗憾,所以引导

第三章 学前儿童游戏活动的诊断与咨询

幼儿做药。这位教师对幼儿游戏的特点把握不够,其实,幼儿心中完全明白"医院"的"药"是假的,即使真的也是不能吃的。而令人难以理解的是,教师引导幼儿可以用"油泥"、"纸头"、"小玩具"、"菜"、"小圆片"等来制作"药",而当幼儿真正用"菜"做成了"药"后,教师却出现了这样的问话:"你家的药是用菜做的吗?"一个是生活在现实中的成人,其看待事物的眼光是现实的,另一个是生活在假想中的幼儿,幼儿的眼光是充满幻想的。有关创造力的研究表明,幼儿的游戏和创造力有着许多的相似之处,在游戏中最能发展幼儿的创造力和思维能力。但是如果幼儿在游戏中不能任意地创造和想像,那发展创造力就会成为一句空话。

根据上述分析,提出以下建议:

1. 改善教师提问的技巧。多用"为什么"、"你们是怎么想的"、"哪个小朋友还有不同的方法"等话语,这样可以进一步了解幼儿的具体想法;要善于倾听和辨析幼儿想表达的中心意思,根据幼儿谈话中存在的问题来提问,而不是给出答案。例如前面分析的那段对话,如果教师问话的方式有所变化,就可以获得不同的结果。修改后的对话可能是这样的:

幼儿:……我没有"生病","医生"却给我开了"药"。

教师:啊!没有生病为什么要开"药"呢?"医生"能告诉我们是怎么回事吗?

幼儿:(可能的回答)

① 他是来"体检"的,我给他开的是"化验单",没有开药。

② 我看他有点像要"生病"了,给他开点预防的"药"。

③ ……

教师未必能穷尽幼儿的想法,运用这样的方法教师就可以多让幼儿在共同的交流中相互学习,分享彼此的经验,形成对一个问题的多种看法,而不是只从老师那里得到惟一的知识经验和答案。

2. 让幼儿成为游戏的主人。游戏开始前让幼儿自己来规划游戏的场地,选择游戏的主题,自己根据需要制作或准备游戏材料,充分发挥幼儿的积极性、主动性和创造性。玩游戏时放手让幼儿以自己的方式去解决问题和纠纷,相信幼儿有自我成长的能力;让幼儿自由充分地体验游戏的过程,在游戏中获得综合能力的发展。

3. 充分认识幼儿游戏的特点,针对不同的年龄需要来指导游戏。以提供不同的材料作为指导的切入点,在游戏中多观察幼儿的言行,当幼儿需要帮助时,教师再给予必要的点拨或支持,成为游戏的观察者和支持者。以幼儿的视角来看待问题,当幼儿的想法和成人不一致时,要多问几个为什么,以了解幼儿的真正想法,促进幼儿的发展。

第三节 学前儿童游戏发展水平的诊断与咨询

(一)游戏发展水平的基本内涵

游戏发展水平,是指幼儿在游戏中发展的现有状况和趋势。游戏发展水平这个词,在幼儿园有不少教师经常用于评价幼儿的游戏行为及表现,如:×××游戏水平高,在游戏中从来不和其他小朋友抢玩具;或者×××游戏水平不高,玩游戏时要么就玩"建筑工地",要么就带着其他小朋友瞎闹;还有这样的评价:这个小孩发展太差,上课不认真,玩游戏时却有劲儿得很。由此可见,当人们在使用这个词的时候,其实并没有理解其真实的含义,不同的人有着各自不同的标准,人们并没有一个统一的可操作的定义,只是把它作为一个评价的术语来滥用。游戏发展水平一般可以从认知发展和社会性发展两个角度来考察。帕顿-皮亚杰认为,幼儿游戏的不同水平可以以具体的行为来判断。

从认知发展的角度来看,游戏经历了重复肌肉运动的基础游戏、使用玩具材料构造物体的结构游戏、假装与扮演角色的角色游戏以及承认接受并遵守所确立规则的规则游戏四个发展阶段。这

第三章 学前儿童游戏活动的诊断与咨询

四个发展阶段表明了幼儿游戏的不同水平,而幼儿在游戏中所处的不同水平,可以帮助我们确定幼儿认知发展的现有状况和趋势。皮亚杰认为幼儿认知发展的阶段和幼儿游戏的阶段是相应的,认知发展到不同的阶段,就会有不同的游戏占据幼儿的某一阶段:一般0~2岁时幼儿是依靠感知和动作的协调活动来认识事物和解决问题的,游戏的形式是以最初级的练习性游戏为主;2~7岁时主要是依靠象征来进行思维的,游戏中就表现为以替代物来传达信息,以象征性游戏为主;7~12岁时思维接近现实,逐渐开始抽象化,游戏中具体的象征性内容慢慢消失,主要以规则游戏为主。幼儿游戏发展的各个阶段呈逐渐上升的趋势,游戏水平越高,表明幼儿的认知能力越强。

游戏的社会性水平经历了没有目的的无所事事阶段、站在别人周围观看自己不玩游戏的旁观阶段、自己一个人玩的孤独游戏阶段、和别人在一起玩相同的玩具但彼此没有交往的平行游戏阶段、大家在一起有分工有合作的集体游戏阶段。这几个阶段表明了幼儿的社会性的不同发展水平。帕顿发现幼儿的社会性行为发展是依年龄的增长而表现出顺序性,由低到高逐渐发展起来的。

(二)学前儿童游戏发展水平的诊断与咨询的方法

1. 观察法

观察法是在一定条件下有目的、有计划地对观察对象的行为进行考察、记录、分析的一种方法。由于观察的角度和目的不同,幼儿教育领域常用的是描述观察法和抽样观察法。在幼儿游戏的观察研究中,有两种基本的观察方法:一般观察法和量表观察法。

(1)一般观察法:根据观察者的需要和幼儿游戏的具体情况,在游戏中做随机的观察,以帮助成人获得相关信息并快速做出判断、决策,达到对幼儿游戏进行有效指导的目的。在实践中具体形成了三种一般的方法,即追踪法、定点法、扫描法。

● 所谓追踪法是观察者事先确定一个幼儿作为观察对象,观察他或她在游戏中的活动情况。被观察的幼儿走到哪里观察者就追随到哪里。当需要了解个别幼儿的游戏发展水平时,可采用"追踪法",这样,观察者可以了解该幼儿在游戏全过程中的详细情况,以全面判断其游戏发展水平。

● 定点法是观察者固定在游戏中的某一区域进行观察,见什么记录什么,凡是到这个区域来的幼儿都可以作为观察的对象。当需要了解一个区域或游戏主题的发展水平时,可采用"定点法",这样可以帮助教师了解某一个主题或区域的幼儿游戏的情况、幼儿在游戏中使用材料的情况、相互交往的情况以及游戏情节的发展情况等。

● 扫描法是对处于游戏中的全班幼儿平均分配时间,在相同的时间段里对每个幼儿轮流进行扫描观察,以了解全班幼儿在游戏中的大致分布情况。当需要了解全班孩子的游戏发展水平时,可采用"扫描法"。

(2)量表观察法:为了更加科学地对幼儿游戏的行为进行观察,帕顿-皮亚杰量表、豪威斯同伴游戏量表、史密兰斯基角色游戏评估量表的发明,为我们提供了从不同侧面去有重点地观察分析幼儿游戏行为的方便的、操作性较强的具体方法。这是在西方发达国家幼教科研人员与幼儿园教师长期的实验验证的基础上制定的游戏观察参照指标,它具有较高的推广价值。采用何种量表决定于观察研究的目的,如果研究者试图获得某个幼儿游戏发展状况的全面认识,帕顿-皮亚杰量表比较理想。而当某个孩子在帕顿-皮亚杰记录表中显示出较低的游戏社会性水平,则可采用豪威斯量表以得到更详细的有关信息。假设一个5~6岁的幼儿在帕顿-皮亚杰量表记录表内,有关其集体角色游戏的信息较为模糊时,使用史密兰斯基量表便可获得具体的相关资料。

● 帕顿-皮亚杰游戏观察量表:这个量表从幼儿的认知和社会性发展两个水平来评价幼儿的游戏水平,教师可以通过观察记录

第三章　学前儿童游戏活动的诊断与咨询

形成对幼儿个别或集体的游戏水平的认识,并注意考察幼儿参加角色游戏的频繁程度,同时还对非游戏行为加以关注,使我们在使用的过程中能更好地把握游戏与非游戏活动的区别。在观察记录时运用量表中的有关操作定义,将幼儿游戏活动中的行为加以对照,填入量表记录表3-1中。

表3-1　帕顿-皮亚杰游戏观察量表记录例表

游戏水平	认知水平			
	基础	结构	角色	规则
社会性水平				
非游戏	行　为			
	无所事事	旁　观	频繁换场	

帕顿-皮亚杰量表的操作定义：

①认知水平定义

A. 基础游戏——重复肌肉运动,用玩具或不用玩具。

例如：a. 跑和跳　b. 伸和缩　c. 操纵玩具或材料　d. 非正式规则游戏。

B. 结构游戏——使用玩具(积木、积塑小玩具等)或材料(沙子、橡皮泥、颜料)构造一样东西。

C. 角色游戏——角色扮演与假扮转换。

例如：a. 角色扮演,假装当一个家长、婴孩、救火队员、超人或妖怪。

b. 假扮转换,假装开汽车(手臂运动),或用铅笔打针。使用小型汽车或小型熨斗不能算角色游戏,除非这是在扮演角色和假扮转换动作中使用。

c. 规则游戏——承认、接受并遵守、奉行确立的规则。

例如：棋类游戏、踢球。

②社会性水平定义

A. 孤独游戏——孤单地玩，与周围的孩子使用不同的材料。虽然同伴处于可说话距离，但无谈话。

B. 平行游戏——参加周围其他孩子类似的活动，或玩与他人差不多的玩具，但没有与其他孩子一起玩的倾向。

C. 集体游戏——跟其他孩子一起玩，角色被分配或未被分配。

③非游戏行为定义

无所事事行为，旁观行为，不断变换游戏活动的行为。

④非游戏活动定义

事先由老师或自己选定的任务或学习活动，如涂色、计算机、使用教育性玩具等。

● 豪威斯同伴游戏量表：豪威斯同伴游戏量表重在考察幼儿社会性游戏行为。这个量表比较细致具体地将幼儿游戏的社会性水平分为五个水平：

水平（1）——简单平行游戏。

幼儿在相互交往范围内参加了相近的游戏活动，但没有出现目光交接或任何社会性行为。例如，一些孩子靠近坐着玩积木，他们完全沉浸于自己的游戏中，仿佛并没意识到他人的存在。

水平（2）——具成熟意识的平行游戏。

孩子参与相近的游戏，并有目光接触。例如，玩积木的孩子偶尔注视别的孩子或其搭的积木。这孩子虽未出现社会性交往，但已有关注别人在场和别人的活动的意识。这一阶段孩子经常互相模仿，比如一个孩子可能仿照另一个孩子的样子搭一个建筑物。

水平（3）——简单社会性游戏。

第三章 学前儿童游戏活动的诊断与咨询

幼儿相互间出现直接社会性行为。典型的社会性行为包括：发出声音、给人玩具、微笑、触碰、拿玩具、攻击行动，但这一阶段孩子的游戏活动未能合作进行。如玩积木的孩子评论同伴搭的东西"这个好看"，或持否定的态度。一个孩子拿同伴的积木时，同伴还以回头责骂或其他攻击性行为。

水平(4)——具成熟意识的互补—互惠游戏。

幼儿在游戏活动中有与同伴合作倾向的行为，能意识到各自的角色。例如，一个玩积木的孩子将一块积木给一个同伴，那孩子接受并送回给他一块。或者两个孩子搭一个建筑物，轮流堆上去。但在这一水平阶段，幼儿之间并无对话或其他社会性交流。

水平(5)——互补—互惠的社会性游戏。幼儿在游戏中出现对话，并有其他的社会性交流，这是游戏的较高级的水平。

豪威斯量表主要从两个尺度考察幼儿游戏水平，一是观察幼儿在游戏中社会交往的复杂性，二是观察他们活动组织和综合的程度。幼儿的游戏水平大致可以分为初期水平阶段、中期水平阶段和后期水平阶段。

初期水平阶段：在水平(1)、(2)阶段，幼儿社会性行为和活动是未分化并无互补倾向的。

中期水平阶段：幼儿出现无互补倾向的社会性交流[水平(3)]，或无社会性交流的互补活动[水平(4)]。

后期水平阶段：处于水平(5)阶段的幼儿在游戏中具有社会性交往和互补活动。

使用这份量表，我们可以从幼儿与同伴交流的角度考察幼儿游戏水平。研究者和教师不仅可以对幼儿游戏水平进行分析，有的放矢地给孩子以具体的帮助，而且还可以了解到幼儿游戏的兴趣、对材料的喜好、与教师的交往等情况，这些信息对于教师采用适当的指导方法和提高孩子的游戏水平都是十分重要的。根据量表的操作定义来观察幼儿的角色游戏，将所得结果填入事先准备好的表格中,记录表格见表3-2。

表3-2 豪威斯同伴游戏量表记录例表

幼儿姓名_____ 观察日期_____

次数	孤独游戏	水平(1)	水平(2)	水平(3)	水平(4)	水平(5)	非游戏活动	非游戏行为	教师参与	地点或使用材料
1										
2										

记录例表吸收了帕顿的"孤独游戏"和非游戏行为条目,并增加了教师与幼儿在游戏中交往和游戏地点与材料各一项,以利更清楚地说明幼儿游戏状况。为更好地掌握幼儿游戏水平,应采用多次扫描取样法进行观察。

● 史密兰斯基角色游戏评估量表:集体角色游戏(包括表演游戏),要求两个以上的幼儿表演角色和故事情节,或扮演角色表现真实环境中的事情。这类游戏表面上看似简单,实际上对幼儿认知语言和社会性能力要求很高。符号再现、角度选择、语言的恰当运用、合作分享等各种能力都体现在游戏中。因此,角色游戏一般被认为是最重要的游戏类型。帕顿-皮亚杰量表注意了幼儿参加角色游戏的频繁程度,而作为游戏训练组成部分的量表,史密兰斯基创立的角色游戏评估量表,则更多地考察幼儿在角色游戏中技能的运用。侧重评价形成高质量角色游戏的五个特点如下。

① 角色扮演:幼儿扮演角色(家庭成员或救火队员等),通过口头交流确定角色("我是妈妈"),并出现角色相应的行为(照顾一个假装的婴儿)。

② 假扮转换:用象征物代表物体、行动和环境。

A. 以物代物:用某物体代表另一物体(用积木当杯子),以言

第三章 学前儿童游戏活动的诊断与咨询

代物:用语言来创设一想像物体(盯住空手说,"我的杯子是空的!")。

B. 用某一象征动作来代表真的行为(用手的动作假装敲锤子),或用语言来创设一想像的行为(我在敲锤子)。

C. 用语言创设一个想像的情境("让我们假装坐在飞机上")。

③社会性交往:社会性交往——至少有两个孩子在有联系的游戏活动期间有直接交往。

④口头交流:孩子出现与游戏相关的口语交流。这种交流包括两种方式:

A. 蜕变交流用语,用于结构和组织游戏。

a. 设想物体的假扮转换("这个椅子是我们的小床");

b. 分配角色("我当爸爸,你是小孩");

c. 计划故事线索("我们先到菜场,然后去玩具店");

d. 斥责不称职的角色扮演者("妈妈不像这样讲话")。

B. 角色交流用语,切合孩子接受扮演的角色身份。如扮演医生角色的孩子对其他游戏参与者说:"你们的孩子生病了,你们带他去打针吧!"

⑤坚持性:幼儿沉浸于持续的游戏之中。对不同年龄的孩子,坚持性长度有所不同。基于沙尔法和史密兰斯基的研究,4岁前幼儿最低限度坚持性为5分钟。4~6岁孩子至少要坚持游戏10分钟。此外游戏时间也是坚持性考察的另一因素,如游戏时间非常短(10~15分钟),上述的坚持性要求应该降低。

史密兰斯基评估量表的例表是集体性观察记录表,可从中看出不同幼儿的不同情况,并得出整体游戏水平印象,以供教学和研究参考。如研究者或教师需要,亦可仿照前两类量表的记录例表,自己制定个别幼儿观察记录表。在使用本量表时,为判断具体观察对象在角色游戏中各种能力的情况,需要较长的观察时间,至少每人每次观察5分钟或10分钟(时间取样法)。然后记录观察对

表3-3 史密兰斯基角色游戏评估量表记录例表

姓名	角色扮演	假扮转换			交往	口头交流		坚持性
		物体	行动	情境				

象在此时间内是否出现5个方面的游戏行为。为保证观察结果的准确性,应反复观察多次,从而得出符合幼儿实际游戏水平的认识。

2. 谈话法

谈话法是指在游戏的诊断与咨询中通过与教师或幼儿当面交谈来获取相关信息的方法。该方法的运用可以获得动作、表情等非言语信息,也可以用于了解幼儿在游戏中的具体做法及其动机。这种方法可以了解幼儿游戏时的真实想法,及时发现游戏中存在的问题;帮助幼儿整理经验、分享经验,丰富游戏的内容;促进幼儿综合能力的发展。例如,当需要对某个幼儿的游戏行为进行进一步的判断时,就需要向幼儿询问,以了解其真实的想法和水平。如果在和幼儿的谈话中发现他们有类似这样的语言:"我今天不是坏人,他们却老是来抓我。""我想玩油泥的,但他们不要我。""我去医院看病,他们说医院今天休息不看病……"这就表明幼儿在游戏中可能存在问题,作为教师就要及时地运用集体或个别的形式,将谈话的内容进一步深化,帮助他们学会以自己的方式来解决矛盾和纠纷,培养他们自己发现问题和解决问题的能力。

3. 作品分析法

对幼儿游戏中的作品进行分析,从中可以看出幼儿的游戏技能,对物体的感知、反映。例如,通过对幼儿在结构区的结构成果的分析,可以分析出幼儿的结构是否拥有铺平、排列、围合、对称、

第三章 学前儿童游戏活动的诊断与咨询

色彩的搭配、大小及形状的配对等技能,而这些不同的技能正好能反映出幼儿的认知处于什么阶段或水平。有时幼儿也可以以绘画的方式来表达游戏的情节,在他们的绘画作品中,结合谈话法可以使我们了解到幼儿游戏的主题、情节发展和与人交往的情况等,以此来帮助我们判断幼儿游戏的发展水平。

案例分析:

来访者:我们不太清楚如何判断幼儿的游戏水平。比如有两种情况:一种是两个孩子正玩娃娃家,各自"烧饭"或"炒菜"。他们其实很清楚各自的活动,但没有交往;另一种是一个孩子单独玩,用玩具电话打电话,但与其他游戏的幼儿没有任何联系。你认为哪一种的游戏水平高呢?

咨询者:这个问题我们可以根据豪威斯同伴游戏量表的操作定义来判断。玩娃娃家的两个孩子,处于"平行角色游戏"水平,是位于量表五种水平中的第二个水平阶段;玩"电话"的那个孩子单独玩,处于"孤独角色游戏"水平,位于量表五种水平中的第一个水平阶段。

来访者:那么,一个幼儿正在看其他孩子玩娃娃家,他自己却不玩。这又是什么水平呢?

咨询者:可以根据帕顿-皮亚杰量表的操作定义来判断,看其他孩子玩而自己却不玩,处于"旁观"阶段,表明该幼儿还没有进入游戏活动,而是从事非游戏活动。

来访者:遇到这种情况该怎么办呢?

咨询者:这表明幼儿的游戏水平就处于这个阶段,我们首先要尊重幼儿的发展水平,其次再根据该幼儿的兴趣和需要,为他或她提供玩具材料,促使其发展。

来访者:还有一个问题,对于游戏中在"图书角"看书的孩子,怎样鉴别他的游戏水平呢?

咨询者:根据帕顿-皮亚杰量表的操作定义来判断,这应该是一种非游戏活动。不过值得注意的是,目前在游戏进程中,我们允许幼儿自由选择自己喜欢的区域,因此,在游戏时间里幼儿可以选择"图书阅读区"、"美工活动区"、"科学探索区"、"益智操作区"。我们不能仅仅凭幼儿在这些区的现状就轻易对其做出"非游戏活动"或"非游戏行为"的结论,而要根据幼儿的一贯表现以及当时的具体情节来做出判断。因为游戏的种类是多种多样的,而帕顿-皮亚杰量表、豪威斯同伴游戏量表、史密兰斯基角色游戏评估量表虽然也涉及规则游戏,但他们更关注的是幼儿自由度较大的角色游戏、结构游戏、表演游戏等,以帮助教师更好地把握幼儿自主的、流动性较大的游戏。

来访者:那你的意思是也不能完全根据量表来判断幼儿的水平?

咨询者:对,量表只是一种工具,要根据幼儿的实际情况灵活使用。游戏水平也只是帮助教师更好地掌握幼儿的已有发展及其发展的趋势,以便更好地促进幼儿的发展,而不是为了给幼儿贴一个静止的标签,所以平时的观察和对幼儿的理解是非常重要的。

分析:从上面的案例中不难发现,目前幼儿园教师在指导游戏中存在的问题和困惑,主要体现在如何评价幼儿的游戏发展水平,以及为什么要评价游戏的发展水平等方面。问题的关键可能还是缺乏观察幼儿游戏的技能技巧,面对游戏中走来走去的幼儿,教师感到无所适从。对幼儿游戏水平缺乏正确的理解,导致仅仅凭借幼儿在游戏中是否遵守纪律、团结友爱、谦让、收拾整理玩具等标准去判断幼儿的游戏行为,而不会从游戏自身的因素和特点中去考察幼儿的发展水平。在游戏指导中缺乏有效的方式方法,对量表的了解和使用更是一知半解,因此,加强教师对考察幼儿游戏发展水平观念的转变和技能培训就显得十分重要。

建议:前苏联心理学家维果斯基认为,幼儿在游戏中的表现总是超出其实际年龄,在游戏中的行为总是高于其在现实生活中的

第三章 学前儿童游戏活动的诊断与咨询

实际表现,游戏为幼儿创造了"最近发展区",通过游戏我们可以观察和了解到幼儿的实际水平以及他们的发展趋势,有利于我们更好地制定教育教学计划。因此,对幼儿游戏水平的评价不是目的,而是为了更好地找到幼儿的"最近发展区"以及良好的策略,以促进幼儿的全面发展。建议在对幼儿游戏水平进行考察时,要熟练地掌握几种量表的操作定义,正确、科学地使用量表,通过量表来找到存在的问题,有的放矢地实施有效的指导。但是,量表的使用毕竟比较耗时,在平时的工作中不可能天天使用。所以,一般的观察法虽然没有量表观察法那么科学,但由于其简便易行,可以经常帮助教师有针对性地、及时地发现问题,在实践中也得到了教师的认可。不管用哪种方法考察幼儿的游戏水平,最后都存在一个如何解释和利用结果的问题。因此,教师要根据需要去考察和评价,在已经获得的考察结果中去分析和挖掘,以进一步促进幼儿的发展为目的,而不只是为评价而评价,仅仅停留在已获得的原始结果上。

第四章 学前教育机构环境设置的诊断与咨询

　　所谓环境,是指人生活于其中并与之互动的一切条件的综合。个体的发展离不开环境,个体是在与环境的互动中得到发展的。我国古代墨子有"染于苍则苍,染于黄则黄,所入者变,其色也变",荀子有"蓬生麻中,不扶而直;白沙在涅,与之俱黑"的说法,形象地说明了环境对人成长的影响。当然,环境在影响个体的同时,也被个体所改造。幼儿的发展是与周围环境主动积极地相互作用的结果。

　　学前教育机构的环境是指学前教育机构内能影响生活于其中的个体的一切条件的综合。2001年颁布的《幼儿园教育指导纲要》(试行)的总则中提出,"幼儿园应为幼儿提供健康、丰富的生活和活动环境,满足他们多方面发展的需要,使他们在快乐的童年生活中获得有益于身心发展的经验"。在第三部分"组织与实施"里详细指出,"环境是重要的教育资源,应通过环境的创设和利用,有效地促进幼儿的发展"。根据纲要的要求,我们把学前教育机构的环境分为物质环境、心理环境和信息环境三大部分。

第一节 学前教育机构物质环境设置的诊断与咨询

（一）学前教育机构物质环境的一般要求

　　学前教育机构的物质环境是指为适应学前儿童教育和保育需要而创设的各种设施(如房舍与场地)与设备(如用具与玩具)。

第四章 学前教育机构环境设置的诊断与咨询

学前教育离不开一定的物质基础。良好的物质环境对幼儿的发展起着促进作用。学前教育机构如果没有基本的物质环境，就谈不上是优质的教育。但是，物质环境不是优质教育的决定性条件，并非物质环境档次越高，教育的质量就越高。相反，盲目无度地追求高标准、高规格的物质环境，不仅会造成极大的浪费，还会带来教育上的负面效应。因此，有豪华的设施、精美的园舍并不是一个高质量幼儿园的根本标志。《幼儿园教育指导纲要》指出，幼儿园的空间、设施、活动材料等应有利于引发、支持幼儿的游戏和各种探索活动，有利于引发、支持幼儿与周围环境之间积极的相互作用。

一般来说，对学前教育机构的物质环境有以下要求：

1. 物质环境应具有功能性

物质环境的创设首先应该具有功能性，即托幼机构的各种设施与设备应遵循幼儿发展的规律及各年龄段儿童的特点，依据幼儿生理发展、心理发展和教育的要求来安排，把教育目标贯穿、融会到为幼儿设置的物质环境中，并且这种物质环境还可以随着教育目标和内容的变化以及幼儿兴趣和需要的变化不断增加、更换，使幼儿在主动的相互作用中获取有益的经验，做到物尽其用。

园舍建筑中，相关的房舍应设计在一起，使各建筑物发挥其协调功能，达到使用方便、使用充分的目的。活动室内的布局应兼顾幼儿发展的年龄与个别需要，如设置安静区域，满足幼儿独处的需要；设置舒适的空间，满足幼儿休息、放松的需要。活动量大的、易发出嘈杂声音的活动区和安静区要隔开，以免互相干扰。区域界线应明显，以保证幼儿能清楚地知道每个区域的活动。室内布置应简明有序，陈列的东西不宜太多、太复杂，避免产生拥挤现象，并且活动室内的布局应随着幼儿的需要随意变动，尽可能使用屏风或有轮子的玩具柜作为各区域的分隔物，使活动室的安排富有弹性，以满足各种教育活动的需要。

户外活动空间的设计应富有弹性,要照顾不同年龄幼儿发展的需要。游戏场地的设计除了要让正常幼儿发展探索、试验和创造的经验外,还要考虑残障幼儿的需要。

物质操作材料应能与教育内容相适应,体现适宜的教育目标,应放在幼儿能取放的低矮的地方,让幼儿自主地、方便地选择,并通过与材料的相互作用达到适当的发展。并且,物质操作材料应随着儿童的发展而扩展或更换。

在物质环境布置上,首先应注意其教育价值,即把它当做一种直观的教育手段。墙壁装饰的主题应是幼儿感兴趣、与一定的教育目标与内容相适宜并可不断发展深化,其表现形式具有幼儿年龄特点,并且幼儿能参与其中的设计、布置,当然墙壁装饰还应具有美观性。应该注意的是,物质环境布置不是为了应付上级部门和专家的检查,也不是为了给家长或来园参观的成人看。

总之,物质环境的功能性的直接表现就是让幼儿与之相互作用,应有益于幼儿的学习和发展。

2. 物质环境应具有安全卫生性

无论在何种情况下,幼儿的生命安全都是第一位的。因此,幼儿园应把物质环境的安全性放在至高无上的地位。园舍建筑应坚固,墙壁、屋顶、建材、结构应达到防风、防火、防震、防高压电等安全标准。园舍设计规划要符合安全卫生的原则,要考虑防暑、御寒、防暴、防湿气、防噪音、防污染、通风、采光好等因素,室内应有充足的亮度、照度,并与色彩一起为幼儿营造舒适的视觉环境;应保证一定的日照时间,尽量在冬天也能获得阳光;通风良好,夏季能感到凉爽;隔音效果好。各项设施与设备应坚实耐用,其装置应牢固稳妥,构造应表面平整、光滑,无尖锐棱角,设备安放应便于幼儿活动,还应符合幼儿生理、心理卫生要求,便于定期清洗、消毒、检查与维修。桌椅应与幼儿的身材相适宜,幼儿餐具、水杯等的数量要充足,以免交叉传染疾病。

第四章　学前教育机构环境设置的诊断与咨询

活动室的规划应保证每个角落、每个区域都在成人的视线以内,用来分隔各区域的分隔物的高度与幼儿身高相等为宜,还要注意设备、家具、玩具材料的安全性,应使幼儿避开电线等危险物品。易碰到、损坏的物品要远离走道,危险物品应放在幼儿拿不到的地方。

由于幼儿在户外空间活动时,追、赶、跑、跳的机会较多,活动量较大,因此户外空间应相对封闭,地面应平坦且软硬适度,大型玩具设备应牢固安全。另外,幼儿园内种植的自然物应是无毒的,饲养的动物应是对幼儿没有威胁和伤害性的。

3. 物质环境应具有经济性

幼儿园作为社区的一部分,其物质环境应与所在社区的整体物质生活水平相当,也就是能自然地融入幼儿的整体生活圈内。在园舍规划上,要以达到功能经济、费用经济、空间经济、人工经济等为主要目标,根据园所的具体条件,合理使用资金,以最少的人力与物力,发挥最高的效率。具体地说,幼儿园设施与设备应尽量做到就地取材、物美价廉,以便于购置和维护。

由于幼儿园设备种类繁多,替代性大。因此,不必每样都花钱购置,有些教玩具可以发动教师、幼儿自己动手来设计与制作,既节省了经费,又起到了教育作用。具体使用时,若能考虑设备材料的多功能性,可充分发挥器材的效用,且能激发幼儿的创造力、想像力;也可以将几种互相配合的器材进行有机的组合,使参与活动的人数增多,并使单调的活动变得丰富多样,从而增强对幼儿的吸引力。日常生活中,幼儿活动量较大,教学活动动静交替频繁,桌、椅及用具需要经常搬动,从节约经费和实用的角度考虑,园所设备应坚固耐用。

4. 物质环境应具有美观性

幼儿园的园舍建筑形象应富有童心童趣,可以是实物造型,如将故事或现实中幼儿喜爱、熟悉的动植物或人物进行艺术加工、提炼,作为建筑的造型,也可以是几何造型。外部装饰上除了体现整体和谐的艺术美之外,还要注意体现幼儿特点。例如图案线条应清晰、简洁,色彩要清新雅致。园舍建筑物与外围社区的整体环境也应和谐一致,使幼儿在气氛明朗、活泼、优美、舒适的环境中身心得到健康发展。

幼儿园的设备结构、色彩、样式要新颖,图案富于幼儿特点,具有趣味性,给幼儿以美的享受。

墙壁装饰除了具有教育性外,还应注意其审美价值,让幼儿在与其"对话"的过程中获得美的享受,提高幼儿的审美能力和审美情趣。

(二)学前教育机构物质环境设置的常见问题

1. 物质环境设置的非参与性

物质环境设置的非参与性主要表现为:幼儿园中的许多设施、设备与操作材料是空摆样子,摆给上级主管部门、外来参观者看的。只有在有人来访或检查时,孩子们才有机会与之相互作用,而在平时,这些设施与设备则被束之高阁,孩子们无缘与之接触。比如一些幼儿园的科学发现室里那些花高价买来的动物标本,被用玻璃柜或玻璃门保护起来,孩子无法接近,更无法去摸一摸、闻一闻,只能远远地看上一眼。电脑室则成了"我拥有现代化设备"的代名词,平时根本不使用。自然角的植物、饲养角的动物和一些大型的积木等等也被当成了点缀装饰物。

2. 物质环境设置安全隐患多

物质环境设置的安全问题主要表现为:一是成人的安全意识差,没有把孩子的安全放在首要的位置上。例如,活动室的门口有一定高度的门槛,很容易使孩子在奔跑、推搡中摔倒;又如,把开水瓶放在幼儿能碰到的地方,容易导致烫伤。二是由于幼儿园经费拮据,设施、设备老化,年久失修存在安全隐患,例如,电线老化,可能导致火灾。三是幼儿园在建设之初,就可能因为施工质量问题或购买设备的质量问题留下安全隐患。据报道,一些农村幼儿园仍然有危房存在。

3. 物质环境设置的成人化

物质环境设置的成人化主要表现为:园内设施不从儿童角度出发来规划。例如,活动室窗台高,没有照顾幼儿的视线;楼梯的台阶高,缺少幼儿用的扶手;盥洗间没有专门为幼儿设置的厕所、洗手池;园内建筑物和花台的拐角都是易伤害幼儿的直角;园内绿地只可观赏而不让幼儿在其中活动玩耍;在活动室的布置上,陈列性的无操作性的摆设多,且大多是从成人的视线出发来布置;墙壁装饰上追求成人化的"高雅"艺术,在内容和表现形式上都是成人的想法。

4. 物质环境设置的豪华与缺乏

物质环境设置的豪华主要表现为:不顾当地的实际经济、文化和生活水平,一味追求高档化。例如,农村幼儿园追求城市的环境设置、城市幼儿园追求外国的环境设置。凡买玩具设备,必须是外国的,而不买国产的,追求一种所谓的豪华气派,与当地社区人们的生活环境反差太大。

物质环境设置的缺乏主要表现为:房舍条件差,室内活动面积小,幼儿活动时拥挤;卫生设施不够,没有适合幼儿的厕所或饮水、洗手条件,不能满足幼儿健康生活的基本需要;缺乏基本的玩具、操作材料和教学设备,图书数量和品种少,风琴或其他可替代的乐器少。

(三)学前教育机构物质环境设置常见问题的一般成因

1. 教育观念陈旧,不考虑幼儿特点与利益

传统的教师中心观念仍然在一些人的心目中大有市场,甚至认为幼儿园只需要给孩子提供一个地方玩玩就可以了,根本不把幼儿放在主体地位上。而相反的观点则认为,如今经济发展了,条件好了,不能再委屈了孩子。成人应该为他们提供最好的条件、最

高级的场所,买高档的东西陈列其中。具体表现为在规划与购置幼儿园的设施、设备时,不从儿童的特点出发,不考虑什么样的环境对于儿童来说是最适宜的环境,不考虑所规划与购置的设施与设备对儿童价值观、人生观的形成所带来的消极后果。在环境的布置上只从自己的需要和审美趣味出发,不考虑儿童的趣味和特点。不懂得环境是重要的教育资源,幼儿的发展是通过幼儿与外界的相互作用来达到发展的目的的,从而形成幼儿教育无幼儿的现象。

2. 缺乏经济保障

在一些经济落后地区,幼儿园资金严重缺乏,造成一些设施、设备存在安全隐患。缺乏经济保障的另一方面是幼儿园有办园资金,但没有用在为幼儿创设良好的物质环境上,而是浪费在一些不该用的地方。

3. 模仿心理

由于社会的开放,各幼儿园之间的交流日益加强。但我们也看到这样一种现象:今天在这个幼儿园看到的设施、设备,甚至玩具材料,过几天在别的幼儿园又能看到,特别是那些上等级的幼儿园的设施、设备常常是其他幼儿园争相模仿的对象。

(四)学前教育机构物质环境设置常见问题的解决策略

1. 保障供给

幼儿园要从培养下一代的角度出发,因地制宜,通过办园体制的改革,采用投资主体多元化的方式,多方筹措资金,加强投资力度,加快投入速度,保证资金到位,以保证幼儿园有基本的设施与设备。同时幼儿园可以发动教师、家长等,自力更生,自己动手为幼儿收集操作材料。

2. 更新教育观念,为幼儿发展创设环境

加强对幼儿园教师和相关人员对正确的教育观念的认同与理解。懂得幼儿的发展是与周围环境积极主动地相互作用的结果。

第四章　学前教育机构环境设置的诊断与咨询

"环境是重要的教育资源,应通过环境的创设和利用,有效地促进幼儿的发展。""幼儿园的空间、设施、活动材料等应有利于引发、支持幼儿的游戏和各种探索活动,有利于引发、支持幼儿与周围环境之间积极的相互作用。"并且懂得幼儿教育是基础教育的重要组成部分,幼儿园应为幼儿的终身教育奠定基础。

3. 实事求是、因地制宜

幼儿园要懂得,幼儿教育不是贵族教育,不是只要花大钱就一定能办好的。要在有限的条件下把资金用在刀刃上。把幼儿的发展放在第一位,一切从幼儿出发,从当地现状出发,从现有条件出发,力求最佳效益。要充分利用当地社区的自然材料、周围的场所、人力资源与文化资源,这不仅可以节省经费,而且可以使孩子们从小学会利用身边有限的资源改善自己的生活和学习环境,这对幼儿终身的学习和生活都具有重要意义。例如,农村幼儿园可以多配备一些玩泥、玩沙、玩水的设施,可以利用当地特有的材料和废旧物品如树叶、花草、果实等,利用社区内的场院、田地、土坡、果园、树林等,也可以发动幼儿家庭交换图书、玩具。

案例分析:

来访者:为使幼儿园在上级主管部门的评估中上一个新台阶,我园在本来就比较拥挤的园舍中腾出一间房,并花费了较大一笔资金,建设了一间科学发现室,评估时还真派上了用场。

咨询者:能建设科学发现室说明幼儿园已经注意到了环境建设的重要性,这是重视环境建设的表现。很好。

来访者:但是这个科学发现室的利用率不高。有时有人来园参观时,园长会向客人展示一下,平时基本上是闲置着。

咨询者:科学发现室闲置着说明教育者还没有真正认识到环境对于幼儿发展的作用,也就是没有认识到环境必须与幼儿相互作用才能真正发挥它的潜在价值。教育者要认识到建设科学发现室不是为评估而建,也不是为来园参观的客人而建,而是为促进孩子的发展而建,否则,科学发现室就徒有虚名。科学发现室既然是为促进孩子的发展而建,就不能闲置着,而应该让它充分发挥其作用,即让孩子进去进行"科学发现"。

来访者:有时候,教师也会带着孩子们进去玩一会儿,但总是玩不了一会儿就走开了。

咨询者:孩子对科学发现室不感兴趣,可能是因为其设置没有从幼儿的学习特点出发,不能满足幼儿探索的需要。也许是陈设性的标本太多而可操作性的东西又太少,也许是一些内容根本就是远离幼儿的生活。因此,应多设置孩子可以直接参与、操作的材料,并把它与幼儿的生活经验相结合。例如,在盛水的水桶里放置一些塑料制品、木块和一些金属,用以说明水的沉浮原理;能发出不同声音的东西;测量温度的温度计;会转的陀螺;奇妙的万花筒;弹力不同的弹簧等等。

来访者:科学发现室里有许多平时难得一见的动物标本,为了不让孩子们弄坏,都用玻璃罩子罩了起来,以便于保存。

咨询者:科学发现室里的东西的确应该好好保存。但它首先应该是幼儿操作的对象,没有与对象的相互接触,就不可能有探索,也就不可能促进幼儿的发展。同时,"要爱护科学发现室里的东西",这本身就应该是幼儿全面发展教育的目标之一。教师应该明白,幼儿是一个完整的人,对幼儿的教育也应该是整体性的教育,应该有课程整合的理念,而不是说,科学发现室里只能进行科学教育。

来访者:有时候,科学发现室实际上是教室,也就是当进行科学教育活动时,我们就把孩子带到科学发现室里,在那里上课。但平时,我们不知道怎样去指导幼儿进行科学发现。

咨询者:科学发现室,顾名思义是让幼儿进行科学发现,在孩子进行"科学发现"时,教师要做他们的支持者、合作者和引导者。尽可能发挥幼儿的主体性,让他们自己探索,在幼儿需要的时候,教师以合作者的身份用提问的方式给他们提供一些发现的线索。

第二节 学前教育机构心理环境构建的诊断与咨询

学前教育机构的心理环境是指影响生活于其中的个体的一切人际关系和情感氛围。主要包括教师与幼儿之间、园长与教师之间、教师与家长之间的人际关系与情感氛围。它是保证幼儿园各项工作顺利开展的基本心理条件，也是幼儿学习的重要途径。

（一）学前教育机构心理环境的一般要求

1.从宏观上看，教师与幼儿、园长与教师、教师与家长之间的关系首先是平等的社会成员关系。

从社会学意义上关于"人"的特质来看，作为人类社会的一员，幼儿、教师、园长、家长之间是互为平等的社会成员关系。这是以上人群之间所有其他人际关系的首要而基本的关系，偏离了这一基本关系，就谈不上正确认识其他人际关系，更不能帮助我们正确地构建幼儿园内良好的心理环境。

2.从中观上看，幼儿有受教师、家长教育和保护的权利，教师与家长、园长与教师之间是平等的教育合作者关系。

作为社会的一员，幼儿具有独立的人格，但作为特殊成长时期的个体，幼儿的身心各方面都处于发展之中，他们尚不能独立地生活，是一个"脆弱的群体"，还需要成人的保护和照顾。早在1989年，联合国大会通过的《儿童权利公约》宣告了儿童具有生存权、发展权、受保护权。我国是公约的缔约国之一。《中华人民共和国教育法》、《未成年人保护法》等以法律的形式规定了对儿童权利的保护。《幼儿园工作规程》和《幼儿园教育指导纲要》更进一步明确了这一点。前者认为："幼儿园的任务是实行保育与教育相结合的原则，对幼儿实施体、智、德、美诸方面全面发展的教育，促进其身心和谐发展。"后者更是指出:"幼儿园应为幼儿提供健康、丰富的生活和活动环境,满足他们多方面发展的需要,使他们在快乐的童年生活中获得有益于身心发展的经验。""幼儿园教育应尊重幼儿的人格和权利,尊重幼儿身心发展的规律和学习特点,以游戏为基本活动,保教并重,关注个别差异,促进每个幼儿富有个性地发展。"并且指出:"幼儿园应与家庭社区密切合作,与小学相互衔接,综合利用各种教育资源,共同为幼儿的发展创造良好的条件。"以上法律、法规都规定了幼儿作为未成熟者是被教育者、被保护者,园长、教师和家长肩负社会的委托,是责无旁贷的教育者和保护者,都应把自己当做促进儿童发展的主体,双方积极主动地相互了解、相互配合、相互支持,通过园长、教师和家长的双向互动共同促进儿童的身心发展。但是,正如前苏联教育家马卡连柯在论述学校教育和家庭教育的关系时所说的:"学校应当领导家庭。"因此,在家园合作上幼儿园应该处于主导地位。

3. 从微观上看,教师与幼儿之间是动态的、多样化的关系,其角色随活动的变化而变化;教师与家长、园长与教师之间是互相合作的关系。

在活动层面上看,教师应成为幼儿学习活动的支持者、合作者和引导者。具体地,新《幼儿园教育指导纲要》在这方面提出了很好的建议。它指出:"教师的态度和管理方式应有助于形成安全、温馨的心理环境。"因此,在态度上,教师自身的言行举止、兴趣态度等无时无刻不在影响着幼儿。教师首先应该是幼儿的表率,要求幼儿做到的,自己首先应该做到;其次,教师应关注幼儿的特殊需要,包括各种发展潜能和不同发展障碍,以关怀、接纳、尊重的态度与幼儿交往。在与幼儿的交往过程中,教师应耐心倾听、努力理解幼儿的想法与感受,支持、鼓励他们大胆探索与表达;教师应善于发现幼儿感兴趣的操作材料、游戏和偶发事件中所隐含的教育价值,把握时机,积极引导;在幼儿活动过程中,教师应关注幼儿在

第四章 学前教育机构环境设置的诊断与咨询

活动中的表现和反应,敏感地察觉他们的需要,并用积极的方式与幼儿进行目光、身体和语言的接触与交流,让幼儿感受到安全、尊重和鼓励,形成合作探究式的师生互动;在具体操作上,教师应尊重幼儿在发展水平、能力、经验、学习方式等方面的个体差异,因人施教,努力发挥幼儿的主体性,尊重幼儿的参与权,使每一个幼儿都获得满足和成功。

《幼儿园教育指导纲要》指出:"家庭是幼儿园重要的合作伙伴。""教师应与家庭密切配合,共同促进幼儿健康成长。""应本着尊重、平等、合作的原则,争取家长的理解、支持和主动参与,并积极支持、帮助家长提高教育能力。"这实际上指出了在微观上教师与家长的关系应该是一种相互合作的关系。一方面,幼儿园视家长为促进其孩子学习过程中的积极合作者,保证使家长了解孩子幼儿园生活的方方面面,认真考虑家长提出的意见和建议,邀请家长参与幼儿园的教育活动,发动家长为幼儿园教育提供教育资源,并对家长的教养方式和与幼儿园合作的方法进行指导;另一方面,家长要向幼儿园提出自己对教育孩子的看法,对幼儿园为孩子提供的一切做出反应。

从教师与园长的关系来看,信任是基本要求。在这一基础上形成一种相互尊重、相互合作、相互支持、共同分享的关系。

4. 从本质上说,幼儿园的心理环境应该是自由的。

心理环境的自由意味着生活在这一环境中的人们是自己心灵的主人,在他所从事的活动中能够充分发挥主体性,能够最大限度地发挥自己的想像力和创造力,实现着自我,其心理体验上是具有平等感、安全感、归属感、激励感、愉悦感的,而不是被动地处于一种心理奴役状态。

(二)学前教育机构心理环境构建的常见问题

1. 整体心理环境的不平等,表现为园长不能公平地对待教师,教师不能公平地对待幼儿。

整体心理环境的不平等,首先表现为园长在管理中扮演着视导者和评价者的角色,把自己凌驾于教师之上,而教师自始至终是遵循着上级的要求、计划及固定的程序去行动,处于被视导、被评价的地位。即使在这样一种情况下,在某些园所,也还出现园长不能公平地对待每一个教师,而是偏向于某些教师,忽视另一些教师。其次教师在对待幼儿的问题上,教师不能把幼儿当做一个具有独立人格的人,对于某些长相好的孩子有偏爱,而对一些长相不好或所谓的调皮捣蛋的孩子存在变相体罚甚至体罚的现象。

2. 在具体的教育活动中,教师与幼儿之间的关系具体表现为:一是教育活动以教师为中心,教师对幼儿的高控制、高约束,集体教育活动紧紧围绕教师的指令来进行,幼儿的绝对服从,不能有自主的活动。例如,问题只能根据教师预先设计的答案来回答,否则,教师就千方百计把幼儿朝所谓的"标准答案"引,答案与教师的标准答案一致的孩子就能得到教师的表扬,其他的答案则被教师忽视甚至批评。二是教师对幼儿放任,幼儿处于无约束状态。例如,教室里吵闹不止,没有秩序,孩子干任何事情都不能专心,没有成就感。

3. 教师与家长之间的关系功利化,呈现教师指挥、家长被动配合的现象。

教师与家长之间关系的功利化主要表现为:一是认为家长与教师应该"各司其职",孩子在家归家长管,在幼儿园归老师管。家长缺乏参与幼儿教育的意识,没有认识到自己的责任和义务,因而不愿意参与幼儿园的活动,并认为要求家长参与是幼儿园在推卸责任;幼儿园则认为家长参与幼儿园的教育工作是添乱。二是传统的师道尊严的思想根深蒂固,认为教师是专业教育工作者,而家长水平低,不懂教育,没有能力参与幼儿园的教育。三是家长认为自己工作忙,没有时间参与幼儿园的教育工作。四是教师只在知识学习上要求家长配合,家长也只愿意在家里督促孩子背诵儿

第四章 学前教育机构环境设置的诊断与咨询

歌、做计算题、念英语单词。

(三) 学前教育机构心理环境构建常见问题的一般成因

1. 缺乏现代化的教育观念

在儿童观上,一些成人仍然把儿童看做是成人的附庸,成人完全有权力支配儿童。认识不到幼儿具有自己独立的人格和尊严,没有树立科学的儿童观。在教育观上存在两极分化现象,或者认为幼儿园既然是教育机构,就应该像个学校的样子,对幼儿就应该严格管理;或者认为幼儿教育应该是开放的教育,管得太严就束缚了儿童的创造性。在这样两种教育观的引导下,在教育活动中,教师要么像警察,幼儿就是被严格看管的对象,不能越轨;要么像羊倌,幼儿就是一群自由自在的羊。在教师观上,传统的师道尊严的角色观念和等级制度观念也仍在影响着幼儿园内宽松、民主、平等的心理环境的创设。

在家园合作问题上,认为自己是专业的教育工作者,在教育观念和能力上比家长强,把自己凌驾于家长之上,家长处于被动配合的地位,缺乏主动参与幼儿园教育活动的意识和自由。

2. 不恰当的管理模式

目前我国大多数的幼儿园采用的是自上而下的目标管理模式,其管理主要依据书面的标准、规则、程序、计划、时间表等,通过由上而下的垂直沟通渠道对教师进行控制与监督。园长等管理人员扮演着视导者与评价者的角色,教师始终是遵循着上级的要求、计划等来行动的,整天疲于应付检查,把主要精力放在怎样符合上级的检查与评价指标上,处于被视导、被评价的地位,缺乏主动思考与创造的自由。

3. 缺乏适宜的教育能力与教育技巧

缺乏对幼儿的了解,对幼儿发展的需要缺乏敏感性和警觉性,因此就不能对幼儿做出恰当的教育反应和有效的教育指导。幼儿在心理环境上呈现上述两极分化状态。

4. 办园体制不规范造成园长与教师的心理压力大

随着整个社会经济、政治体制的改革，一些幼儿园也处于转型时期，经济和业务是园长和教师必须考虑的两大因素，一些幼儿园把办园等同于办企业，以经济利益为惟一的追求。于是出现以多收孩子为手段来达到提高经济利益的目的，有的幼儿园一个班的孩子甚至达到70~80人，而教师却拿着很低的工资，造成园长和教师们的心理压力大。教师们没有经济上的保障，就谈不上业务上的钻研，没有业务上的钻研，就没有创造，也就体验不到职业的乐趣，更谈不上自我实现。

（四）学前教育机构心理环境构建常见问题的解决策略

1. 满足个体的需要

马斯洛的需要层次论告诉我们，人的需要是有层次的，当低层次的需要没有得到满足时，就很难有高层次需要的追求。因此，从心理环境创设的角度看，对于幼儿而言，要满足他们的对于安全感、爱与归属、认知与探究等等的需要。对此，教师要敏感地觉察幼儿在这一方面的需要，要通过自己的言谈举止让幼儿体验到教师对自己的关注、理解、鼓励与支持，让幼儿能轻松、和谐、愉快地生活在一个集体之中。对于教师而言，要满足他们的职业安全感，让他们在职业生活中充分发挥自己的潜能，体验到职业创造的乐趣，具有成就感。而对家长来说，自己的孩子通过幼儿园教育能健康成长就是他们最大的需要，幼儿园要把促进儿童的全面发展作为惟一的目标。

2. 建立恰当的角色期待、合理的规章制度与评价模式

就管理者而言，应对教育者当前的实际能力和理想的角色期待之间的距离有正确的认识，建立恰当的角色期待。幼儿园管理中要建立合理的规章制度，应变传统的自上而下的目标管理模式为以人为本的自下而上的管理模式，赋予教师宽松的教育空间，最大限度地发挥他们的积极性、主动性和创造性，从而让教师能真正

第四章 学前教育机构环境设置的诊断与咨询

地把幼儿的发展作为首要的、核心的任务,而不是瞻前顾后,置幼儿的利益于不顾。不管是对幼儿的评价还是对教师的评价,都应注重其发展性功能。对于教育活动中的幼儿和教师而言,评价不在于甄别和选拔,注重的是幼儿或教师发展变化的历程,注重个性化的、动态的、多元化的评价,它以幼儿的发展和教师的自我成长为评价目标,同时辅以教育质量的提高。在评价的同时注意提供更适合幼儿发展和教师成长所需要的帮助,为他们营造一个积极健康、温暖的心理环境。

在教师与家长的关系上,教师要有强烈的责任感和角色意识,即教师是家园合作活动的发起者、组织者和参与者。幼儿园应加强与家长的情感沟通和信息交流,了解家长对孩子教育的需要,树立为家长服务的意识,解决家长的后顾之忧,尽可能地满足他们的需求,同时,教师要尊重家长的权利与义务,取得家长的信任,激发他们参与幼儿园教育的兴趣和热情,充分发挥家长的积极主动参与的精神。当家长感受到教师对孩子的关爱和对工作的责任感时,自然就会信任教师,并愿意与之沟通合作。这种态度为家园合作奠定了基础。

3. 具备现代化的教育观念

园长应由管理者转变为教师、教学的服务者与支持者,他们与教师之间是合作的伙伴关系,共同为幼儿的健康成长服务。对于幼儿而言,无论园长、教师还是家长都应明确,他们不是物体,而是活生生的人,教师应尊重幼儿作为一个具有独立人格的社会成员的尊严和权利,不歧视、不侮辱、不体罚或变相体罚任何一个幼儿。但同时也应清楚地知道自己所肩负的教育幼儿的责任,那就是既要为幼儿一生的发展负责,又要为幼儿有一个快乐的童年负责。在具体教育活动中,教师是幼儿活动的支持者、合作者和引导者。

就家园合作而言,首先要求合作的双方即幼儿园教师和家长要有平等的态度。教师不能以自己是专业教育工作者,比家长懂得更多的教育知识,具有更强的教育能力自居,而应该把自己看成是与家长一样的幼儿教育的主体,相互间是合作伙伴的关系,共同的目标是促进幼儿的发展。而家长也应看到,幼儿既是自己的子女,也是国家的未来,自己有责任与教师共同培养孩子,任何形式的不闻不问都是一种失职。鉴于教师在合作中的领导地位,我们认为,教师有责任唤起家长的主人翁意识,激发他们积极合作的态度。

4. 提高教育能力,营造和谐的班级群体心理气氛

具有平等感、安全感、归属感、激励感、愉悦感的心理环境来自于教师有意识的创设。教师应通过各种途径提高自己的教育能力,努力营造和谐的班级群体心理气氛。首先要了解幼儿身心发展的需要,了解他们对安全、归属与爱的需要。其次,要针对幼儿的这种需要,以平等、理解、激励的交往态度来对待幼儿。例如,态度亲切、温和地弯下腰或蹲下来与孩子说话;当孩子的行为需要肯定时,教师可以以微笑、点头、抚摸的方式来表示对幼儿的赞赏;而当孩子犯了错误时,教师可以耐心地与其讲道理,让他们知道为什么错,应该怎样做,也可以用暗示的方式,给孩子改正的机会。只有这样,才能为幼儿创设一个和谐的心理环境。

案例分析:

来访者:在教学过程中,常常有一些孩子调皮捣蛋,吵闹不止,带头破坏班级纪律,影响其他孩子,让我很头疼。

咨询者:你能不能举个具体的例子说明一下?

来访者:比如说美术活动,这是一种个别操作性的活动,幼儿只要坐在自己的座位上按照老师的要求去做就可以了,但有些孩子就是不能坐下来安静地画画,或者一个人在那里叽里咕噜地说个不停,或者去骚扰别的孩子,这样下去,把别的孩子都带坏了。

咨询者:个别孩子的反常行为确实会影响到正常的集体教学活动。

第四章 学前教育机构环境设置的诊断与咨询

来访者:因此,上课时我就禁止孩子说话。谁说话,谁就不能参加活动,这样一来,那些调皮捣蛋的孩子就老实多了,课堂上也安静多了。

咨询者:对于孩子的行为,我认为,教师应该做仔细的分析。拿幼儿在美术活动时说话这个行为来说,其原因是多样的。

来访者:是吗?

咨询者:是啊。一种情况是孩子一边操作,一边自言自语。这样的孩子虽然在说话,但是能专心于当前的活动,没有影响别人的活动。这种现象是幼儿期的一种特殊表现。这是因为幼儿的手部肌肉发育不成熟,手眼协调能力差。手的动作控制能力差。因此幼儿在进行美术活动时,其手的操作动作还不足以充分表达其内心的所思所想,幼儿需要借助于其他多种分析器的协同活动来表达自己的思想情感。如果讲话是属于这种情况,那么我认为,教师就没有必要去禁止孩子说话。相反,我们应该鼓励孩子运用多通道来表达自己的思想情感。幼儿说话的另一种情况是孩子的注意力不是集中于自己的美术活动,而是不断地与别的孩子讲话。这里可能有两个原因:一是幼儿遇到自己不能解决的困难,需要求助于别的孩子,从而出现讲话现象,对于这种现象,教师要做孩子的支持者、合作者和引导者,与孩子一起商量解决问题。

来访者:那倒是。

咨询者:与别人讲话的另一个原因是幼儿对当前的活动根本就不感兴趣,从而出现所谓的骚扰别人的现象。应该说,这是一种真正的破坏班级纪律的行为,教师应该加以重视。但是,对于这种行为,教师只是简单地加以禁止是否就能起作用?

来访者:是啊。有时候你让他们不要说话,他们也会马上安静下来,但大多数时候持续不了多长时间。小孩子的"忘性"就是大,而且自律能力也差,你刚刚跟他说好上课不要随便讲话,可是他转过身就不记得了,搞得你没办法。

咨询者:所以,面对这种情况,教师应该自我反思,是什么原因造成孩子对当前的活动不感兴趣。如果是活动本身不能吸引幼儿,那么教师简单地禁止孩子说话只会让他们更加无聊。实际上,教师应该做的是如何用活动本身来吸引孩子的注意力,而不是简单禁止。我认为,教师应从活动的内容和形式两方面去考虑这一问题。新颁布的《幼儿园教育指导纲要》提出了活动内容选择的几个原则:(1)既适合幼儿的现有水平,又有一定的挑战性。(2)既符合幼儿的现实需要,又有利于其长远发展。(3)既贴近幼儿的生活来选择幼儿感兴趣的事物和问题,又有助于拓展幼儿的经验和视野。这是教师在选择教育内容时应考虑的。从活动形式上来说,《幼儿园工作规程》指出,"幼儿园以游戏为基本活动","游戏是幼儿全面发展教育的重要形式"。也就是说,教师应该充分利用游戏这一符合幼儿年龄特点的活动形式。研究证明,"看看、想想、说说、画画、玩玩"是一种成功的做法,不同的活动类型有助于儿童注意力的持续和兴趣的保持。

第三节 学前教育信息环境开发的诊断与咨询

学前教育机构的信息环境是指影响生活于其中的个体的学习和成长的各种信息源的综合。它包括幼儿的信息环境、教师的信息环境和家长的信息环境三大部分。

(一)学前教育机构信息环境的一般要求

1. 幼儿信息环境的要求

幼儿园为幼儿所创设的信息环境的终极目的就是要促进幼儿的发展。因此,幼儿的信息环境应具备以下要求:

幼儿园为幼儿创设的信息环境要能为幼儿创造最近发展区。首先,幼儿园信息环境应该适合幼儿发展的年龄特点,不符合幼

第四章 学前教育机构环境设置的诊断与咨询

发展的年龄特点的信息不具备教育的潜在价值。其次,幼儿园信息环境应该能促进幼儿的发展,能使幼儿在成人或有经验的同伴的帮助下在原有的基础上得到进一步的发展。最后,幼儿园信息环境应考虑到幼儿的终身发展和全面发展,而不仅仅是单一的对知识的学习。

幼儿园为幼儿创设的信息环境要能激发幼儿的学习、探索和玩耍的兴趣。首先,幼儿园的信息环境中应创设良好的"问题情境",能引起幼儿的好奇心,激发他们探索学习和玩耍的兴趣。其次,信息环境中的信息应具有可操作性,让幼儿在与环境的相互作用中获得主动、有效的学习。

幼儿园为幼儿创设的信息环境应反映当地社区文化和传统。当地社区文化和传统既贴近幼儿的生活,能激起幼儿的学习、探索和玩耍的兴趣,又有助于拓展幼儿的经验和视野,因此,幼儿园在为幼儿创设信息环境时应给予考虑。

2. 教师信息环境的要求

幼儿园为教师创设的信息环境可以包括业务信息环境和文化信息环境两个主要方面。

幼儿园为教师创设的业务信息环境首先要有助于教师日常教育教学活动的开展,即有助于教师教育水平的提高。这种业务信息环境包括可以帮助教师掌握各种知识,提高教学能力,培养教学机制与艺术等方面。

幼儿园为教师创设的文化信息要有助于教师自身素质的可持续发展,教师作为一个社会个体,也需要有自我的成长,这种成长不仅仅表现在业务水平的提高,同时也表现在作为社会成员的素质的全面提高。例如,幼儿教师应具有正确的世界观、人生观,知识面广、能力强、人格完善、具有高尚的职业道德修养等多个方面的素质。

3. 家长信息环境的要求

幼儿园为家长创设的有关家庭教育的信息环境首先要有助于家庭教育水平的提高，可以为家长提供有关儿童身体与心理的发展，家庭营养知识，家庭教育的目标、内容、原则、方法等方面的内容。家长的信息环境要有助于家长自身教育素质的提高，可以为家长提供一些先进的教育理念，例如什么是正确的儿童观、教育观、人才观、爱子观等，帮助家长提高自己的教育修养。

幼儿园为家长提供的信息环境还要有助于家长与幼儿园教育的互动，可以介绍幼儿园近期的教育活动或重大活动、孩子的作品，也可以表达幼儿园对家长的要求，当然，也可以介绍其他家长成功的教育子女的经验与心得体会，或者是家长们的意见或建议。

（二）学前教育机构信息环境开发的常见问题

1. 幼儿的信息环境的不足、超载与不恰当

幼儿园信息环境首先表现为为幼儿提供的信息量少，不能满足幼儿对于知识的探求、能力的提高、交往的需要、情感的满足、态度的形成等各方面需求。例如，一些幼儿园的教室里四壁空空，走廊、楼梯拐角也不见任何的布置与装饰；又如，一些教师要求孩子上课时要安静地听老师说，游戏时要自己玩自己的，下课时要安静地坐在小椅子上，不要发出声音等等，这样的信息环境实际上不能满足孩子对于交往的需要。其次，幼儿园为幼儿提供的信息环境表现为信息量超载。例如，每天为幼儿安排的活动一个接着一个，不给幼儿一点自由活动与思考的时间与空间，似乎只有这样才能有效地促进幼儿的发展。最后，幼儿园的信息环境还表现为为幼儿提供的信息不恰当。例如，给孩子提供的信息是原本应该进入小学以后才学习的拼音字母、数学混合运算等；再如，教师忽略自身作为教育源的教育作用，自己不注意为孩子树立良好的榜样。

2. 教师的信息环境的贫乏与不恰当

教师的信息环境首先表现为提供的信息量少而不足。一些幼儿园没有为教师提供关于教育教学的资料，也没有为教师创设在

第四章 学前教育机构环境设置的诊断与咨询

职进行专业进修的机会。教师日复一日,年复一年,没有新鲜"营养"的补充,也不注意对教育教学的研究,对幼儿进行的教育用的是同样的教材、同样的教学方法,最终被延误的是儿童的发展,而教师自身的成长更是一个被忽略的"死角"。教师的信息环境还表现为不恰当。例如,幼儿园只关注教师的技能、技巧的提高,在这方面的信息交流也较为频繁,但对教师的先进的教育观念、教育理论的学习却不重视,因而也不注意这方面的信息环境的创设,其结果就是教师观念陈旧、教育素质和能力提高不快。

3. 家长的信息环境的贫乏与不恰当

家长的信息环境首先表现为幼儿园为家长提供的信息量贫乏。一些幼儿园中的家长园地的内容陈旧,并且长期不更换,而一些幼儿园干脆连"家长园地"这种最普遍的信息环境都没有创设。一年之中难得有一次家长会,更没有亲子活动这样的家园互动机会。家长的信息环境还表现为幼儿园为家长提供的信息不符合家长的需要。例如,幼儿园家长会的内容只是泛泛而谈,缺乏针对性;或者是把原本应要求幼儿教师掌握的内容直接"贩卖"给家长,不考虑家长的需要和特点。

(三)学前教育机构信息环境开发常见问题的一般成因

1. 信息环境创设者缺乏筛选能力

信息环境创设者自身教育素质不高,不考虑作为信息需要者的幼儿、教师、家长各自的特点,不知道哪些信息是幼儿真正需要、又符合他们的年龄特点、能为孩子创造最近发展区、让幼儿在相互作用中得到发展的;哪些信息是教师的教育教学所需要的,而教师的自我成长需要的又是什么样的信息;哪些信息是能帮助家长提高其家庭教育水平和家庭教育素质的。

2. 不正确的教育观念的影响

教育观念是指导人们从事教育实践的价值导向。例如,由于对幼儿教育认识的片面性,导致为幼儿所创设的信息环境只重视为幼儿提供知识,忽视幼儿其他方面的信息需求,并且,为追求经济效益,迎合一部分人的需要,提供给幼儿的知识是在小学阶段学习的知识。再如,把幼儿教育仅仅看做幼儿园教育,教育资源的开发仅仅限于幼儿园这一小环境内。这一观念的后果,对幼儿园而言,是其自身教育信息环境的封闭,对家庭教育、社区教育而言也造成幼儿园这一教育信息源的巨大浪费。另外传统的教育观念,例如,"要给学生一杯水,教师自己要有一桶水",也影响着信息环境的创设者,他们认为,儿童教育主要是靠教师自己将自己所掌握的知识传授给孩子。在这种教育观念的指导下,教师不注重孩子自己主动、积极的探索,也就不注重提供探索的机会与空间,即信息环境的创设。对于教师而言,一些人把其功能局限在保育工作上,只要不让孩子发生什么意故就万事大吉了,教幼儿不需要什么高深的理论知识,因而教师也毋须参加什么提高性的学习。并且认识不到教师自身作为教育信息环境的一部分对幼儿所起的作用,忽视自身各方面修养的提高。

3. 信息源不足

幼儿园信息环境内容单一、贫乏,原因之一就是信息源不足。客观地说,一些幼儿园地处偏远地区,其本身的地理位置就易造成信息源不足。同时,幼儿园的资金不足,也造成无力为孩子、教师与家长创设有效的信息环境。从主观上看,也可能是信息环境的创设者没有充分地、多渠道地利用家庭与社区的教育资源。因而造成无论是幼儿,还是教师和家长的信息环境都处于一种信息贫乏的状态。

(四)学前教育机构信息环境开发常见问题的解决策略

1. 树立正确的教育观念

幼儿的发展是其与周围环境主动、积极地相互作用的结果。任何为幼儿创设的环境只有在与幼儿相互作用下才能发挥其价值,否则就是无价值的。这里幼儿的活动是环境是否起作用的中

第四章 学前教育机构环境设置的诊断与咨询

介环节,幼儿的活动主要有与人的交往活动和对物的实际操作活动。前者在习得社会道德规范与交往技能、体验社会角色、为今后的生活做准备等方面具有重要意义;后者在幼儿获得知识、发展认知能力和自我意识方面具有重要意义。而游戏是实现这些活动价值的主要和基本的形式,正如《幼儿园工作规程》指出的那样,"幼儿园教育以游戏为基本活动,寓教育于各项活动之中"。因此,在为幼儿进行信息环境开发时,就应该树立这样的教育观念:一切信息都要通过幼儿的活动才能起促进作用。

2. 培养信息鉴别能力

我们赞同,丰富的信息环境有助于儿童的发展,但同时我们也应该清楚地知道,并非什么样的信息都适合幼儿。儿童发展所需要的是"各种有益的经验",这需要教育者具有鉴别信息优劣、真假的能力。现今的社会是信息爆炸的社会,各种信息如泥沙俱下,对于幼儿而言,既有有助于其发展的各种信息,如各类专门为儿童所编制的节目、图书、玩具与少儿活动;同时又有各种并不适合幼儿的信息,如成人电视节目、电子游戏、广告以及家长谈话中关于暴力、性、官位、物质享受等内容。

3. 多渠道收集各种教育信息

(1)正如《幼儿园教育指导纲要》所指出的:"幼儿同伴群体及幼儿园教师集体是宝贵的教育资源,应充分发挥这一资源的作用。"同伴群体是幼儿重要的教育信息资源。这是幼儿与成人交往中不可替代的信息资源。幼儿在同伴群体中相互观察、模仿、争论、合作、分享,通过人际反馈学习各种社会交往的规则和技能,发展适宜的情感、态度和多样的问题解决能力,同时也满足幼儿对于被同伴承认和接纳的需要。因此,教师与家长应促进幼儿同伴间的交往,帮助他们建立学习的共同体。教师群体也是幼儿重要的教育信息资源。对处于他律时期的幼儿来说,教师的一言一行都以巨大的力量影响着幼儿的认知、情感态度等各方面的发展。因此,"教师的言行举止应成为幼儿学习的良好榜样"。

(2)幼儿家长是教育信息的一个重要来源。家长不同的知识与职业背景,为幼儿园提供了丰富的知识来源;家长先进的教育思想和成功的育儿经验,是幼儿园有效的教育经验来源。

(3)当地的自然环境是教育信息的另一个重要来源。纲要指出,要"充分利用自然环境和社区的教育资源,扩展幼儿生活和学习的空间。幼儿园同时应为社区的早期教育提供服务","大自然是世界上最有趣的老师,她的教益无穷无尽"。自然环境向幼儿展示了具体、形象、生动的学习内容,为培养幼儿的探索和认识兴趣,提高他们的审美能力与情趣,培养幼儿对自然、对家乡、对祖国的热爱,获得对周围世界的感性认识,提供了天然的材料。

(4)当地社区的文化历史传统与场所。把当地社区的文化历史和场所作为教育信息的来源,能让幼儿从社区人们的生活中体验到本土文化的深刻内涵和价值,感受到祖国文化的悠久历史和博大精深,从而使幼儿产生对社区文化、本民族文化乃至祖国文化的自豪感。

(5)当地的社会生活和幼儿自身的生活事件。例如当地社区的节日和文化活动。

(6)各种媒体信息。现代社会是信息时代,各种媒体的信息如潮,教师和家长应精心为幼儿选择恰当的信息供幼儿学习。但无论是何种信息,都不能泥沙俱下,而应该看它对幼儿一生发展的价值。

案例分析:

来访者:我是一名幼儿园大班老师。有一个问题总是困扰着我,那就是我们在"家长园地"栏目里辛辛苦苦为家长准备了很多内容,可家长们不领这个情,要么瞄一眼就走了,要么根本就不看,更谈不上参与了。真不知道是为什么?

咨询者:是啊,辛辛苦苦准备的东西没人理睬,确实让人感觉

第四章 学前教育机构环境设置的诊断与咨询

有点尴尬。但我们可以反思一下,为什么没人看?这里有两个问题:一是"家长园地"究竟是干什么用的。二是"家长园地"里的内容怎样才能符合家长的需要,吸引他们的注意力。

来访者:请你先谈一谈第一个问题吧。

咨询者:我认为,"家长园地"实际上是以文字的形式定期对家长进行指导或与家长进行沟通的一种形式。也就是说,对家长进行指导和与家长进行沟通是"家长园地"的目的,当然其终极目的都是为了促进幼儿全面、和谐地发展。

来访者:那么"家长园地"怎样才能对家长进行指导或与家长进行沟通呢?

咨询者:首先是要了解家长的需求,也就是说,家长最关心什么。譬如说小班幼儿的家长,他们可能想了解如何帮助孩子较快地适应幼儿园的一日生活,而大班幼儿家长可能想了解孩子入小学需要做哪些准备。所以,"家长园地"的内容应有针对性。

来访者:那我们大班的"家长园地"栏目应该给家长展示什么样的内容呢?

咨询者:内容可包括家园合作的方方面面:家庭方面可有大班儿童身体与心理的发展、家庭营养知识、家庭教育方法以及新的教育观念与实践等;幼儿园方面可以有幼儿园或本班近期的教育活动或重大活动、孩子的作品等;当然,也可以给家长留一点篇幅,供讨论、谈心得体会、提意见或建议。

来访者:我应该从哪里去收集这些内容呢?

咨询者:可以从各种相关的儿童教育杂志上摘录,可以是家长自己成功的教子经验,也可以是教师自己对当前儿童出现的某些问题行为的看法和教育建议。总之,家长园地的内容要让家长感兴趣,就得符合他们在教育子女方面的需要。另外,家长园地的内容一定要注意定期更换,不能一学期始终是同一个内容。

第五章 学前教育教科研工作的诊断与咨询

第一节 学前教育教研工作的诊断与咨询

(一)学前教育教研工作的实质

学前教育机构中教研工作的实质是:立足研究和解决学前教育实践中的实际问题,并在研究的过程中不断改进教育教学工作的质量,使幼儿与教师共同获得更好的发展。

(二)学前教育教研工作的要素及其相互关系

学前教育机构中教研工作要素包括:教研组织、教研目标、教研方法、教研进程、教研资料、教研成果等六个方面。首先,教研组织主要涉及人力资源的结构优化问题,是所有教研活动展开的最根本的基础;其次,教研目标选择得当与否会直接牵涉到活动开展的必要性和可能性,是教研活动能否真正有效地展开和深入的主导前提;再次,方法、进程、资料搜集等因素的性质,是获得满意教研成果的重要保障;最后,对教研成果的客观评价,涉及成果对日后改进教育教学工作的影响作用,是教研成果的价值得以发挥更大作用的桥梁。

(三)学前教育教研工作的常见问题、一般成因与可能的解决策略

1. 教研组织的诊断

对教研组织的诊断与咨询一般应从以下几个方面加以考虑:

第五章 学前教育教科研工作的诊断与咨询

(1)教研组织是否有利于增强参与教师的主体意识

尽管"教研"这个词汇在幼儿园领导和一般教师看来似乎已经是日常工作中理所当然的一个部分,但只要认真问及有关的细节,承认实际上并没有切实开展的幼教工作者还是占有相当大比例的。其中的原因除了具体从事该项工作的困难以外,缺乏"动力"往往也是一个很重要的原因。究其根源,我们似乎更应该把眼光落在教研组织的研究和建设上,因为,只有更加民主和充分尊重个人意愿与潜能的教研组织才有可能不断提升幼儿园园长和教师参与教研的主体意识。

从幼儿园以外各个层级学区的教研组织来看,往往由于专职教研人员少,一般经常采用组织长期稳定的封闭式的专题研究小组或定期组织指定专题研究的方式。对于前一种方式,只有少数被认为有特定教研专长的园所或教师才能够允许参与;而对于后一种方式,虽然表面上是开放的,人人都可以自愿参与,但由于最终教研活动仍旧是在教研人员指定的地点开展的,参与的范围还是会受到很大的限制的。从目前我国的国情出发,由于相当多的幼儿园独立开展较高水平的教研工作困难还比较大,因此,专职教研人员可以多注意采用逐步分层向下"辐射"的方法,以便给更多的幼儿园园长和教师创造出在参与教研的过程中学习教研的机会,并不断借助这些机会把更广大的基层幼教工作者的教研热情调动起来。

从幼儿园内部的教研组织来看,常见的问题一是没有相对稳定的教研组织,二是教研组织缺乏开放性和流动性。在前一种情况下,幼儿园的教研活动受外部任务的影响较大,上级管理或教研部门布置搞什么研究,或者外面当前"时兴"搞什么研究,就跟着搞什么研究,教研组织往往是根据任务临时由园长召集起来,"一阵风过去了",研究也就自然结束了。参与的教师往往总是有"被牵着鼻子走"的感觉,研究缺乏长久性,问题总是不得深入,个人的成长感受渐渐会变得"麻木不仁"。在后一种情况下,幼儿园的教研组织"等级森严",所有与研究有关的问题也都由园长或"园领导班子"全权决定,被认为有条件参与的教师大都只能依照"上面"下达的任务工作,而其他一般教师、年轻教师和保育人员更是几乎连被邀请参与的希望也没有,久而久之,在幼儿园教师的观念中,教研也就自然成了少数人的"专利",被动参与的人觉得那是额外负担,不能参与的人也渐渐习惯不再做"非分之想"了。

其实,更有利于调动幼儿园内部人员参与教研的组织形式或许应该是既相对稳定又具有一定的开放性和流动性的。如:幼儿园领导班子的教研合作分工组织,分年级的日常教研组织,幼儿园的特长问题研究班子组织,以骨干教师为核心的教研辐射层级组织等一般应相对稳定;教师个人的和教师之间自愿合作的教研组织,配合上级临时教研任务的组织,关注和探索园内新发现的问题以及新的社会教育焦点问题的临时教研合作小组等一般应让其更具有开放性和流动性。当然,作为幼儿园教研最高组织结构层,园领导还应特别为敢于主动开发教研课题的教师个人提供可能的组织支持,如鼓励同班级、同年级、研究兴趣相同的其他教师参与研究,或帮助邀请业务骨干提供咨询性援助等。另外,园领导还应该特别注意鼓励和支持广大年轻教师主动成长为教研骨干,鼓励教师建立自己的教研兴趣和教研特长,注意在各种教研过程评价中激发教师的成就感和成长感。只有这样的民主性的、建设性的组织观念和组织结构,才可能真正有利于不断扩大参与教研的教师队伍,增强教师参与教研的主体意识。

(2)教研组织是否有利于特定问题研究的展开

我们都知道,对于一个相对陌生的领域,了解它的最为经济的方式就是向领域专家请教,而在这种领域中进行独立研究,相对来讲是不太容易的。另外,对于一个与当下自己的主要实践相关不大的问题,人们也不易对之产生研究的热情。所以,对于广大的幼

第五章　学前教育教科研工作的诊断与咨询

教第一线教师来说,应该研究与改进自身的教学关系相对更密切、自己也更为熟悉的特定问题,同时也就应该组织更关心和更熟悉这些特定问题的人员一起来进行合作研究。

在有些幼儿园中,由于教研班子经常是因上级临时下达任务而拼凑起来的,同时这些教研课题又往往既不是本园人员熟悉的又不是本园工作改进所急需的,所以不但最终难以产生有用成果,难以对提高本园教师的教研水平做出贡献,而且还往往把一线教师搞得身心疲惫,对教研工作的价值产生疑惑或厌烦。

为了能够避免上述问题的产生,幼儿园的教研组织应该是分层分工的,而且应该是尽可能围绕特定课题的实际需要来组织的,具体地说应注意以下方面:

首先,在幼儿园内,领导班子内部应该明确分工。在有的幼儿园里,同是优秀教师出身的主管园长、业务园长和后勤园长,谁都不想完全处在一个仅仅是领导的地位,都愿意直接介入幼儿园的教育教学研究工作,这本应该是一件好事。因为,完全离开对教育一线问题的了解和把握,"空对空"的领导或指导都是起不到什么真实作用的。但是,如果管理的分工不够明确具体,各人都仅凭自己的兴趣随意介入,不但容易造成人力资源的极大浪费,而且这些重复管理还容易造成多方面的相互干扰,进而引起人际矛盾和一线教师的思想混乱与情绪焦虑。

其次,骨干教师是幼儿园教研的中坚力量。一个素质良好的教研队伍仅仅只靠一两名骨干来组织教研工作是远远不够的。因为一个人的精力和能力都是有限的,所以幼儿园应该努力通过教研实践不断扩大自己的骨干教师队伍,充分发挥各个教师的不同特长。这样,不同的教研课题可以具体落实到不同的骨干教师身上,使每个负责教研的骨干教师都能够有更充沛的精力来发挥自己的专长,组织大家把特定的教研问题拓宽和挖深。

再次,年级组长和班主任教师一般也都是有着一定教研能力的教师，而且他们对日常工作，包括日常的教研工作本就负有责任，更何况年级组中和班级中的教师需要通过教研来解决的问题往往也具有较高的共同性。因此，以年级组或班级为教研的基层组织单位也有利于解决日常性的、迫切性的以及更具有年龄和阶段特殊性的教研问题。

（3）教研组织是否最大限度地充分利用了本单位的人力资源

目前一般的幼儿园园长已经明了：开展教研工作应该充分利用本园的有经验教师，特别是业务骨干教师。管理水平比较高的园长也已经开始注意充分发挥每一个教师的积极性。但是，由于幼儿园的教育教学研究问题无处不在，涉及整个幼儿园发展的方方面面，涉及幼儿园全体职工在园内甚至在园外的活动，甚至涉及幼儿园的课程文化建设和发展，所以，更多的教师甚至全体教职工的参与也就有了需要和可能。

如，有的规模比较大的幼儿园设有专门的资料、材料室以及相应的专职人员。如果教研活动不能有效地争取这些专职人员的主动关心和投入，所有的资料、材料查找、购买、制作工作都须由承担教研课题的教师亲自处理，而专职人员仅仅只是起着一个保管的作用，这样不但浪费了人力资源，而且也养成了这些专职人员的职业惰性。但如果园长能够大力提倡职业教辅人员加盟教研课题，具体负责教研的教师也能够诚恳地请求职业教辅人员主动关心并为教研需要提供帮助，在教研成果鉴定、发布的时候能够真诚地认可和感谢教辅人员所做的贡献，教辅人员也就一定会成为参与教研的一支重要力量。

又如，过去很长时间中，保育员一直被看做是与教师完全不同的另一群职工。起码她们的工作似乎与教学，特别是与教学研究不太会有多大关系。但实际上，保育员是幼儿园中与幼儿接触最多的另一成人群体。而且，现在许多幼儿园中保育员受教育的程度越来越高，还有不少年轻的保育员通过职后进修和在岗研究性

第五章　学前教育教科研工作的诊断与咨询

学习，不断提高自己的教育素养，逐步成为可以独立带班的教师。试想，如果幼儿园能够组织发动保育员参与相关的教研工作，这又是一支多么重要的力量啊！事实上，有的幼儿园已经这样做了，而这样做的结果不但改善了教师孤军奋战、顾此失彼的局面，而且也大大改变了保育员被动配合教师的不平等协作关系，提升了保育员的人生价值感，增强了校园文化的民主精神。

再如，由于幼儿园的教育教学已经不再局限于教室里和书本上，幼儿希望与教师讨论的问题被纳入教育教学的视野以后，更是涉及了幼儿生活的方方面面。如厨房里工作、食品卫生、良好的饮食习惯，以及迟到和在马路上、幼儿园门口吃早点等等问题的教育教学研究，就可能涉及炊事员、保健老师和门卫等人员的岗位职责。通过将这些人员卷入研究性的实践活动，在提升教育教学问题的研究效益和研究质量的同时，也提升了整个幼儿园教职工队伍的集体凝聚力和个人生存质量。

（4）教研组织有无可能争取到本单位以外的咨询资源

一般幼儿园园长都已经认识到在幼儿园的教育教学研究工作方面，提高效益和质量的重要外援应该来自上级教研机构、教师培训机构、教育科研机构和高等院校的专业研究人员。但是，由于各种主客观原因，目前绝大多数的幼儿园一般还不大可能直接从这些领域内的机构或人员那里获得咨询援助。所以，幼儿园要解决教研的咨询外援问题，应该着力解决以下两个前提性的问题。

首先，幼儿园要克服懒惰和被动的习惯。如许多人只是一味地抱怨自己的幼儿园地处偏远，联系有关咨询部门不方便，或学术地位低下，得不到有关部门的关照和重视。但实际上，这些抱怨的人是否认真了解过：建立联系是要靠你自己主动去争取呢？而且，这些抱怨的人是否认真思考过：空间上离你自己最近、人际关系上离你最近的部门和人员，即你更可能争取得到的咨询外援，你想到过要去争取吗？你对争取当地的咨询外援是否有嫌"麻烦"的思想？是否有嫌"不值得"的思想？

其次，幼儿园要克服狭隘的咨询眼光——即不要只"向上看"和只"向圈内看"。中国有句古话:三人行必有我师。这句话启示我们:当地姊妹园所的同行、家长以及家长关系网中的相关单位和人员，社区中各种与特定教育教学研究问题发生联系的单位，甚至幼儿园教职工的亲属以及亲属的关系网都可以纳入你的专业咨询视野。更何况在现今媒体咨询行业日益发达的情况下，你是否已经意识到应该更多地直接借助于媒体？现在，许多园长都抱怨工作太忙，以至于很少阅读，这肯定是一种很严重的失误。其实，如果幼儿园没有条件设立专门的资料员，或许可以设立一种专门的制度:即轮流担任"阅读值日"，定期围绕教研专题活动进行交流或根据情况随时交流。

2. 教研目标的诊断与咨询

对教研目标的诊断与咨询一般应从以下几个方面加以考虑:

(1)教研目标是否来自本单位迫切需要解决的问题

什么是本单位迫切需要解决的问题？这本身并不是一个容易回答的问题。一般情况下，幼儿园自己意识到迫切需要解决的问题有这样几种来源:一是直接来自教师的工作障碍体验;二是来自家长的不满或意见;三是来自上级检查评估指出限期整改的要求;四是来自学术部门或学术专家的意见或建议;五是来自行业内部的"阵风"或"焦点"。实际上，无论这些问题的来源是什么，研究的内容毕竟都是与我们的工作有关的问题，最终的关键是:作为教研工作的直接参与者——教师本人，是否明确地认清了这个问题与改进自己的工作到底有什么关系？自己是否认可该研究课题对自己的重要性和迫切性？如果能做到这一点，哪怕是在做的过程中逐步做到这一点，教研的价值也可能最终得以获得最大实现。

(2)教研目标是否具体明确

目前这仍是经常困扰一线幼儿园教师的大问题。而其中最大

第五章 学前教育教科研工作的诊断与咨询

的症结也就在于被确定作为教研课题的问题太大,内部结构中下级问题太多,而且又不明确。这样许多不甚明确的下级问题互相牵扯,造成整个研究课题的模糊不清。如在九五规划期间,全国许多幼儿园都在研究如何开展创造性教学的问题。但由于大多数幼儿园教师都不太了解创造性教学的有关研究进展情况,如创造性思维的品质有哪些?它们在具体领域中的表现形式是怎样的?创造训练的思路和具体技术又有哪些?它们在具体领域的训练中又是如何应用的?所以研究表面上开展得轰轰烈烈,但实际上却是举步维艰,而最终的成果中可供他人借鉴和实际操作的理论与技术更是少之又少。再如,九五期间自主性教育也曾经一度是全国性的研究焦点。在一个有众多幼儿园参与的研究课题的进程中,有人调查了参与研究的多名来自不同幼儿园的骨干教师,结果是没有一个人能够说出这个研究的目标是什么。实际上,自主性教育或教学研究最主要的目标就是通过改进教师与幼儿的互动方式,提升幼儿的自主生存意识及能力。当然,这里除了立项研究的幼儿园没有帮助教师澄清这一观念,即"改变互动方式只是手段,提升幼儿的自主生存意识及能力才是目标"之外,可能还有一个重要问题,那就是"自主不仅仅意味着个体能够知道我要和我有权利要,而且还要能够知道我怎样能够最有效地争取到我所要的,以及我的愿望和达成愿望的方式是否合理?是否会伤害自己其他方面的利益,自己将来的利益,其他人的利益?"

(3)教研目标是否有可能达成

首先,教师对教研目标一般可能会有两种不同方向的期待。一是开发出一个或者一些教育教学的内容、课题或活动;二是解决某个或某些教育或教学中的困扰性问题。

其次,教师对教研目标一般还可能会有两种不同层次的期待。一是自己或幼儿园内部认可、可行,能解决实际问题;二是获得行业和专家的认可,能上升到理论,能在一定范围中推广就更好。

教师在第一方向第一层次上的期待,一般还是比较容易依靠自己独立努力得到满足的。而其他期望的满足,则会因受到更多不可控制因素的制约而难以如愿。所以,往往需要更多地争取来自外部的援助。因此,解决这一问题的最好办法就是不断开阔和提升自己的眼光,譬如,经常走出去,参加更大范围内组织的学术交流研讨活动;又如,听一听别人的想法,看一看别人的做法;再如,经常看看书,想一想书上给了自己哪些启示;另外,如果可以向人询问,就应该不耻于求教。

(4)教研目标是否能转化为具体的预期成果

就上述第一方向的目标来说,具体的预期成果是可以转换成为各种可以储存的文献资料的。可能目前还有一些幼儿园没有意识到用文献形式积累这些教研成果。所以,许多"过来之人"把这种不善积累的情况比喻为"狗熊掰棒子——掰一个,扔一个"。过了一段时间以后,想起来:以前做过一个活动很不错!可相关的重要细节已经完全回忆不出来了。

就上述第二方向的目标来说,无论问题是否最终解决,相关的过程和伴随的思考,哪怕是思考中的困惑都应该注意随时"文献化"。如果最终问题解决了,整个问题解决的过程,可能体现就是一种普遍的解惑的过程,这一过程的文献本身就是成果,就是可以与关心这一问题的人士分享的。如果问题没有解决,这些过程性的文献就相当于一本"病历",待有机会找到专家帮你诊断时,其中的信息可能会有助于专家更好地诊断其中的症结。

目前许多由幼儿园自己转换、保存和提供交流的教研成果,经常缺乏过程。因此,很多有价值的信息都令人遗憾地流失了。另外,许多幼儿园教师抱怨自己不善于总结规律和不善于将经验上升到理论,这个问题就如同一个营养不良又缺乏锻炼的人去看医生,不是医生的一两剂药能够解决问题的,而是要靠持之以恒的理论营养的吸取和实践锻炼。

第五章 学前教育教科研工作的诊断与咨询

3. 教研方法的诊断与咨询

对教研方法的诊断与咨询一般应从以下几个方面加以考虑：

(1) 教研方法是否明确

教育教学的研究说到底是一种研究。所谓研究就是一种认真了解和企图理解、把握事物的本质和其运动变化规律的活动。它与一般的"只是做"和"享受做"不同，它着重"思考做"，即思考"怎样做"。当然，它也不能回避价值的问题和效益的问题。相对同样也是教育研究的教育科研来说，教研只是更注重解决实际问题，方法上更灵活，不太在意是否严格控制条件，也不太在意验证结果的真理性而已。幼儿园教师从事这样的研究更具实际意义。

既然教研与科研在实践性质上相同，在研究的具体方法上也就应该是相通的。只是由于教研可能更偏重于总结先前的经验教训、探索新的工作方式、或探索某理论的实践途径或尝试掌握他人创造的实践技术，所以，具体开展研究工作可能也会偏重使用某些具体方法。

比如，在总结经验教训的研究中，可能会更频繁地使用"比较"的思考方式，那么当然在搜集研究资料时，也一定需要搜集对等的相关资料。横向的比较，如有经验的教师或高效教师经常怎样做，缺乏经验的教师或低效教师在同样的问题上经常怎样做；纵向比较，同样的教育情境中，高效状态下的某教师的（或自己）行为是什么，低效状态下同一教师（或自己）的行为又是什么……经过反复比较，影响教育效率的关键因素就有可能被澄清出来，并上升为理论。

再如，在探索新的工作方式的研究中新方式是指向追求新目标的，由于旧的工作方式不能达成新目标，而新的方式实际上还未成形，所以，研究的主要的方法可能是一种"尝试"。当然，尝试也需要思考，思考也少不了比较，只有在比较中不断保留和改善那些可行的教学行为，去除或修改那些不可行或不完全可行的教学行为,与新目标更为匹配的新工作方式才可能不断地被建构出来。

(2) 教研是否注意采用多种方法协同解决复杂问题

理论向实践操作程序和技术转化相对是比较困难的。首先,可能会需要研究文献或咨询有关的专业人员,了解你所关注的理论的结构和各种具体概念,并设法通过询问和讨论尽可能地理解各概念的含义和各概念间的关系。如创造性的品质包含了流畅性(单位时间中提出创建的数量)、新颖性(独创的成分高能引发他人的惊讶感)和建设性(对推进有意义工作和生活有价值)。如果你不能够了解和理解这些创造性评价的具体标准,你就不可能评价幼儿的现实发展水平,也不可能知道自己将要通过教育教学把幼儿引向何方。其次,你还可能需要通过阅读或请教他人,获得在各种领域进行创造训练的具体方式或技术。再次,你可能还需要先在自己身上进行尝试,看看经过自我训练,你自己在不同领域提出创见的各种品质提高的情况如何。再然后,你才有可能胸有成竹地进行教学设计和尝试验证你的设计……再然后,才又是不断的思考和改进……

(3) 教研方法是否能够切实解决需要解决的问题

掌握或完善他人的现成技术的过程也是一种研究。许多幼儿园教师在外出学习时看到他人的某个活动或技术效果不错,就搬回去自己尝试。幼儿园也会为此专门组织一些教研活动。但是,这种仅仅是看一看、试一试的教研方式,往往并不能有效地提高更多教师的研究水平和教学水平。我们知道,幼儿园开展教研活动,最终目的还是要提高教师的科研和教学水平。所以,在这种类型的教研活动中,外出学习的教师首先应尽可能地关注他人工作方法的关键细节,弄不清楚的地方最好能向相关的人员请教,尽可能仔细思考哪些细节是提高教学有效性的关键。有条件的幼儿园,应组织有关教师一起讨论,以便集思广益,促进认识的深化。在到课堂中尝试他人的活动或技术之前,担任"移植"尝试的教师还应

第五章 学前教育教科研工作的诊断与咨询

对技术的各个关键细节反复练习,尽量做到能熟练驾驭的程度。进行课堂实践时,有条件的幼儿园也应该组织相关的教师一起来观察和研讨。在这样的过程中,参与者始终处在一种共同的研究情境中,看起来只是"移植"了他人的一个活动或技术,但实际上却是借机会提高了幼儿园部分教师的教学水平和研究水平。

4.教研进程的诊断与咨询

对教研进程的诊断与咨询一般应从以下几个方面加以考虑:

(1)教研开始前对进程是否有预先的大致规划

幼儿园的教研工作对规划的要求总体上可以分为两种情况:一种可以被看做是"预成"性的教研工作;另一种可以被看做是"生成"性的教研工作。

"预成"性的教研规划实际上就是指每一学年或学期开始之前,针对在前一阶段教学工作中发现的重要的亟待解决的问题而预先制定的教研工作计划。如,有一所幼儿园在期末的工作总结中认识到,本园各年龄段幼儿相比周围其他园所的幼儿,在集体教学中发言行为方面表现不够踊跃,很可能是因为本园教师的教学行为对幼儿产生了不必要的心理压力。于是,下一学期教研工作的重点就被确定为"提高幼儿发言的踊跃性",并为此制定了大致的规划:首先,教师集体反省各自课堂学习经验,并据此初步推测哪些教师行为因素会抑制幼儿发言的踊跃性;然后,主要通过自我监察和相互观察,不断寻找各种可能的抑制因素,并不断尝试消除或减弱这些抑制因素的作用;最后,定期进行个人的、年级组的以及全园的经验总结活动,以便将共同性的关键性的规律概括出来。再如,一所幼儿园受到某种理论的启发认识到:若要提高全园教师进行整合性教育教学的能力,就应该首先在现有水平上进一步深化大家对各领域教育教学的整体把握能力。所以,幼儿园制定了一个为期三年的教研规划,每一学期专攻一个领域的教研,重点是力争将每一个领域的分科教学都上升到一个新水平。具体做法是：第一，学习各种有关文献；第二，外出学习或外请比自己水平高的同行上门指导；第三，自我练习、自我反省和相互督促指正；第四，及时小结和相互交流。从这两个例子可以看出，"预成"性的规划应相对长远一些，研究的问题要宏观一些。

"生成"性的教研规划实际上就是指，在工作的过程中随时随地遇到了自己感到需要研究并且有兴趣有能力研究的问题，并随即开始着手制定的研究计划。与上面的那种情况相比，这种情况随机性强，而且往往个人性也会比较强，研究的问题可能会比较小，研究的探索性相对强一些，计划性也就相对不可能太强，即使有许多的预先设计，临时的改变也会很平常。如，一位教师发现幼儿在进行接力赛的活动中，按规定的方向绕标志物而行总是很困难，向回跑时很容易与邻队幼儿迎面相撞。为了解决这个问题，这位教师开始把教研的重点放在耐心指导不能正确绕行的幼儿上，但似乎收效不明显；后来这位教师偶尔发现：如果标志物两侧明显不同，如左侧是椅面，右侧是椅背，而且幼儿能够用语言说出从椅面这边过去，从椅背这面回来，则犯错率会大大降低。于是，这位教师不断更换不同的标志物，但都注意保证让标志物两侧明显不同，而且注意让幼儿，特别是容易犯错的幼儿用语言说出从哪边过去，从哪边回来。结果，的确证实这两种因素是比较关键的教学因素。而另一位教师发现，在教小班幼儿用排笔涂染时，伴随有节奏的儿歌，儿歌句子的停顿，可以帮助幼儿控制自己运笔速度和一笔到头，不涂到纸张边缘外面。后来，在与理论工作者的交流中，这两位教师都了解到：语言活动的参与，实际上都与增强幼儿的自我监控作用有关。在这种教研中，绝不是没有计划，只是探索性的研究就如同摸着石头过河，所以其计划一般只可能设计到有限的几步，而且随时都会改变。

（2）教研开始后是否注意按预先的规划进行

在上述的"预成"性教研中，作为教研课题的负责人，一般应

第五章 学前教育教科研工作的诊断与咨询

该注意认真按照规划领导教研工作的展开。对于缺乏研究习惯的个人和集体来说，教研和科研往往是日常工作以外"额外"增加出来的工作，往往不能完全与日常工作和谐地融为一个整体。因此，一旦幼儿园感到日常工作事物太多，或者一旦有额外的工作，特别是上级检查，临时的参观等事件插入，幼儿园就有可能首先紧缩幼儿园内部的教研工作。事实上，由于长期以来，研究工作一直被看做是一件"奢侈品"，幼儿园教师做研究往往会被看做是一种"奢侈"的享受。所以，以更重要的工作的名义，堂而皇之地不断蚕食预先留出的教研工作计划是司空见惯的。有专业研究人员加入的研究尚且如此，幼儿园甚至教师个人的研究计划被"缩水"就更平常了。幼儿园领导班子，特别是幼儿园主管园长应该下决心带领全园教师逐步习惯于将教研工作真正融入幼儿园的日常工作，所有的工作应该统筹起来考虑。

在上述的"生成"性教研中，研究者将研究进行下去的动力来自于研究的兴趣和热情，而这些兴趣和热情也在一定程度上与澄清研究问题的能力和是否能够经常得到研究成果的鼓舞有关。用一句通俗的话来讲就是：越会做就越喜欢做。而且，会研究的教师会不自觉地随时随地思考问题，随时随地与人探讨问题，随时随地关注可能启发自己解决问题的各种信息，并随时随地享受做这一切的快乐。做这一切，不但是他的工作，也是他的生活；不但是他的付出，也是他的收获。

(3) 教研进行中是否注意在需要时对预先的规划进行调整

一个有经验的研究者，是肯定会注意在需要时对预先的规划进行调整的。在前述的"预成"性的教研工作中，事先预成的规划框架是非常一般化的，非常粗糙的，许多的细节事先未必能完全设计周全。而且，许多设计，在纸上谈兵的时候不能发现问题，真正实施时才发现那样做是不可能的，或者是不完善的，或者是还有更好的设计预先并没有想到。例如，1990 年间，某城市的好几家幼儿园曾经联合起来进行了一项关于改进教师在教学中的情绪状态的教学研究。这项研究的起因是,其中一家幼儿园在开展创造性教学研究的过程中发现:教师自身热情积极的态度比是否给予幼儿创造的机会更容易激发起幼儿参与集体学习活动的积极性。所以,几家幼儿园最初的研究规划是:在下一个学期中,每家幼儿园中参与研究的教师定期相互观摩,每位教师都尽可能采用更为热情的方式在公开教学中与幼儿互动。可是,新学期开始以后,由于这个城市的幼儿教师总体上已经习惯了用一种相对更为平淡的情绪状态与幼儿互动,各园参与研究的教师在心理上对更为热情的状态既不熟悉也不习惯,所以,很长一段时间过去了,教师们对问题的认识和与幼儿互动的态度并没有什么进展。正在这时,另一个城市的一个幼儿教师参观团队来到了这个城市,在观摩了研究小组中的一个幼儿园的教学活动后,对他们的教学热情问题提出了相同的意见,并提出愿意进行一次具体的教学以展示他们对"热情"把握的"尺度"。在那次教学观摩交流后,该研究小组的主要成员认识到:小组的大多数普通成员需要的是一种他们能够接受的"热情"的榜样。于是,在以后比较长的一段时间内,小组中止了每人轮流进行公开教学的研究程序,而改换成由认为自己有能力的志愿者定期进行公开教学,大家来讨论哪些"热情"的状态是可以接受的。待小组绝大多数成员都主动表示愿意尝试更热情的教学互动方式为止,才又恢复到最早的程序中,这个过程,差不多持续进行了5年。

在上述"生成"性的研究中,随时随地的调整更应该是"家常便饭"。如一位教师选择了一个关于五只猴子在床上乱跳,结果都摔伤了的歌曲,并设计了一个比较有趣的教学游戏。可具体实施后大家都觉得似乎效果并不像预先设想的那么好,幼儿似乎经常处在一种接近了疲沓的状态中。第一次研讨,大家认识到可能是因为缺乏动静交替的安排,调整后再试,问题没有得到满意的解

第五章 学前教育教科研工作的诊断与咨询

决。第二次研讨,大家认识到幼儿集中注意的时间有限,练习超时过长,动静交替的调整也不能完全阻碍疲劳的进程。而之所以安排多次练习是因为有一句歌词太长且节奏既密集又有词曲逻辑错位的感觉,不容易感知和记忆。所以,特别设计了放慢速度和切段强调等展示技术。经这样调整后再试,缩短了练习的时间,因超时练习造成的疲沓现象自然也就消除了,但结束处关于安全教育的部分仍然显得生硬而缺少情趣。根据"自然后果"教育理论,最终将歌词由:"你们看这样多不好,不能在床上乱蹦乱跳,妈妈的话儿要记牢,这样才是好宝宝!"改为:"猴子们都到哪去了,床上床下都找不到,他们都躺在医院里,哎呀呀哎呀呀不能动了!"经这样调整后再试,终于达到了比较满意的教学效果……

5. 教研资料的诊断与咨询

对教研资料的诊断与咨询一般应从以下几个方面加以考虑:

(1)是否已经尽可能搜集了相关的文献资料

尽管教研与科研相比,对资料搜集的要求不是太高。但有经验的幼儿教师都能体会到:什么叫做"站在巨人的肩膀上"。因为有许多问题,当你还在百思而不得其解的时候,别人早就找到答案了;而另外还会有许多问题,当你已经得其门而不得其入径时,别人的另外一个思考或疑惑可能就是你"芝麻开门的口诀"。所以,有着良好专业阅读习惯的教师,会经常使教研和阅读相互贯通。那么,尚没有养成专业阅读兴趣的教师,如果你的确是对专业有兴趣有热情的人士,最好能够立即开始着手培养自己的专业阅读习惯。如果你觉得自己还没有能够进入痴迷专业研究的层次,单单为了提高教学研究工作的效益和水平,也需要在进行一项研究的过程中尽可能地阅读有关的专业文献。至少拿到当月的新专业杂志时要稍微花一点时间翻阅一下,看看是否有与你的研究直接或间接有关的信息。

直接信息的搜集可能一般人都比较容易理解,间接信息的激发力量往往也是不可估量的。比如，某幼儿园园长的一位朋友在旅行途中随意购买了一本企业经营与管理的通俗杂志，读后觉得很受启发。在听了这位朋友的心得后，这位园长马上联想到这些思想可以启发对教育教学工作乃至个人生活经营管理的思考。于是，就向朋友借了这本杂志在幼儿园的教学业务学习会上读给全体教师听，由于当时幼儿园正在研究与培养幼儿和教师的自主管理精神和能力有关的问题，所以大家听了都感到受益颇多。

（2）是否已经研究和整理了与问题有关的他人研究的信息

为什么说一个教师有自己的教研专长是非常重要的呢？因为人的精力毕竟是有限的。如果把有限的精力集中起来，相对来讲，更容易在某一个或几个方面挖掘出更有价值的东西。积累他人的研究信息也是一样，一个人一般不可能对什么都有兴趣、对什么都懂，但如果相对集中关注一个或相关的几个问题的信息，就比较容易找出这些信息之间的联系，也比较容易因此获得成就感。

比如，一位教师刚刚接手一个中班，作为有着音乐教学研究特长的教师，她的确积累了不少教研经验。而这个新接手的中班恰恰有着一个与音乐教学问题研究直接有关的"毛病"：就是一开口唱歌就走音。基于她自己已经掌握的文献信息、他人经验和自己的直接经验，唱歌走音的现象主要源于先天和后天两类原因。先天的原因可再分为听觉系统的原因和发音调控运动觉系统的原因。后天的原因又可再分为教学的原因和学习的原因。在与同一幼儿园其他有经验的教师的共同参与研讨中，教师们认识到：由于先天问题在人群中的发生率是极低的，不可能大面积地发生在同一个班级中，因此完全可以不考虑这一影响因素。于是，前任教师教学粗糙就被假定为产生走音现象的主要原因。在重新纠正已学过的歌曲错误和认真教授新歌曲都没有能够解决问题的情况下，这些有经验的教师通过自己观察教师和幼儿的行为发现，似乎是在先前粗糙的教学影响下幼儿已经养成的不注意听就随便跟着唱

第五章　学前教育教科研工作的诊断与咨询

的不良学习习惯在走音问题上做出了"重要贡献",于是,教学调整转为重点培养倾听习惯,最终比较圆满地解决了这个班级唱歌走音问题。最后,在这个教研项目结题时,这位教师又从一个专业研究工作者那里得知:用音乐心理学的"听觉表象"理论来解释这种现象,是因为熟练准确的歌唱是在对清晰的听觉表象回忆的基础上进行的,如果在尚未形成正确表象的情况下边听边唱,往往容易唱出"自以为是"的旋律——即"走音"的旋律,所以,准确歌唱的前提首先应该是良好的倾听习惯。从这个例子中可以看出,如果不是这样一群有着相当专业信息积累的教师在一起研究,问题的解决很可能没有这么快,也不大可能上升到这样的理论高度。

（3）是否明确他人的研究信息对自己的研究有什么启发

近年,幼教一线的教师们越来越重视他人的研究信息特别是理论研究信息的搜集,但实际应用中还存在某些盲目性。其中比较集中的问题就是直接引用,甚至是堆砌性的引用比较多,而在整理的基础上经过比较分析批判性和创造性的引用比较少。但谈及这个问题时,人们总是习惯于将原因归咎于一线教师的实际水平问题,但实际上,这是"人云亦云"的习惯势力的反映。

有时,幼儿园教师还比较迷信专家、权威,没有很好的独立思考的习惯。而要想成为一个好的研究者,首要的问题是要确立培养自己进行批判性独立思考品质的目标。

如20世纪80年代末期以前,幼儿园的打击乐器演奏教学一直因循着"先分部,后整体"的教学法则,这就是前人的研究成果,尽管在幼儿园实施时困难重重,但大家都以为事情就应该是这样的。后来有一位教师从幼儿的积木拼图和课堂中一位幼儿的自言自语中得到了启发:为什么不能够先从一个完整的形象开始入手呢?……于是就有了今天的"先整体,后分部"的教学法。这种新教学法有一种被称为"总谱法"的技术。其中的一个重要的教学环节是由教师将最初教给幼儿的各种所谓"变通总谱"符号,转换成演奏特定打击乐器的演奏动作再教给幼儿。90年代初,另一位幼儿教师又提出:为什么不能够让幼儿自己独立进行这种转换呢?……于是,一种新的教学技术又诞生了。

再如,指挥打的是拍子,这是专业指挥入门的基本知识和技术,如果谁打的是节奏,受过专业训练的人士都会发现这是错误的。但有一位"自学成材"的幼儿教师,发明了一种利用教师的指挥手势来指导幼儿演奏打击乐器的教学法,由于这位教师没有专门学习过系统的指挥知识,自然地用节奏性的手势引导幼儿演奏出节奏。而受过专业指挥训练的幼儿教师却是理性地用节拍性的手势指导幼儿,反而干扰了幼儿对规定节奏的再现,所以这位教师的教学效果比一般教师好,这在很长一个阶段中一直是个谜。最后,这位教师所在的幼儿园组织了专门的小组来研究这位教师的教学行为,终于澄清了这种从所谓的"错误"中诞生出来的新教学法以及它的"强化与干扰理论",为进一步发展打击乐器演奏的教学法做出了贡献。

再如,早在一百多年以前,有关文献就已经指出:在没有大肌肉参与的音乐教学中,音乐感知和体验的效果会受到相当大的局限。20世纪80年代初期,许多不同种类的外国音乐教学法体系相继传入我国,但10年时间过去了,几乎没有人对当时通行的完全倾听式的音乐欣赏教学法提出异议。直到90年代初期,才有幼儿教育研究工作者注意到了文献中这些信息,并最终通过实际的教学研究为以身体动作为主并联合其他感官参与的倾听和欣赏音乐的教学法奠定了基本的地位。

(4)是否已经对怎样收集、整理、保管自己的研究资料做出了初步的规划

研究资料的收集、保管和整理也是一项重要的工作,以往幼儿教师一般不太习惯于用书面的方式总结经验,许多宝贵经验都是储存在教师本人的头脑里。不断浓缩提炼经验的教师善于将这些

第五章　学前教育教科研工作的诊断与咨询

经验转化为自身更有效的教学能力，但却难以用口头或书面形式传达或传递给其他同行。现在越来越多的新一代幼儿教师已经习惯了口头和书面的总结，一些骨干教师对自身或他人的教学行为进行评判性思考的水平也正在逐步提高，幼儿园对教学研究过程的幼儿行为反应和作品等资料，也开始注意认真收集。但接下来的问题是：收集的资料越来越多，教师们反而对这些资料的用途感到困惑。这就又提出了一系列新的问题：哪些资料真正需要保存？需要保存多长时间？应该用何种形式保存？哪些资料需要整理、浓缩？应该按照何种思路来整理、浓缩？

如，一个幼儿园进行多年的幼儿美术教学研究，收集了大量幼儿的美术作品；而另一个幼儿园进行多年的幼儿音乐教学研究，收集了大量课堂音乐教学的录像磁带。这些资料越积越多，多得幼儿园资料室没有地方存放，两位园长都很迷惑：处理掉吧，花了许多人力物力财力好不容易才积累起来，似乎太可惜！不处理掉吧，又实在不知道可以拿来做什么用！

其实，我们首先应该弄明白：积累这些资料应该是用来揭示幼儿发展情况和教师的教学经验或问题所在的，所以，我们应该回到研究的目的上来，思考自己到底希望通过这些资料澄清哪些问题，一旦需要澄清的问题已经从这些资料中基本澄清，成为浓缩了水分后的"精华"，这些资料便可以处理掉了。如果感到还可能会有其他的暂时不明晰的用途，可抽取其中估计还可能再用的资料用现代缩微技术分类保存起来备用，以便随时查找，且节省空间。

再如，许多幼儿园这些年都积累了大量由教师们撰写的书面文献，如教师的论文、教学笔记、教学方案或用于教研"说课"的书面文字报告等。没有积累习惯的幼儿园，可能早就已经把其中的"宝贝"也连同大量"水分"一起处理掉了。而习惯于积累的幼儿园也逐渐同前例的情况一样感到了储存空间的压力和"新用途"的困惑。其解决办法与前例类似，一是用抽取精华的方式浓缩，一是用现代技术进行缩微,关键的问题是最终储存时的分类和建立的查找的路径是否方便日后的专业研究。

6. 教研成果的诊断与咨询

对教研成果的诊断与咨询一般应从以下几个方面加以考虑:

(1)教研的实际成果与预期成果是否一致

前面我们已经介绍过,由于教研的目标有不同的类型,所以对教研的实际成果是否与预期成果相一致也应该采取不同的态度。如果是属于解决问题的教研,当然最终的成果应该是先前存在的问题即自己不希望存在的状况得以消解或不良状况的程度得以减轻。如果是属于探索原因在先,解决问题在后的教研,当然最终成果应该是找出比较关键的原因并解决问题。在这两类的教研中,我们希望的成果至少应该与最终成果相一致,如果不一致,就应该继续深入研究。

但是目前经常会出现这样一些情况,我们幼教圈子里的人自己自嘲为:一研究就成功,一推广就失败。具体说就是,许多教师做了一些教学改革的尝试,事实上这也是一种研究,至于这种研究能够解决什么问题,解决问题的机制究竟是什么,从事研究的人员自己往往也不是非常清楚。说是对幼儿发展有更良好的某种影响或普遍影响,那也是主观推测多于客观认证。研究进行一个阶段下来,可能即使许多方面的情况并不像预期的那样,但为了结束一个研究阶段,仍旧自己做了一如研究预期的结论。其实,这样的研究成果对长远地真正推进工作意义不大。

(2)最终实际成果的价值是否真正明确

人们做每一件事情实际上都是在追求某种或某些价值,研究当然也不例外。幼儿教师从事教育教学研究的价值有很多种。我们在这里只集中谈一种,这种价值就是不断提高参与研究的教师本人或教师群体的教育教学质量,以便更好地促进本班或本幼儿园幼儿的健康发展。

第五章　学前教育教科研工作的诊断与咨询

因此,幼儿园教师工作研究的价值考虑首先应该是立足本园本人以及本班幼儿的教育教学问题的解决。在确定研究选题时,就需尽力澄清最终研究成果的价值,并应对确定的价值的实际价值进行进一步的思考和确认。

有不少教师已经开始思考价值确认的必要性,价值问题也成了咨询的问题之一。在这其中,我们首先注意到了这样一类问题,下面请看几个案例:

案例分析:

案例一:

来访者:我正在研究上课时怎样把座位摆放出不同的花样,你认为这种研究有没有价值?

咨询者:你这样做自己觉得有什么价值呢?

来访者:起码这样做有新鲜感呀!

咨询者:你是指谁有新鲜感?

来访者:我自己、看课的人,还有孩子们也会觉得很新鲜!

咨询者:除了可能有新鲜感以外,是否还有其他价值呢? 比如,能够增强师生互动。

案例二:

来访者:我们正在研究怎样为这首乐曲画一个图谱,但是搞了很久,发现很困难,你认为这样搞有价值吗?

咨询者:为什么一定要画图谱呢? 可不可以想其他办法组织教学?

来访者:我们园长说,现在都在搞音乐图谱教学,要么不开课,要开课就要赶潮流。

咨询者:为了让前来观摩的同行觉得你"能够跟得上流行的新潮流",这不应该成为搞教研的主要目的。

案例三:

来访者:我们都已经在研究整合性的教学了,但昨天专家的报告中还是在讲分领域的教学研究,现在的研究热点一会儿这样一会儿那样,我们都被弄糊涂了。到底什么样的研究才是有价值的?

咨询者:你认为做研究是为了什么?

来访者:这个问题好像很复杂,其实我们也从来没有认真想过,反正觉得做研究总是有价值的!

咨询者:现在你们关心和认真思考价值的问题了,这就是一种进步!

从以上案例中我们不难看出:在实际的研究中,价值的盲目和困惑的状态是普遍存在的。因此,在教研工作开始前,认真地澄清自己对最终教研成果价值的看法是很有必要的。当然,一线教师往往也并非完全不思考或不能自己思考价值问题,各级的行政管理部门、教科研指导部门以及理论工作者的某些模糊不清的、甚至本身就值得商榷的导向,往往也是造成这些盲目和困惑的根源之一。

(3)对教研成果的价值是否形成了及时利用的计划

教研成果的价值除了直接体现在现实问题的解决或改善方面以外,还应该体现在参与研究者的个人成长等方面。另外,成果的获得者是否有意识和有能力进一步利用这些成果去发展新的价值,也是成果的价值是否能更充分展现的重要因素。

现在我们回到上面案例三中来访者的那个问题:分领域或者分学科的教育教学研究究竟有什么价值?尽管现实生活和文化科学技术的实践中,研究或解决一个问题所需要的能力往往是由多种学科或领域的知识技能共同构建出来的,但是,在现实中具体地面对某个问题时,如果一些在更多相关学科或领域中都是"高手"的人与那些对相关学科或领域知之甚少甚至一无所知的人相比,哪种人能够更有效地解决问题呢?所以,研究整合教学的对立面不是研究分科或分领域教学,而是在课程或教学中把学习知识技能和学习解决实际问题对立起来。下面再请看几个案例:

第五章　学前教育教科研工作的诊断与咨询

案例分析：

案例一：

来访者：我最近一直在研究幼儿练声的趣味性问题，并且根据趣味性的原则为幼儿创作和选编了一些练声曲。你认为这些成果有推广的价值吗？

咨询者：首先我想请问一下，你认为练声在幼儿园的音乐活动中应该起到的作用是什么？

来访者：练习声乐技能，还有就是让幼儿的嗓音做好歌唱的准备。

咨询者：那么，又为什么要研究练声的趣味性问题呢？

来访者：因为练声曲虽然比较好唱，但同时也比较枯燥，缺乏艺术感染力。

咨询者：那为什么不用歌曲来"开声（作歌唱准备）"呢？

来访者：既然可以唱歌曲，练声环节和练声曲不就没有意义了吗？

咨询者：你知道专业工作者为什么要唱练声曲吗？

来访者：那主要是为了解决特殊的技巧问题。

咨询者：幼儿的歌唱活动中真的有什么特殊的技巧需要用特殊的练声曲来解决吗？现在的这些练声曲又真的能够解决这些技巧问题吗？如果你的一次音乐活动主要教授的是舞蹈或乐器演奏，也一定需要练声吗？

来访者：坚持练一练总是比不练要好一些的！

咨询者：你的看法没错！但我想问的是：为什么不直接唱真正有艺术性的幼儿歌曲呢？如果你创作或选编的作品本身就是一些具有艺术趣味性的短小歌曲，既可以让幼儿在歌唱中享受美好的艺术体验，又可以适当锻炼一些最基本的发音技巧，而且还能够为紧接着练习或学习规模和难度都要稍微大一些的歌曲做好嗓音准备，那当然就是相当有价值的啦！

案例二：

来访者：现在有人在使用一种用图画、故事或舞蹈动作解释音乐的教学设计,你认为这样做会不会扰乱幼儿对音乐家本意的理解和对音乐的纯粹个人感受呢?

咨询者:这里正好有另外两个问题。第一个问题是,音乐学习一定要和其他的学科或领域学习分割开来进行才叫正确的音乐学习吗? 第二个问题是,一个生活在社会历史中的个人,无论是创作音乐的音乐家,还是享受音乐的教师或幼儿,谁的感受能完全离开他人的影响? 谁的感受又可能是一成不变的呢?

来访者:我不太理解你的意思!

咨询者:实际上从音乐学习的角度,你提到的这种设计方法可以被看成是借助其他领域的符号工具帮助幼儿进行音乐的感知和表达。而从其他领域学习的角度,这种方法怎么就不能被看成是借助音乐来激发和锻炼应用其他领域符号工具的灵敏性、有效性呢?

来访者:这第一个问题我好像有点明白了,但我仍觉得每一个教师和幼儿都可以对音乐做出自己的独立解释,设计好的教学方案只能给出一个特定的解释,而且又根本不是音乐家本人的解释,总是有误导的嫌疑。

咨询者:你可能忽略了一点,在一个平等的交流中,无论是谁,总是要有人第一个发言,但这从来就不必然地意味着:因为有了第一个人的发言,后面的人就一定会受到他的误导,相反,后面发言的人更应该能够从前面发言人的意见中得到启发,无论参加交流者是音乐创作者、音乐评论者、音乐教师还是在课堂上学习音乐的学生,也无论这些参加交流的人们是否处在同一个时空中。

来访者:现在我明白了,领域或学科之间本来就不是完全割裂的。某一学科或领域的教研成果也会对其他学科或领域的教学研究和整合性教学研究的进程产生促进作用。另外,我还明白了,民主交流氛围的创造不在于交流中是否有权威的发言,而在于参加交流的人对权威和权威意见的态度。这种教研的认识成果也是可以普遍用于其他工作和生活的情境中的。

第五章　学前教育教科研工作的诊断与咨询

（4）是否有新的教研课题从刚告段落的教研活动中产生出来

是否有新的教研课题从刚告段落的教研活动中产生出来，这是一项教研是否具有可持续发展价值的重要指标。有经验有水平的研究者与新手或生手相比的重要区别之一是更善于不断从刚告段落的教研中发现新的教研课题。所以，教研生手或希望成为更熟练研究者的教研新手都应该锤炼自己这方面的意识和能力，通常可以尝试进行这样的系统网络状的拓展式练习：

比如，有人正在进行一项关于指导幼儿学习在体育活动中如何应用各种口头语言帮助自己正确完成新动作的研究。其实，这个研究者可以从语言在自我指导中的作用出发来考虑：语言的自我指导如何可以应用于所有的领域学习？不同领域的这种教学的共同性和独特性各是什么？对不同年龄或不同潜在特质的幼儿，这种语言的自我指导教学应该如何进行？语言指导如何从出声语言转换成内部语言？你们看，这里已经又涉及多少新的研究课题啦！

再比如，有人刚刚完成了一项关于在数学活动中指导幼儿创编内含应用题的故事的研究，研究的题目叫做数学故事创编教学。仔细想一想，科学故事、音乐故事、美术故事、安全健康故事等是不是都可以纳入他的教研新项目库？

再比如，你发现了不同的提问方式会对幼儿的学习态度和学习行为产生不同的影响，那你是否可以再进一步扩展下去，想一想：提问的目的类型，提问的时间，提问的对象，提问语言的速度，提问语言的逻辑重音或情感重音，提问重复的次数，提问后给幼儿的支持如情感鼓励或线索暗示……还有什么关于提问的课题是可以研究的？如果问题不是提问，而是表扬或者是批评呢？目的类型、时间、对象、语调语速、重复次数……又会有那些课题？如果不是表扬或批评，而是指示或暗示呢？目的类型、时间、对象、语调语速、重复次数……还会有哪些课题？

除了这种网络状的拓展方式以外，还可以增加批判性反向思考的拓展方式。如有人从刚刚完成的研究中发现：教师提高幼儿进行目光交流的频率，能够有效地提高幼儿参与集体学习的积极性。那么你就可以反过来想一想：有没有幼儿会在被频繁注视的情况下反而降低了投入学习的积极性呢？如果有，通常是什么样的幼儿？在什么样的活动中和什么样的特定情境下？教师是用何种具体行为方式去表示关注的？对于不明白自己需要关注而惧怕和逃避关注的幼儿应如何应对？再反过来想，对于过度依赖教师或他人关注的幼儿又该如何应对？同样，如果研究的成果是一种小步距教学设计或者是一种学习的暗示技术，应用这些技术可以成功地帮助幼儿解决知识技能学习困难。你也可以反过来想一想，过度滥用这些技术是否会对一部分幼儿自己克服学习困难的潜力产生阻碍？对具体什么样的幼儿，在何种具体情况下，使用何种频繁程度是合适的？再如，对体育活动的安全控制问题，是不是也可以这样：从教师控制的安全和幼儿自己控制的安全两个对立统一的角度来拓展教研课题呢？

当然，除了上述拓展方式以外，熟练的教研者还可以逐步建立富于自己个性的新课题拓展模式，其关键的问题是首先建立独立进行这方面自我锤炼意识。

最后，还需要再次特别强调的是：学前教育教学研究的实质总体上都属于社会科学研究。科学研究的实质就是努力按照客观真理和客观规律来追求合理的价值。所以，在本节中讨论过的许多问题也都适合于下一节，类似的问题不再重述。在下一节中，将重点讨论如何采用更为严谨的研究程序和研究技术的问题。

第二节 学前教育科研工作的诊断与咨询

（一）学前教育科研工作的实质

学前教育科研工作与教研工作相同的实质是：立足研究和解

第五章　学前教育教科研工作的诊断与咨询

决学前教育实践中的实际问题,并在研究的过程中不断改进教育教学工作的质量,使幼儿与教师共同获得更好的发展。学前科研工作与教研工作之所以被专门区分开来,是因为,科研还另外特别含有寻找教育科学的客观规律、发展建设教育科学理论体系的目的。另外在研究程序与技术方面也需有更严谨的自我要求。

(二)学前教育科研工作的要素及其相互关系

科研与教研从本质上讲都是对教育教学的科学规律进行研究的实践活动。实际上学前教育机构中科研与教研工作的主要差别目前主要还是教师或幼儿园自立的研究课题和向上级申报并接受管理和指导的研究课题之间的差别。因此,学前教育机构中科研工作的主要因素一般应为:科研目标的选择,科研方案的设计,科研组织的建立,科研进程的管理,科研资料的搜集、整理、分析,科研成果鉴定以及成果价值的后继开发等方面。首先,科研目标的选择得当与否、科研组织的结构合理与否、科研方案设计的完善程度都会直接牵涉到科研课题申报的成功与否;其次,科研目标选择的得当与否,科研组织结构的合理与否,也是所有科研活动展开的最根本的基础;再次,科研进程的管理和资料的搜集整理分析等工作的质量,也是获得满意科研成果的重要保障;最后,对科研成果的自我鉴定,不仅涉及科研成果是否能够通过上级主管部门的鉴定和对其进行后继开发利用的效果,更是为未来进一步开展科研工作奠定基础。

(三)学前教育科研工作中的常见问题、一般成因与可能的解决策略

1. 科研目标的诊断与咨询

对科研目标的诊断与咨询一般应从以下几个方面加以考虑:

(1)科研目标的价值

科研目标的价值目前仍是幼儿园一线来访者的主要咨询问题之一。而且,大部分的来访者所关心的价值主要指向社会的认可

程度。如:别人有没有研究过？目前是不是大家关注的研究热点？理论工作者、行业学术团体或管理、教研部门会不会承认其重要性？同行是否会认可？专业媒体是否会接纳？……

其实,一线幼儿教师从事教育科研的价值是多方面的。如果了解了价值追求的多种可能性,就可以为自己设立更为合适的价值追求目标。

一般来讲,幼儿教育工作者从事教育教学的科学研究,可能获得以下方面的重要价值:其一,对个人的价值。持续从事研究可以不断提高个人进行职业研究和生活研究的兴趣和能力,进而不断提高个人的职业水平和生活质量。其二,对所教幼儿的价值。人们不难想像,通过研究实践成长起来的优秀教师的个人魅力和个人教育经验对幼儿健康成长的重要性。人们也不难理解,通过教育科研产生出来的教育规律和教育技术对幼儿正常发展的重要性。当教师在教育教学过程中遇到困难时,幼儿必然与教师共同陷在问题的沼泽里,当科研解决或改善了教师的困境时,幼儿也必然与教师共同获得了发展。其三,对所在、所属、所影响范围内工作推进的价值。这个问题也不难理解:只要这项科研成果真正符合客观规律,起码在研究者的影响可以辐射到的范围内,便可以有更多的教师和幼儿直接分享到成果所带来的好处。最后,对他人研究的启发价值和对本学科以及相关学科理论的完善和发展价值。

对于最广大的一线幼儿教师来说,第一种价值的追求虽然是个人追求的最高境界,但每一个人都是完全可能凭着主观意志去孜孜不倦地努力追求的。第二种价值是本职工作职责范围内的价值,无论从个人生存、职业道德,还是从职业幸福感获取的角度,都是每一个人应该而且必须追求的。对于第三和第四方面的价值,只要你坚持不断地实现了第一、第二方面的价值,后面的价值常常是"水到渠成"的。

(2)科研课题的来源

第五章 学前教育教科研工作的诊断与咨询

科研课题的来源也常常是来访者特别关注的问题。以下四个选题的思路也许可以供一线教师在科研选题实践中参考：

其一，从与自己平日工作关系最密切的问题、自己认为最需要解决的问题入手。在这以下还可以再分类进行考虑：从教师自身的问题出发进行考虑，如教师职业焦虑或职业幸福感的研究；教师的空间移动策略或体态语言策略的研究；等等。从幼儿学习或发展的问题出发进行考虑，如三岁入园幼儿的过度家庭依恋感的研究；正确坐姿在集体学习中对注意力保持的影响的研究；等等。从家庭、社区生活的问题出发进行考虑，如单独睡眠的起始年龄对幼儿独立性发展的影响研究；社区建筑建构中的公共交往场地对幼儿社交能力发展的影响研究；等等。从教学方法策略有效性方面的问题出发进行考虑，如教师范唱合理遍数的研究；体育活动中空间方位辨别教学策略的研究；等等。从教育投入的经济效益问题出发进行考虑，如电教设备的应用的合理性研究；墙壁装饰的经济投入与教育价值挖掘的研究；等等。另有从管理问题、课程问题出发进行的考虑。

其二，从本行业的研究热点问题入手。在这以下还可以再分成三大类进行考虑：首先是个人工作的矛盾焦点问题，这方面的问题自己应该比较清楚。其次是学术圈内的热点论题或学科交叉点上的问题，这些问题的产生可以从教育专业杂志、网站和理论著作中获得启发。再次是社会的关注焦点问题，这些问题的产生可以从各级政府的教育科研管理指南等文件中得到启发，也可以从政府传媒和大众传媒的社会热点问题报道、讨论的栏目中得到启发。

其三，从满足各种不同需要的角度入手。社会重大问题，主要满足社会当前需要的问题，如：预防犯罪低龄化的问题；历史性或称永恒性问题，主要满足教育理想追求的需要，如：生态性和谐的人格养成问题；学科或称学术性问题，主要满足教育包括学前教育、儿童发展等相关学科发展需要的问题，如课程与教学的理论与实践研究，或教育本质、价值的思辨研究等；实践问题，满足解决实践困难需要的问题，如户外大型体育器械危险根源及防范研究，等等。

其四，从研究的目的类型与方法类型的角度入手。如"了解现状的研究"，比较多地使用各种各样的调查研究的方法；再如"改变现状的研究"，比较多地直接采取行动，尝试解决问题；再如"澄清规律的研究"，比较多地使用各种类似于自然科学试验的方法；另外还有可能进行"认识历史的研究"和"论证价值的研究"，相应的专门性研究又被称为"历史的方法"和"哲学的方法"等。

了解到这些寻找科研课题的思路以后，就可以在有选题需要时加以利用。但作为在幼儿园工作的一线教师来说，更多的课题还是应该主要来自教育教学实践中的困难和困惑。从这个方向产生出来的科研课题才是最实际可行的和最有实践推进价值的课题。

(3) 科研课题研究目标的合理性

学习过教育科学研究方法课程的一般教师，往往可能由于对方法严谨性要求和结果的可推展性价值的误解而选择不大合理或自己不大可能完成的研究课题目标。如许多教师比较偏爱选择试验研究，一提到研究就想设立对照组，就想到要对幼儿进行前测、后测，就想到要取得数据来证实自己所做的工作是有效的因而也是科学的。但实际上，这里面经常会出现与合理性、可行性相对立的情况。

例如，一位教师想要进行促进幼儿积极有效发展的一项教育改革试验研究，具体内容可能涉及创造性、自主性、审美敏感性或其他某种良好品质的培养。在明明知道某种新教育行为或教学技术对幼儿发展有利，但为了最终通过两组幼儿测验分数差异来证明新方法新技术的优势，而在相当长的一段时间里（没有足够的时间不能产生有统计推断意义的差异），要求对照组的教师尽量避免对幼儿进行相应的教育，这对对照组幼儿来说是不公平的。而且在现在，一般幼儿园园长、教师和家长，也能够意识到这其中

第五章 学前教育教科研工作的诊断与咨询

的不合理性,也是不会同意设立这样的对照组的。

再如,一个幼儿园特别在课程中增加了音乐、美术、体育或创造发明的知识技能教学,并为此从社会上专门聘请了有关专家定期来园进行教学或教学指导。而该项投入了大量额外时间和人力、物力、财力的"研究",只是想要证明:本园幼儿在进行额外训练的特定方面,要比其他没有开设这种课程的幼儿园的同龄幼儿发展得好。这种自己教什么就和别人比什么的所谓研究,研究目标的合理性显然是值得怀疑的。这也就是前面已经提到过的那种"一实验就成功"的研究范例。

上面所述的问题,其根源主要在于对所谓科研成果的普适性或真理性的盲目追求。幼儿园教师一般应该主要选择解决问题性的研究课题。如果希望进行实验研究的实践,这里必须要满足以下几个条件:第一,研究的问题要尽量具体、明确、单纯。如:围着教师自由地坐在地上和围着教师坐在摆成半圆形的椅子上,哪种状态能使幼儿注意倾听的时间维持得更长。第二,研究所花时间精力少,结果容易被反复证实。如:使用标记物与不使用标记物对掌握舞蹈动作方向效率的影响。第三,尽可能避免教育的不公平。如:复述任务与不复述任务对完成任务的质量的影响。第四,无关的干扰因素能够由研究者比较容易地控制住。如:在研究者自己所在的班级内设实验组和控制组……而创造性、自主性、审美敏感性或其他某种良好品质培养的研究,则可能更适合采用探索性实践和经验总结等更接近于教研的方式来进行。

2. 科研方案的诊断与咨询

对科研方案的诊断与咨询一般应从以下几个方面加以考虑:

(1) 文献检索

文献检索的目的就是为了能够集思广益,就是为了能够"站在巨人的肩膀上"。如果你想要真正做好一个研究并在做研究的过程中使自己的科研能力得到更好的锻炼,就必须认认真真、踏踏实实地经历每一个基本的研究步骤。对待文献检索的工作也不能例外。在这个问题上，来访者的问题通常集中在以下几个方面：

其一，没有认识到文献研究的重要性，就随便凭"主观印象"把所谓当时的研究现状大致描述一下，就算是代替文献研究综述了。

其二，虽然查阅了一些能够找到的发表在专业杂志上的文章，但只是综述了本领域内直接有关的研究和与自己观点相同或相似的意见，不太会注意采集相关领域的间接有关的研究和与自己的观点不同或相反的意见。

其三，一般教师阅读理论著作有一定的困难，即使从中采集了一些信息，直接转引的情况较多，而分析特别是比较分析和批判分析的情况较少。

针对上述第一种情况，主要解决的是态度问题，这里无需专论。针对第二种情况，只需在认识上解决问题，在搜索和阅读文献时注意扩大眼界，努力提高对相关研究和相反意见的敏感性，获得对科研的支持性信息的能力也就会越来越强。第三种问题的解决要稍许困难一些，因为在一般情况下，理解理论著作并进行各种观念间的比较分析和批判分析是需要相当的理论思考能力的。真正有意愿解决这类问题的幼儿教师，可以向能够解决这类问题的人员求教，在"高手"的帮助下亲历解决这类问题的过程。随着经验的逐步积累，相关的能力也自然就会逐步提高了。

由此可见，解决上述问题主要还是靠自己的主观能动性。这里有一个小小的工作窍门也是可以尝试的。在确定了大致的课题范围或明确的课题后，以确定要研究的问题为中心画一张相关问题网络图，大致澄清与自己研究的问题相关的研究领域可能会有哪些。有了这样的准备，搜索和阅读文献时就可能具有更高的敏感性了。

顺便再提一点：在选题之前先画网络图，再按照网络图的线索进行思考和查阅文献，也是选择科研方向或科研题目的好思路。

第五章 学前教育教科研工作的诊断与咨询

(2)理论依据

一般情况下,幼儿园教师所做研究的理论依据大都来自他人特别是理论工作者的研究结论,而且新研究也大多是"证实"型的。但实际上,新研究也可能成为"证伪"型、"完善"型或"超越"型的。但无论怎样,具有寻找和确立理论依据的科研工作环节,总会使研究者的理论思维能力更上一个台阶,也必然会使研究本身的理论质量更上一个台阶。在这里,来访者的问题往往集中在以下几个方面:

其一,目前许多幼儿园选择了课程研究,或突出某方面素质教育实验研究等课题,由于这类课题过于庞大,涉及的问题也过于复杂,想要寻找一个比较贴切的理论依据比较困难。于是就随便搜罗了一些著名教育家或其他名人的著名论点,一一排列,至于这些理论之间是什么关系,这些理论与自己所研究的问题又是什么关系,阐述得就不够清楚了。解决此类问题的可能策略之一是,首先建立自己的观点,然后澄清这些名人理论各自可以从哪个角度支持你的观点。这一策略可以避免理论堆砌感,也可以突出你自己作为一个研究者的独立性。

其二,许多理论依据阐述只讨论了价值的问题。如,一个培养创造素质的课程研究,就会在理论依据阐述部分堆积许多关于创造力培养重要性的"名人名言";一个增进幼儿心理健康的教育实验研究,就会在理论依据阐述部分堆积许多关于心理健康教育重要性的"专家语录"。因此,大多数这类研究的理论依据阐述都呈现出重复堆积价值说教的空泛无力的状态。而我们从事研究最重要的着眼点,却是培养所需品质的规律问题。解决此类问题的可能策略之一是:补充寻找他人具体的相关科研报告,将培育具体品质的规律特别是心理学规律澄清出来,如:创造性的品质究竟有哪些不同类型,各种类型的具体表现是怎样的,影响创造力发挥的阻力有哪些,如何消除这些方面力量的作用,培育创造力的规律甚至是具体技术有哪些……总之,在寻找、采集理论依据时,应注意寻找"下位"即具体的理论,如研究语言问题可以找语言学或语言心理学的理论,研究社会行为问题可以找社会学或者社会心理学的理论,研究体育问题可以找体育文化学、体育生理学、体育心理学、体育教学心理、体育社会心理学……

其三,有些理论依据阐述在采集他人理论时没有注意原阐述的完整观点,说白了就是只按自己的需要录用。这样往往容易割裂他人理论的完整性,甚至误读他人理论的原义,导致你自己研究的失误。如前述关于创造教育的课题,有许多教师都曾做过,而且也有许多教师都在理论依据阐述的部分引用了爱因斯坦关于科学创造的理论观点。这一著名的观点可以分成两个部分,前一个部分说科学想像力的重要性,后一个部分说科学道德立场的重要性。但几乎在绝大多数研究报告的理论依据阐述中,后面一部分都被删掉了。因此,科学家都是最有道德的人,其科学研究却被用来造福人类的"童话",使其肆无忌惮地误导了整个创造教育研究的思路,并造成了现时代幼儿园创造教育的偏失状态。

(3)方案与目标的一致性

方案与目标的一致性,这个问题看似不成问题,但在科研实践中却也是需要仔细考察的。

例如,一位来访者提供了一个已经拟好的科研方案,其研究目标是想考察幼儿园游戏对幼儿生长发育的影响。具体方案是在幼儿园一日活动中增加游戏的时间,经过一段时间后,通过测量幼儿的身高、体重、血色素,最终获得游戏与幼儿生长发育之间关系的有关数量化的信息。但是,由于在同一时间段内影响幼儿生长发育的因素很多,不仅有幼儿园的影响,而且也有家庭的影响;不仅有游戏的影响,而且也有其他活动的影响;不仅有活动方式的影响,而且还有教师所选教育内容和教师的教养方式的影响。作为一个研究者,如果不能把这些影响幼儿生长发育过程的综合因素

第五章 学前教育教科研工作的诊断与咨询

分开来考察的话,这样一个方案是无法获得预先想要得到的结果的,这是一种方案与目标不一致的情况。解决这个问题的可能途径是使用有对照组的实验研究,但我们在前面已经谈到过,含有对照组的实验研究同样有许多因素难以得到有效的控制。其他可能对幼儿生长发育产生重要影响的因素不能有效地得到控制,研究的结论是没有任何实际意义的。

再如,一位教师选定的课题是"大班幼儿合作能力发展水平的研究"。其研究的拟定方案是使用观察法,在特定的游戏时间内观察记录本园大班幼儿的行为,然后对收集到的资料进行分析概括。但是,由于目前尚没有得到我国国内普遍认可的幼儿园大班幼儿合作能力发展水平测量的"常模"及其测量工具,这位研究者也没有得到哪怕是其他人做过的类似研究的相应资料。因此,其研究结果充其量也只能是从他自己的角度比较细致地了解了本园或本班幼儿在相关方面发展的现状。所以,如果不能找到可进行对比分析的资料,该研究的目标改成"本园大班幼儿合作能力发展现状研究"可能更为合适。

(4) 方案的可操作性、可完成性

对于缺乏科研经验的人员来说,科研方案的可操作性、可完成性往往也是一个比较大的问题。在这里所说的可完成性,是针对具体研究者和具体的方案来谈的。所谓的问题解决策略,也是针对具体的研究者和具体的方案来谈的。

例如,一位幼儿园教师注意到自己幼儿园的体育活动场地和器械没有能够被充分利用,因此很想进一步了解在自己幼儿园所在的那个地区,这种情况是否具有普遍性,而造成这种情况的管理者方面的因素又是什么。从这个科研课题本身来说,应该还是具有一定的合理性的。如果是作为当地教育行政部门或教研部门的负责人员来进行这项研究,可能就更为合理一些,而且也比较顺理成章。而作为一位普通的幼儿园教师,获得各有关方面的支持就可能非常困难,无法收集资料,也就无法进行研究。

再如,一位幼儿教师想要了解自己所在幼儿园中各种不同层次教师在撰写教育活动目标时是否存在过于空泛的表述,或是否存在忽视全面发展的情况,或是否存在目标主体混乱的现象。然后在了解了存在问题的基础上,提出改进的意见。这本身虽是一个非常不错的科研选题。可是,如果得不到园长的支持和同事的理解,那么要想查阅同事的备课笔记,或对同事进行访谈,或向同事发放调查问卷等都会存在一定的困难。

上面所述的问题,其根源主要在于没有充分认识自己的条件和责任。对于运动场地和器械没有被充分利用的问题,更合理的目标可能应该是经过充分的思考和设计,向自己幼儿园的领导提出自己的合理化建议,争取在园领导的支持下,不断尝试,不断完善设计,使得场地和设备的利用日趋合理。在适当的条件下,再通过媒体或地区性的学术交流活动将已经过不断完善的相关方案提供给同行分享。而对于园内教师教育活动目标撰写存在问题的研究,在争取园长和业务骨干支持的前提下,利用园内教研活动和业务学习活动组织同事共同研讨,可能会更有利于现状的了解和改善。

从上面的分析中我们不难看出:科研目标和方法的选择是为解决现实问题服务的。科学研究讲究的就是合理性、可行性和实事求是。为科研而科研,为方法而方法,抓住书本的科研教条而不问到底怎样才能更有效地推进实际工作的开展,实在是一种本末倒置的作为。

3. 科研组织的诊断与咨询

对科研组织的诊断与咨询一般应从以下几个方面加以考虑:

(1) 人员能力结构的合理性

目前幼儿园开展科研工作一般知道选取能力强、有经验的教师来组织科研班子。由于幼儿园的科研选题大多数是指向教育教学问题的,教学能力强、有经验的教师进行这方面的科研当然是很

第五章　学前教育教科研工作的诊断与咨询

必要的。但是这样也存在着一些问题：

首先，有些教师教学应变能力和与幼儿互动能力的确比较强，但却不大善于理论思考和总结经验。但也有一些教师相比之下更善于看书、思考和使用书面语言进行表述，却不大善于在教育现场与幼儿互动。如果在组织科研班子的时候能注意把这样两种力量结合起来，那么定能更好地发挥不同教师的作用。

其次，刚刚参加工作的年轻教师，以及虽然也很努力但教学、科研两方面的能力都比较一般的老教师，在相当一部分幼儿园里往往得不到参与科研工作的机会。实际上，机会和发展水平是相互联系的，一直没有机会就一直得不到锻炼，这样，不仅能力发展方面会造成恶性循环，而且参与幼儿园工作、成为幼儿园的主人翁的态度发展也会造成恶性循环。其实，科研工作应该是可以分成许多不同方面和不同层次的。有人把握大方向，有人整体协调人员和资源使用，有人收集文献，有人研究文献，有人研究教学实践，有人负责文字工作。研讨某些问题可以这些人参加，研讨那些问题时可以那些人参加……只要合理安排，大家各得其所，避免"忙的人忙死，闲的人闲死"，不但能把大家的积极性都调动起来，增强幼儿园职工队伍的凝聚力，而且能通过科研实践把每一个人的能力都从原有水平提高到一个新水平上。

（2）人员组织分工的合理性

幼儿园应该根据自己平时工作中人际分工协调的实际情况分配任务。有时候，自由组合起来的科研班子也能很协调地开展工作，其重要的原因是这个班子中的每一个人都可能更有意识尽最大努力与其他人配合好。所以，由幼儿园领导组织的科研班子也需要想办法不断建设这种人人主动增进协调的氛围。

例如，一个幼儿园申请到了一个上级下达的科研项目，刚刚从教师中提拔出来的业务园长理所当然地承担起了管理这项工作的任务。但是，由于这所幼儿园原先只有两位园长，主管园长一直分管外部协调和后勤管理工作,副园长一直主要分管教学业务和教研工作,新的副园长上任以后,分工的问题一直没有重新明确,与上级科研主管部门之间的沟通工作仍是原先分管的这位老的园长去做,与年级组、班组教研骨干和教师之间的沟通工作也仍是原先分管业务的副园长去做,这样这位新的副园长实际上就被"架空"了。经过咨询以后,园领导班子认真进行了明确分工,主管园长负责人员和时间的整体协调;老的副园长负责与上级教科研主管部门的沟通,新的副园长负责全部的文字资料管理和与参研教师之间的沟通。很快,和谐有效的工作机制运行起来了,三位园长的工作关系也调整得更合理了。

(3)人员实际投入的可能性

幼儿园的主要日常工作除了搞好在园幼儿的日常生活管理和教育教学工作以外,还有各种情况的家长工作,各种有上级下达的检查、观摩、交流工作,党、团、工会工作和各种社区的政治文化工作。即使是在上述工作都有良好的组织分工的情况下,进行科研也还需要另外付出人力和时间。所以,经常参与科研的教师都能体会到,进行科研,不但需要有热情和能力,而且也需要有精力和时间。

因此,幼儿园园长、领导班子成员和全体参研教职工都应该有一种"工作全局"的意识。否则就会像缺乏全局观念的棋手,往往因为总是"顾此失彼",而最终"满盘皆输"。下面几种问题可能是比较常见的:

首先,一些规模比较大、"名声"也比较响的幼儿园,"应酬"也往往比较多。特别是经常性的"对外开放",每次都会牵扯许多的人力,花费许多的时间,而实际能够投入到科研上的时间自然也就减少了。

其次,对于比较有名气的园长、骨干教师,问题也是一样。这样,"能干活儿"的科研中坚力量往往就容易"空挂",不可能真正

第五章　学前教育教科研工作的诊断与咨询

投入。

再次,进入婚恋、孕产、哺乳期的教师,一般正好是比较成熟的教研骨干,家庭问题造成的负担,也必然会造成精力的分流,往往不能求全。

最后,年轻教师虽然可能既有精力又有热情,但毕竟欠缺经验,如果没有得力的引导,时间、精力的投入可能会造成相当大的浪费。

在以上诸多问题中,首先应该调整的是主管园长和领导班子的思想观念:即正确对待"应酬"与合理统筹科研与其他所有工作的投入。其次应该努力提高单位科研时间的工作效率,尽可能压缩"耗"的时间。再次应该充分发动群众,让每个参与人员有机会根据自己的情况统筹自己的全部(含科研)工作投入。最后还需要由科研领导班子根据实际投入的可能性来进行工作时间和精力的统一核算。这样,就可能在一定程度上避免盲目的科研投入计划最终总是"流产"的情况的发生。当然,投入计划最终执行结果如何,还是需要科学的"管理"来加以保障的。

4. 科研管理的诊断与咨询

对科研管理的诊断与咨询一般应从以下几个方面加以考虑:

(1)有无具体的管理组织结构

乍一看这似乎是一个根本不可能成为问题的问题。但实际上却是一个普遍存在的问题。现在一般幼儿园似乎都知道怎样在科研计划或申请表格中填写科研管理和分工负责的组织结构。但有不少时候这些结构仅仅只是书面上或口头上的。我们在教研一节本节的"组织诊断"中也曾简单涉及了这一问题。在这里谈论的问题主要是"具体"二字的重要性。

这其中一种常见问题是"不该管的乱管";另一种相对应的问题是"该管的不管"。这两种问题的根源都是组织分工不明确或个人对职责范围不明确而造成的,而且这两种问题又是相互影响的。如果有人越权"乱管",另一些人履行职责的积极性就会受到挫伤,或对职责范围的认识产生混乱,最终造成"该管的不管"。而反过来看,一些人"该管的不管",也会引发另一些高积极性人员的越权"乱管"。我们希望参研人员之间能够合作默契,但是,"没有规矩,不成方圆"的原则仍普遍适用,因为默契是在合作伙伴都能对"规矩、方圆"有较高理解力的基础上形成的。所以,一个性能良好的科研组织结构的培育应该是"亲兄弟明算账"在前,"好兄弟不分彼此"在后。

例如,一个颇具科研实力的幼儿园需要开发一套系列的教学活动,而且已经与出版社协议确定了出版的交稿日期。为此,幼儿园调集了园内所有骨干力量联合攻关。但由于工作班子中的每一个人的业务水平都比较高,负责总协调的业务助理却比较年轻,所以刚开始工作的一段时期内经常在各种工作细节上争论不休,浪费了大量的时间和精力,而且还让大家经常处在"谁也不服谁"的不良气氛中。经咨询后,主管园长宣布由一位年龄较大、威望较高的骨干教师配合业务助理主要负责,并提出由于时间紧迫,所有非原则问题一律不予讨论,而改由个人发表意见,两位总负责人意见一致就"拍板定论"。很快工作就走上正轨,年轻业务助理的工作威信也逐步建立起来了。

(2)有无可执行的管理方案

这个问题与上一个问题是紧密联系的。但现在主要从工作进程的监督调整角度加以讨论。

一般情况下,在进行科研规划的时候都需要预先拟定一个工作进度时间表,把整个科研的各个工作程序分解到每一个具体的时间片断之中。而且,在科研队伍没有养成良好的自我管理习惯之前,每一项工作的负责人和总体工作的负责人都需要建立一个"倒计时"的"闹钟叫醒"时间表,以提醒自己在规定的时刻检查、督促和帮助具体执行研究的人员,以保证相关的工作程序能够按

第五章　学前教育教科研工作的诊断与咨询

时按质地完成任务。如果在前一个工作程序中,由于事先规划的问题或因为临时性的"不可抗拒"的干扰影响了工作的进度,最后完成截止的时间又不能顺延,就应该及时对下面的工作进度进行重新调整,将可能紧缩的时间紧缩起来,或调整其他可以暂时"让路"的工作,以保证科研的进度在总体上能够不被延误。

在这个方面最常见的问题就是"前松后紧"。虽然这种处事方式也算得上是"人之常情",因为,被认为重要和必须马上去做的工作层出不穷,科研结题审查如果还没有感到"火烧眉毛"的紧迫,那么先去做一些更紧要的工作也是无可厚非的。但是,单从"理想的"科研进程管理的角度看,前面如果"松"得过度了,"结题临头"再来"临时抱佛脚",课题研究的质量是无法得到保证的。

解决这一问题实际上应该结合各方面的因素一起来进行统筹考虑。首先,一般尽可能选择和申报比较小型的,在规定期限内可能完成的科研课题;其次,科研组织管理工作应尽可能保证科研的时间投入,并尽可能避免时间的浪费;再次,科研工作时间管理的进程表最好能够设计成"前紧后松"的模式,以便使科研管理人员和具体参研人员时刻都能具有一种适当的紧迫感。

(3) 具体执行的管理是否得力

如果前面的问题都能够比较好地解决,这一问题就可以成为不成问题的问题。在这里可能还需要进一步强调的是:主管园长或主管园长托付科研管理责任的首要负责人的工作热情、人格魅力和严谨、灵活的管理作风,是具体科研管理是否得力的重要影响因素。因此,当出现科研进程不够理想,管理指挥缺乏效率的状况时,管理人员应该首先反省、检查并改进自己的管理作风和管理策略,而不要一味埋怨具体参研的一线教职工。只要管理者获得了"自我归因"的基本指导思想,就可能通过一次次具体科研中的管理实践,不断提高自己的管理水平。

5. 科研资料的诊断与咨询

对科研资料的诊断与咨询一般应从以下几个方面加以考虑：

（1）是否对资料的搜集、整理、分析做出了具体的规划

如上所述，科研的每一步骤都是需要具体规划的，对资料工作也不例外。资料工作一般可以分成两个方面：第一个部分是搜集、整理和分析他人的研究信息，这项工作通常是围绕选题工作进行的。选题前的资料工作是指向启发选题的，选题中的资料工作是指向明确选题的，选题后的资料工作是指向深化完善选题并进一步启发研究方案设计的。第二个部分是搜集、整理和分析自己研究的过程性信息。这项工作通常是围绕科研方案执行过程进行的。不同的研究目标，不同的研究方法，对资料搜集、整理和分析的规划要求也不一样。在检查这方面工作的时候需要注意是否考虑综合使用各种手段收集多种资料，以便在最终分析问题的时候可以互相参照，避免在单一方向进行资料搜集、整理和分析时所极易造成的结论偏差。

（2）收集资料的规划是否合理

资料收集规划也需要从上述两个方面来讨论。在他人资料的收集方面，一般来讲由于工作精力有限，不可能尽全力去收集更全面的相关资料，所以也就更需要使用更俭省的策略来收集那些更重要的资料。所谓"更重要"，也就是与自己研究问题关系"更密切"。比如，你研究的是一种现实性的热点问题，你可以使用"倒查法"，首先集中精力查阅当年的或前一两年的专业杂志，重点收集相同以及不同意见。如果你研究的是观念或方法的变迁，最快捷的方法是查阅涉及出版的国家文件、不同时期教师培训的教科书，以及不同时期的教育学或教学法专著。如果你研究的是学习心理或行为问题，你就可以直接查阅最新出版的研究学习或行为问题的教科书或专著。

在收集自己研究的过程性资料方面，常见的问题可能有以下方面：首先，有一段时间可能过度偏向收集"量化"资料，最终研究

第五章 学前教育教科研工作的诊断与咨询

结果只能从测量分数的各种图表和统计数据上向他人证实教育实验的成就,而在具体的教育互动过程最真实和最容易启发他人思考的许多教育瞬间,却往往损失掉了。因此,也应该注意收集能够辅助证实问题性质、缘由、解决过程、即时思考、问题争论等的"质化"资料,并在资料收集的整体设计规划时,将这类资料的收集一并考虑进去。其次,在进行量化资料收集的时候,由于对资料收集的工具和方案本身的合理性没有能够很好地考察,因此导致资料的准确性问题和最终研究推断的合理性问题。这种问题对于一般幼儿园的一线教师来说,自己独立处理是有一定困难的,必要时应该寻求有关专业研究人员的帮助。再次,目前也有为数不少的幼儿园在做科研,特别是做涉及问题广泛的教育实验的时候,由于无法收集相应的数据资料或收集到的数据资料不符合自己预先的期望,就捏造数据或篡改数据,这样的做法是违反科学研究道德规范的,而且也是没有任何实际意义的。因为真正更懂得教育研究规律的专业人员凭经验就能推断出这样的数据是否有意义;一般幼儿园同行更愿意了解的是"怎样做的",哪些做法会对他们有启发;而对于你自己来说,捏造出或篡改后的数据充其量也只有"自欺欺人"的价值。

(3)已经搜集的资料是否有漏洞

任何时候,关于"漏洞"问题的警惕和思考对锻炼人的聪明才智和批判创新精神都是很有意义的。

在上述他人资料的收集过程中,需要警惕的"漏洞"可能存在于以下几个方面。首先,如果在热点问题讨论中没有收集到"不同的声音",这种资料是不可能全面的。如果实在找不到不同意见,就需要靠你自己,通过研究把问题找出来。如果资料中的观点没有实证研究资料的支持,或者只是含糊其辞地加了一个"有关研究显示",可能需要找出:什么人?做了什么研究?在什么研究条件下?显示了什么结果?原研究者所做的推断是怎样的?另外,如果研究推断的表述或转引他人研究推断的表述使用了绝对肯定或否定的字眼,而且又缺少对研究条件的限定性的说明,将这样的资料直接作为你的理论支持是比较不严肃且比较危险的。再次,在收集名人名言作为论理资料时或收集的他人论理观点中使用了名人名言的,需要认真思考或辨认论理的方式,如果仅仅是简单地用名人名言来表述自己占有真理,而没有用具体客观事实来辨明其真理性,这样的引用是"压服式"的辩论而不是"说服式"的辩论。在现今人们越来越注重独立思考的形式下,只有说理才更有意义。

在上述自己研究的过程性资料收集的问题上,除了前面已经谈到过的测量以及观察的标准、工具等问题以外,使用调查法中的问卷法、访谈法也容易出现一些"漏洞"。如果问卷或访谈调查的对象是幼儿,工具或方法的不合适可能会使幼儿产生困惑或误解,以致最终导致结果的误差。而如果对象是教师、家长或其他成年人,由于调查往往涉及与教育价值有关的敏感问题,被调查者即便很清楚你想了解什么,也往往因种种考虑不会把真实情况告诉你。就算是被调查对象对你的问题没有什么顾虑,往往也会因为各人都有认为更重要的事情要做而拒绝或敷衍你。而且,由于职业知识经验的局限,成人被调查对象也可能会有对问题困惑或误解的情况。所以,选择更多人认为有意义的研究课题;用真诚的态度征取被调查者与你结成研究的"联盟";尽可能在设计和实际使用调查工具时,注意不断改善工具的可理解性和操作的便利性;如果有可能,最好还能够在专业人员的帮助下努力提高问卷或访谈的趣味性,让调研过程变成所有卷入者能够共同享受、共同学习、共同进步的过程。如:

有人在调查教师对科学教育与艺术教育关系处理的态度研究时,对被询问的教师提了这样一个问题:有一首幼儿歌曲中,当小朋友问小树叶离开大树妈妈是否害怕时,小树叶回答:春天我会回

第五章　学前教育教科研工作的诊断与咨询

来,打扮树妈妈!有一位大班幼儿对此向老师提出异议说:小树叶掉到地上就会烂掉,春天不可能再回来打扮树妈妈!如果这位教师是你,你会怎样处理这件事情?调查在各种情况下向许多幼儿教师提出了相同的问题,如果同时被询问的人多就请被调查者用书面的形式回答,然后将概括出来的各种意见通过大会报告的形式反馈给被调查者。如果被询问的人少就采用讨论的方式,各种意见当场就能够相互沟通。最终,调查者不仅了解到了一般幼儿园教师对该问题理解水平、处理倾向的分布情况,被调查者也了解各种理解和处理的意见,对类似问题的思考和教育处理的潜能也都有了一定的提高。其中,"物质不灭定律"这样的问题如何用幼儿能够理解并喜欢的方式与他们进行讨论,是被调查教师最重大的收获!

有人在现代幼儿教师的人生观研究中对被询问的教师提了这样一个问题:在最近的一届环球小姐选美大赛的决赛中,主持人向三名竞争者提出了最后一个问题。这个问题是:一位沉睡了20年的睡美人从睡梦中突然醒来,如果你是见到她的第一个人,你给她的第一个忠告将是什么?三位竞争者的答案分别是,小姐A:别再睡了,睡的时间越长,美丽的自然景观和可爱的动物就消失得越多,你就越不可能再见到它们了!小姐B:你已经浪费了20年的时光,再不努力学习,你就跟不上时代了!小姐C:啊,现在的生活是多么美好,赶快抓紧时间享受生活吧!现在,如果你是评委,你会怎样给这三位小姐排名次?最后,通过讨论,调查者了解到了自己想要了解的情况,被调查的教师们也了解到了:全世界对教育理想的共同追求是,培养能够对自己更能够对人类乃至整个自然环境有责任心的人。教师自己认可什么样的价值观,就会向幼儿传递什么样的价值观。而且,这样一个原本比较敏感、严肃的问题讨论,显然变得比较轻松和富于趣味,让人乐于参与。

(4)是否需要采取资料搜集的补救措施

是否需要采取资料搜集的补救措施,这是研究过程中经常需要意识到的问题。因为,研究往往不可能在教育研究的筹划阶段就将后面将会出现的问题都预料到,而在研究进行过程中新的思考、新的领悟也会不断涌现出来,导致研究者感到需要将原先没有纳入收集规划的资料收集工作纳入进来。

对于他人的资料临时补充,可能会有这样两种情况:一是在研究过程中因特别注意相关信息,在阅读或现场交流活动中发现的新的重要信息,自然将这些信息纳入自己的理论思考和实际应用;二是在研究过程中发现了不能解决的新问题,并了解到可以帮助解决问题相关信息以及去找到相关信息的途径,最终通过找到具体相关信息,并将之纳入自己的理论思考和实际应用。

对于自己预设的研究过程性信息收集规划的及时补充,具体情况比较复杂,我们可以看下面的两个案例:

案例分析:

案例一:

某幼儿园两位带小班的教师协商好一起研究创造性学习对小班幼儿在歌唱活动中参与积极性的影响。实验研究的方案是:教师 A 在每次歌唱活动中安排歌词创编或表演动作创编环节;教师 B 在相同歌曲的教学活动中不安排创编环节。原先拟定的过程性资料收集规划是:两位教师相互观察记录教学过程开始 10 分钟后有消极表现的幼儿人数。10 次教学活动后对收集到的数据进行统计分析。可是,研究计划刚刚开始实施了 3 次,她们自己就发现了问题,即两位教师个性不同,教学风格也不同。教师 A 比较安静文雅,教学风格也比较严肃认真;而教师 B 则比较热情诙谐,教学风格比较轻松活泼也更具有游戏性。经过 3 次相互观察,她们共同感到:教学风格,特别是情绪风格对小班幼儿参与活动积极性的影响似乎要超过创编活动。于是,两位教师决定,按原定方案继续相互观察 2 次,然后教师 A 改用没有创编环节的设计,教师 B

第五章 学前教育教科研工作的诊断与咨询

改用安排了创编环节的设计,再相互观察 5 次。最后两位教师得到的研究结果是:对于小班幼儿来说,教师积极情绪感染的影响似乎要大于活动中有无创编环节,但随着幼儿对创编活动把握能力的提高,创编活动对幼儿参与学习的积极性的影响力也呈现出逐步提高的倾向。

案例二:

某幼儿园有位中年骨干教师组织幼儿进行打击乐器演奏活动的教学效果特别好。为了使她的经验能够传递给更多的年轻教师,幼儿园决定对她的经验进行总结研究。由于这位教师的数学活动也组织得比较好,因此,一开始有人推断说:"可能是她的逻辑思维能力比较强,向幼儿交代学习任务、程序和方法时条理比较清楚。因此,应该请她用自己进行书面总结的方法来收集资料,并结合集体观摩的方式,组织其他青年骨干教师对她组织的打击乐器演奏活动进行观察,重点了解她交代学习任务的语言有什么特殊性。"这位中年教师的书面总结写出来了,但阅读后仍然找不出设计方面的特殊性;对她的教学行为的观察报告也出来了,她交代任务的条理性的确比较强,但其他青年骨干教师认为与自己的任务交代差别不大。于是,幼儿园采用了对比实验的方法,重新收集资料。请另一为青年骨干教师与这为中年骨干教师一起设计并一同执教同一内容的打击乐曲,另外组织其他中青年骨干教师一同观摩,观摩几次后对她们两人执教过程中的不同点进行座谈讨论,两位执教的教师也一起参加讨论并接受大家的提问。最后发现,尽管交代任务的清晰严谨程度是幼儿学习效率的重要保证因素,但在打击乐器演奏这个特定的领域中,指挥的模式往往是更重要的影响因素。在幼儿园阶段,在幼儿还没有能够真正独立掌握节拍和节奏的联系与区别的情况下,指挥打节奏,给幼儿的积极暗示较多,而指挥打拍子,则往往给幼儿的消极干扰较多。再后来,幼儿园组织全体青年教师尝试使用打节奏的指挥法和有条理的任务

— 151 —

交代模式,结果全园教师组织打击乐器演奏活动的条理都获得了有效的提高。从上面两个范例中我们不难看出,书本上介绍的科研方法与模式固然重要,但围绕研究目的灵活运用更为重要。

6. 科研成果的诊断与咨询

对科研成果的诊断与咨询一般应从以下几个方面加以考虑:

(1)科研的实际成果与预期成果是否一致

在讨论教研成果诊断的问题时已经谈过的类似问题就不在这里重复了。这里只补充讨论一个常见问题:在工作模式上更严谨更规范的教育科研设计中,无论是了解关系的调查研究还是探寻规律的实验研究,在研究开始之前都需要预先对研究的结果进行一个推断,推断的模式是:假定某一因素不会对另一因素产生影响。这样的模式规定使用"不会"这样别扭的表述,就是为了提醒研究者要用实事求是的态度来对待最终的研究结果。有影响(或关系)就是有,没有显著影响(或关系)就是没有。所以,受过严格科研训练的研究者是应该明确怎样对待实际研究结果的。但身为幼儿教师的研究者可能会不太习惯这样的思维方式。如果研究家庭教养方式对依赖性的影响,我们习惯于假定它一定有影响;如果研究新的教学方法是否更有效,我们习惯于假定它一定会更有效。因此,在研究设计或过程中的某些尚未弄清的因素最终导致研究结果与我们预想的期望不一致时,我们就会感到不可接受。甚至会发生我们在前面提到过的捏造或篡改研究数据的事情,因为我们坚信自己是一定没错的。按照正统的科研规范,研究者应该回过头来重新反省自己的研究目标、研究假定、研究方法,寻找其中的问题,再重新继续研究。如果暂时不能重新研究,也要把这一次研究的整个过程、结果以及自己能够反省到的问题以报告的形式总结出来,以便有兴趣及可能的其他研究者继续研究。当然,这样做是需要有高尚的科研道德感和社会责任感的。

(2)科研成果的实际价值如何

第五章 学前教育教科研工作的诊断与咨询

其实这是一个很难回答的问题。因为正如我们在科研目标中讨论的一样,研究的价值是多种多样的,就看你用怎样的眼光和能力去获得了。下面请看几个案例。

案例分析：

案例一：

来访者：我做了一个研究,就是按照书上介绍的科达伊体系中的那些教学法教我们幼儿园的小朋友学习识谱。人家说我这个研究没有价值,我想问问,到底有没有价值？

咨询者：为什么来问我？

来访者：因为你是专家。

咨询者：就算我是专家,专家说有价值又有什么意义呢？如果我也说没有价值,你愿意承认我说的是正确的吗？

来访者：当然不,既然我选择了做这个研究,我总是觉得一定有价值。

咨询者：既然你知道有价值,就先说给我听听！

来访者：起码我自己验证了这些方法是挺有效的。

咨询者：是,这当然也是一种价值！

来访者：还有人家说幼儿园不能识谱,我也验证了,只要你教的得法,也是可以教得会的。

咨询者：你尝试过了,对此有了自己新的发现,也是一种价值。但国家没有要求在幼儿园教识谱,和幼儿能不能学会识谱是两回事。

来访者：另外,通过这次研究,我觉得自己对音乐,对音乐教学有了不少新体会,我班的孩子也比别班的孩子更有音乐感。

咨询者：你很认真地努力了,所以这些都是你应得的收获,当然这都是价值！

来访者：但这些价值都是我自己体会到的,我当然还希望能够得到社会和专家的承认。

咨询者：这种社会性的价值承认,你说了不算,我说了也不算！

来访者：那谁说了算？价值这个问题很复杂，它与人们的需要紧密联系在一起。如果你研究出来的东西给别人看了，别人认为这些东西对他的教学或研究有启发，对这些人就有价值，如果有许多人觉得这些成果可以借用，借用的人越多，价值就越大，不是吗？研究成果价值的大小从真正的意义上说，是由借用的人次来决定的。所以，科研价值认可的规范是，其他人研究中转引你的研究成果的次数。

来访者：人家说没价值的理由是这种教学法已经是世界著名教学法，不是我自己研究出来的，所以没价值。

咨询者：验证性的研究有三种价值，一是支持了有关的理论和技术的有用性，二是改善现实实践的意义，三是你个人成长的意义。

来访者：人家还说，幼儿园用不着识谱，教了也没有用。

咨询者：什么东西如果可能让幼儿学会，就都拿到幼儿园来教，这样做当然是有问题的。但如果有一些孩子学习乐器，也需要通过读谱来自学，用快乐而有效的方法帮助他们学一点也很不错嘛！如果是面对大多数孩子，学习一点符号思维的方法也不错。但如果面对全体幼儿，强求每一个人都学到某种程度，就不一定太合理了。也许多花一点时间在直接享受音乐本身的美感方面，对广大幼儿来说可能是更合适的。现在我们谈的是价值问题，我刚才也强调了：价值是由每一个人自己来感受的。所以，这些意见仅供你参考。

案例二：

来访者：我所做的研究是一个个案研究，是关于解决我自己班上一个特殊儿童的问题的。你觉得，除了能够帮助这位儿童和他的家长摆脱困境以外，这样的研究可能具有普遍的意义吗？

咨询者：当然有！你知道为什么有了疑难杂症都更愿意去大医院或专科医院看吗？

来访者：因为大医院和专科医院的医生更善于解决疑难杂症！

第五章 学前教育教科研工作的诊断与咨询

咨询者：你知道为什么那里的医生更善于解决那些一般医院解决不了的问题吗？

来访者：因为去看"怪"病的人多了，这些医生见多识广了呗！

咨询者：问题不是一样吗？特殊问题儿童之所以特殊，是因为他们总体上只在人群中占很小的比例。作为一个幼儿园教师工作一辈子，也不可能遇上太多类似的例子。但是，只要许多幼儿园教师都认真来做为特殊问题儿童矫治个案，大家一起积累起来，不就可以总结出一些共同规律来，不就可以和更多需要这类信息的人分享了吗？

（3）科研成果推广价值是否已经做出了预期推广的规划

从一开始，我们就注意到大家都是非常关心科研成果的推广价值的。可能现在已经有越来越多的人开始注意到美国、日本等发达国家的电影后价值开发的现象。特别是美国，当一部电影还在选题规划阶段时，电影后价值开发的规划也同时开始了。当一部电影刚刚走进电影院时，电影音乐产品、电影形象产品（服饰、玩具、日用品、家居装饰品以及旅游纪念品等），以及建筑设计、庭院设计、室内装潢设计等等相关的商业运作，也往往就同时开始了。美国电影《泰坦尼克号》中的一个小道具——哨子，就为想到要开发其价值的中国留学生在国外赚了一大笔钱。下面我们来看一个科研开发设计的范例：

一位研究者选择了研究幼儿园大班幼儿的集体舞蹈研究性学习中获得的空间能力是否能够影响这些幼儿在其他领域中空间问题的解决。为此，她必须开发一系列研究用的集体舞蹈教材，这些教材必须是有空间教育价值的，有审美品位的并能够吸引幼儿参与学习和研究的；为此她还必须开发一系列引导幼儿进行空间问题的研究性学习的方法和指导幼儿进行集体舞蹈学习的教学方法。与这位教师同时进行集体舞蹈教学科研的还有其他幼儿园的另外一些教师，她们研究有关集体舞蹈教学的其他问题。这些教师组成了一个共同研究的小组并经常在一起研究共同性的课题。而且,在这个关于舞蹈教育教学的课题开始之前,最终成果推广的公开教学观摩,学术讲座,论文撰写发表和教材编写出版等一系列问题都已经初步规划好了。当然,这需要一个有良好协作关系网络,靠一个人来做是不太容易的。

(4)是否有新的科研课题从成果中产生出来

从一开始我们就一直在强调:科研的最高境界之一就是能够有新的科研课题源源不断地产生出来。因此,最后还要再次举例说明可以怎样从老课题遗留的问题中找到新的研究思路。

如一位教师在研究矫正幼儿歌唱走音问题的过程中,发现良好的倾听习惯培养是预防走音的最关键的因素。而另一位教师受到了启发,选择研究究竟需要倾听多少遍范唱才能满足基本准确地唱出新歌曲的要求。在对多个大班、多首歌曲的教学进行了反复实验后,发现五遍是比较理想的遍数,但范唱重复两遍以后,幼儿倾听的积极性就迅速下降了。于是,这位教师又开始了新的研究:用哪些方法可以更长时间地保持幼儿的倾听积极性。接着,又有另外的教师提出可以研究:在中班、小班,教授比较简单、短小的歌曲是否可以使用更少的范唱?还可以研究:如果改善教学方法,是否也可能减少范唱的次数?

从这个范例我们不难看出,做一个有心人是最重要的。如果你有不断钻研的热情,你有不断积累的研究实践,你有毅力不断磨炼对问题的敏感性,你就一定会越做越好!

第六章 幼儿园教师的诊断与咨询

第一节 幼儿园教师角色期待与实际水准差异的诊断与咨询

幼儿园教师的角色期待主要指人们对担任幼儿园教师者应该具有的角色观念、应该体现的角色行为的一般认识。理论上,幼儿园教师的角色期待与其实际水准应保持一致,然而实践中有时两者基本接近,有时两者有些差异,有时则差异较大,差异主要表现在幼儿园教师的角色期待高于其实际水准。幼儿园教师角色期待与实际水准差异的诊断与咨询的基本要求是:

(1)掌握幼儿园教师角色期待的理论依据;
(2)掌握幼儿园教师角色期待的法的依据;
(3)掌握来访者的实际水准;
(4)能够正确分析差异成因;
(5)能够商定解决策略。

(一) 幼儿园教师角色观念的诊断与咨询

角色可理解为个体在社会群体中的身份;观念是指客观事物在人们头脑中的表象。幼儿教师的角色观念是指与幼儿教师身份相适应的儿童观、教育观和教师观。由于幼儿教师所受的教育不同、工作与生活环境的不同等复杂因素的干扰,许多幼儿教师在观念上存在着差异,而角色观念是角色行为的先导,幼儿教师持有的观念将直接决定其在幼儿教育过程中的行为。这里将首先对幼儿教师的角色观念与实际水准差异的表现、成因进行分析,对解决策略进行探讨。

1. 幼儿园教师儿童观的诊断与咨询

(1) 幼儿园教师应该具有怎样的儿童观——角色观念的理论依据或法的依据

儿童观是人们对儿童的根本态度和看法。幼儿教师应该如何对待或看待幼儿呢?从理论上说,幼儿教师应该把握幼儿身心发展的基本特点和客观规律,并以此为出发点形成科学的儿童观。为此,随着脑科学、生态学、儿科学、儿童心理学、预防医学、社会学及学前教育学等众多学科的发展,人们对儿童本质的认识将更加深入。当前,我国幼教理论界已就儿童观达成基本共识,例如,虞永平认为,科学的儿童观至少应包涵以下主要观点:①

① 儿童是稚嫩的个体,身心各方面尚不完善,需要科学地、合理地照顾和保护;

② 儿童是独立的个体,应有主动活动、自由活动和充分活动的机会和权利;

③ 儿童是完整的个体,必须高度重视其在身体、认知、品德、情感、个性等方面的全面发展;

④ 儿童是正在发展中的个体,应遵循其身心发展规律,承认个体差异,充分挖掘其潜能;

⑤ 儿童是天生具有性别属性的个体,应杜绝性别歧视;

⑥ 儿童是成长在一定的自然、社会、文化环境中的个体,应注重给他们提供指向环境的体验、交往、操作、思考的机会。

我国认可和制定的有关法律、法规及其他政策性文件为幼儿教师形成科学的儿童观提供了权威依据。相关条文强调了以下儿

---

① 虞永平编著:《学前教育学》,江苏教育出版社,1996年12月,第35页。

第六章 幼儿园教师的诊断与咨询

童观：

① 儿童的生存必须确保。例如，《儿童权利公约》第6条指出："缔约国确认每个儿童均有固定的生命权"，"缔约国应最大限度地确保儿童的存活与发展"。第24条指出："缔约国确认儿童有权享有可达到的最高标准的健康并享有医疗和康复设施。"

② 儿童的利益应该保护。例如，《儿童权利公约》第3条指出："关于儿童的一切行动，均应以儿童的最大利益为一种首要考虑。"又如，《中华人民共和国未成年人保护法》第4条指出："应保障未成年人的合法权益。"

③ 儿童的人格必须尊重。例如，《中华人民共和国未成年人保护法》第4条、《幼儿园工作规程》第6条等明确指出："应尊重、爱护幼儿，严禁虐待、歧视、体罚和变相体罚。"《幼儿园教育指导纲要》（试行）第10条要求教师"以关怀、接纳、尊重的态度与幼儿交往"。《儿童权利公约》第13条认为："儿童应有自由发表言论的权利。"

④ 儿童的发展需要促进。《幼儿园工作规程》第3条指出："幼儿园的任务是促进幼儿身心和谐发展。"第5条进一步明确了："幼儿园保育和教育的目标是促进幼儿身体正常发育和机能的协调发展，发展幼儿智力，培养幼儿的情感、能力以及活泼开朗的性格。"

⑤ 儿童的个别差异和特殊需要应当兼顾。即使是正常发展的儿童，也存在着一定的个别差异，而一些具有各种发展潜能或不同发展障碍的儿童则有着更为特殊的需要，为此，《幼儿园教育指导纲要》（试行）第10条要求："尊重幼儿在发展水平、能力、经验、学习方式等方面的个体差异，因人施教，努力使每一个幼儿都能获得满足和成功。"《儿童权利公约》第23条则规定："缔约国确认身心有残疾的儿童应能在确保其尊严、促进其自立、有利于其积极参与社会生活的条件下享有充实而适当的生活。"

1990年召开的世界儿童问题首脑会议通过了《儿童生存、保护和发展世界宣言》和《执行九十年代儿童生存、保护和发展世界宣言行动计划》,1991年3月,李鹏总理代表中国政府签署了上述两个文件,这两个文件更为具体地阐述了当代人类应有的对儿童的根本态度。

（2）儿童观的偏差——来访者的实际水准

幼儿园教师无一例外的都具有一定的儿童观,但所持有的儿童观往往并非都以上述理论依据或法的依据为出发点。幼儿教师的以下儿童观需要修正：

① 有的幼儿教师认为,热爱幼儿是应当的,但有的孩子难以令人喜欢。譬如,有的教师喜欢乖巧听话的孩子,不太喜欢调皮插嘴的孩子;有的教师喜欢干净漂亮的孩子,不太喜欢邋遢的孩子;有的教师喜欢聪明敏捷的孩子,不太喜欢反应迟缓的孩子。

② 有的幼儿教师认为,幼儿有聪慧与否之分,有的孩子天生太笨。譬如,有的孩子总是弄不清"2+3"等于几,有的孩子语言表达词不达意,有的孩子绘画时色彩极其单调。

③ 有的幼儿教师认为,不可能真正尊重儿童,否则幼儿就会无法无天。譬如,进餐时如果充分尊重幼儿,有的孩子就有可能不好好吃饭。

④ 有的幼儿教师认为,幼儿年龄小,没有所谓的人格尊严问题。譬如,孩子的情绪转变很快,刚刚才批评过,一会儿就能高兴起来,所以骂两句也没有关系。

（3）角色观念与实际水准差异的一般成因

幼儿教师之所以出现上述种种需要修正、转变的儿童观,主要成因是：

① 不了解、不熟悉或不理解关于如何看待儿童的法律条文,导致对儿童的忽视。有的幼儿教师以为只有上级部门和园长才需要了解国家的文件、政策,而上级领导或教师评价中也没有在这一

第六章 幼儿园教师的诊断与咨询

方面对幼儿教师提出明确要求。有时虽然幼儿教师对有关规定略知一二,但并没有结合教育实践问题作深入思考。比如,有的幼儿教师不理解甚至不清楚《儿童权利公约》中关于保护儿童最大利益的规定。同样,有的幼儿教师对于《中华人民共和国未成年人保护法》中关于保障未成年人的合法权益的规定也无深刻印象。

② 有选择地喜欢孩子,而非无条件地热爱儿童,导致对儿童的偏爱。热爱儿童是幼儿教师的职业要求,因此,幼儿教师爱孩子应当是没有任何附加条件的,倘若幼儿教师因儿童的长相是否漂亮、服饰是否时髦、个人卫生是否良好、反应是否敏捷,甚至有无一定的家庭背景而决定爱或不爱,那么,这种爱只能是一种变异的爱,与幼儿教师的职业道德大相径庭。

③ 对儿童的个体差异及发展不均衡的认识片面,导致对儿童的不公正评价。虽然幼儿教师能够通过群体儿童观察到不同儿童发展的差异性,对同一儿童不同方面的发展的不均衡也有所认识,但他们往往忽视这样一个事实,即习惯于错误地以群体儿童发展的理想标准衡量个体儿童的方方面面,不重视儿童成长的过程。其实,许多孩子在某年龄段某方面发展(譬如中班时对数字不敏感)并不突出,但下一个年龄段(有可能是大班,也有可能到小学低年级)则极可能发展迅速;另外,对于绝大多数儿童而言,发展的速率与水平虽然有较大的差异,但一般都属正常范畴,因此,儿童发展过程中的暂时现象不能成为评价儿童的依据,在幼儿教师的观念中,应该没有"笨孩子",只有每一个孩子的闪光点。

④ 传统文化的消极影响,导致儿童观中的功利思想。中国的传统文化是种族血缘文化,父母将子女视为家庭的荣耀,"家本位"的儿童观对一些幼儿教师也产生了不容忽视的影响,使之演变成"班本位"或"园本位"的儿童观,即将儿童看做是本班或本园的隶属物。因此,为了本班或本园的所谓的荣誉,个别幼儿教师可以训斥甚至责骂孩子。

⑤ 不能正确地把握儿童心理、教育方法选择失误与片面的儿童观互为因果。譬如,有的幼儿教师不能真正理解幼儿之好动心理,以粗暴的手段强迫幼儿保持安静,将幼儿一时的恐惧视为管教见效,并由此进一步认为不能绝对地尊重儿童。

(4)角色观念与实际水准差异的一般解决策略

幼儿教师要改变上述对幼儿的不正确的看法,树立科学的儿童观,则应在以下方面多做努力:

① 尽可能地认识幼儿的本质。通过对教育理论知识的学习和幼儿教育实践的研究,准确把握幼儿的生理特点,充分认识幼儿的生长发育既体现出一致性、规律性的特征,也体现出差异性、复杂性的特征;准确把握幼儿的心理特点,充分认识幼儿的动作、言语、观察、思维、想像、创造能力的发展特征,尤其是幼儿独特的认识特点,譬如,对事物的关注受直接兴趣的驱使,对事物的认识往往停留在感性、具体、形象层面,对事物的解释常常从主观体验出发赋予其灵性。

② 尽可能地理解幼儿的行为。学会从幼儿的角度看待幼儿,接纳幼儿的看法,理解幼儿因活泼好动而表现出的各种行为甚至一些"破坏性行为",譬如,幼儿很容易因为喜欢观察和探索而"有意"破坏物体,力求达到理解幼儿的至高境界——"幼儿的错误也是美丽的"。

③ 尽可能地呵护幼儿的身心。幼儿不同于成人,正处在身心发育阶段,具有独特的发展特点,即:生长发育十分迅速但远未完善,可塑性很强但知识经验匮乏,活动欲望强烈但自我保护意识薄弱,心灵稚嫩纯洁但特别容易遭到伤害,喜欢与同伴交往但缺乏社会学习,为此,只有在教师及其他成人的全心呵护下,幼儿的人格才能得到应有的尊重,幼儿的基本需要才能得到满足。

2.幼儿园教师教育观的诊断与咨询(从保护幼儿的安全到促进幼儿的发展,教育观的片面与全面)

第六章　幼儿园教师的诊断与咨询

（1）幼儿园教师应该具有怎样的教育观——角色观念的理论依据或法的依据

教育观，这里主要指幼儿教育观，是指人们对幼儿教育的根本看法和态度。幼儿教师应该具有怎样的教育观呢？

① 幼儿教育是基础教育的重要组成部分。《幼儿园教育指导纲要》（试行）总则第2条指出："幼儿园教育是基础教育的重要组成部分，是我国学校教育和终身教育的奠基阶段。"幼儿教育为人的一生发展奠定基础。

② 幼儿教育的最终目的是促进每一个幼儿的发展。《幼儿园教育指导纲要》（试行）组织与实施部分第1条指出："幼儿园的教育是为所有在园幼儿的健康成长服务的，要为每一个儿童，包括有特殊需要的儿童提供积极的支持和帮助。"因此，必须尊重幼儿在能力、经验、学习方式等方面的个体差异，因人施教，努力使每一个幼儿都能获得满足和成功。

③ 环境是重要的教育资源，环境也是课程的重要组成部分，良好的环境有利于幼儿的发展。《幼儿园工作规程》第21条要求："创设与教育相适应的良好环境，为幼儿提供活动和表现能力的机会与条件。"《儿童权利公约》第24条指出，要为儿童"提供充足的营养食品和清洁饮水，要考虑到环境污染的危险和风险。"为此，幼儿园的空间、设施、活动材料和常规要求应有利于引发、支持幼儿与周围环境之间积极的相互作用，幼儿教师的态度和管理方式应有助于形成安全、温馨的心理环境，充分利用自然环境和社区的教育资源，扩展幼儿生活和学习的空间。①

④ 幼儿教育的作用是促进幼儿全面和谐的发展，而不是简单地向幼儿灌输现有的知识，《儿童权利公约》第29条认为"最充分地发展儿童的个性、才智和身心能力"是教育儿童的目的之一；

---

① 《幼儿园教育指导纲要》（试行）第三部分第8条。

《中华人民共和国未成年人保护法》第 4 条指出,保护未成年人的工作应当遵循"教育与保护相结合"的原则。为此,幼儿园教育应保教结合,促进幼儿在身心健康、认知、社会性、情感及个性等方面的全面和谐发展。

⑤《幼儿园工作规程》第 21 条指出:幼儿园教育工作的原则之一是"以游戏为基本活动,寓教育于各项活动之中"。第 25 条指出:"游戏是对幼儿进行全面发展教育的重要形式。"因此,幼儿园教育的重要特点是让幼儿在游戏中学习,对学习充满兴趣,在游戏中得到发展。

⑥《幼儿园教育指导纲要》(试行)第四部分指出,教育评价是幼儿园教育工作的重要组成部分,评价的过程是教师发现、分析、研究、解决问题的过程,也是教师自我成长的过程,幼儿的行为表现和发展变化是重要的评价信息,也是改进工作的依据。

(2)教育观的偏差——来访者的实际水准

① 有的幼儿教师认为,幼儿园主要是看护孩子,不要发生意外事故,学习是无关紧要的。

② 有的幼儿教师认为,幼儿园是集体教育机构,与家庭很不一样,要兼顾幼儿的特殊需要几乎是不可能的。

③ 有的幼儿教师认为,幼儿园环境条件的改善有赖于教育经费,普通教师难以在环境创设中真正发挥自己的作用。

④ 有的幼儿教师认为,幼儿只有学习认字、学读拼音、学习算术等才能证明上幼儿园的意义,否则上幼儿园与不上幼儿园的孩子没有差别。

⑤ 有的幼儿教师认为,游戏是游戏,学习是学习,幼儿在规定的游戏时间内可以痛痛快快地玩,而在学习的时间内则应认认真真地学。

⑥ 有的幼儿教师认为,教育评价实际上是上级部门检查园长的工作或是园长检查教师的工作,有时就是带着挑剔的眼光找毛

第六章 幼儿园教师的诊断与咨询

病。

(3) 角色观念与实际水准差异的一般成因

幼儿教师之所以产生以上并非科学、全面的教育观念,主要原因是:

① 对幼儿教育任务的理解片面。仅仅认识到幼儿园要为广大家长解决后顾之忧,保证入园幼儿的安全,没有认识到通过幼儿教育引发和促进幼儿的学习,从而促进幼儿的全面发展。而要引发和促进幼儿的学习,并不意味着只是学习有关的知识,而是包含学习生活、学习做人、学习适应社会等全方位的学习。

② 对幼儿教育应促进每一个幼儿的发展认识不足。没有意识到倘若幼儿教育不能满足幼儿的特殊需求就不能真正促使每一个幼儿在原有水平上的发展。

③ 对环境的理解不够全面。将环境狭隘地理解为物质环境,忽视了对幼儿发展至关重要的精神环境。环境改善与教育经费虽有重要的联系,但并非绝对的因果关系。幼儿教师是幼儿园环境最重要的创设者。

④ 对幼儿园教育的性质及幼儿学习的特点认识不足。忽视了幼儿园教育与小学教育的差异,没有真正理解幼儿在游戏中学习、幼儿的学习离不开游戏、通过游戏使幼儿获得发展等基本特点和规律。

⑤ 对幼儿教育评价的意义认识模糊。将幼儿教育评价片面地理解为对教师工作的检查,忽视了教师自身是教育评价的主体,通过评价教师能够向着专业化发展。

(4) 角色观念与实际水准差异的一般解决策略

① 通过学前教育专业理论学习,进一步认识幼儿教育的本质和规律,明确幼儿教师保教结合的职责,深刻领会幼儿的学习特点,全面兼顾幼儿的学习内容。

② 严格按照《幼儿园工作规程》中对幼儿园班级规模的规定,

即小班 25 人、中班 30 人、大班 35 人、混合班 30 人、学前班不超过 40 人,并尽可能开展小组教学或小组活动,力求为每一个幼儿提供可能的机会。

③ 营建宽松、愉悦的园内或班级氛围,亲近每一个幼儿;有效利用家庭和社区的教育资源,设法为幼儿提供丰富适宜的环境,利用废旧物品自制玩具、教具及其他设备,重视幼儿园空间设计及物质材料使用的整体规划,避免一边抱怨空间狭小、玩具不够,一边却让空间和材料长久闲置而未能资源共享。

④ 开展游戏与幼儿发展、游戏与幼儿园教学、游戏指导策略以及游戏材料开发等方面的研究,不断加深对幼儿游戏特点、作用的认识,提高对幼儿游戏的指导水平。

⑤ 科学而灵活地确立幼儿教育的评价指针、评价方法、评价主体、评价时间,使幼儿教育评价不仅有利于考察幼儿的发展结果,而且有利于考察幼儿的发展过程;不仅有利于促进幼儿的发展,而且有利于教师及时发现问题、找出薄弱环节、分析问题症结、明确努力方向,从而有助于教师的自我成长。

3. 幼儿园教师教师观的诊断与咨询

(1) 幼儿园教师应该具有怎样的教师观——角色观念的理论依据或法的依据

教师观,这里主要指幼儿教师观,是指人们对幼儿教师的根本看法和态度。幼儿教师应该具有怎样的教师观呢?根据《中华人民共和国教师法》,对幼儿教师应该持以下态度:

① 幼儿教师是教育者。幼儿教师与各级各类学校的教师一样,肩负着教育下一代的光荣使命,应当得到全社会的尊重并享受国家为教师规定的一切福利待遇。

② 幼儿教师是人类灵魂的工程师。幼儿教师应当具有职业道德,为人师表,关心和爱护幼儿,尊重幼儿人格,保护幼儿健康。

③ 幼儿教师是幼儿教育的研究者。幼儿教师所从事的职业

第六章 幼儿园教师的诊断与咨询

是需要科学的研究和实践的专门职业,幼儿教师因此有进行教育教学活动、从事科学研究、学术交流的权利,以期不断更新教育观念及专业知识、技能,胜任幼儿教育工作,引导和帮助幼儿获得知识经验,促进幼儿的全面发展。

(2)教师观的偏差——来访者的实际水准

目前,尚存有以下并不科学、全面的教师观:

① 幼儿教师不同于其他教师,有时是"孩子王",带孩子们一起玩;有时又像是警察,维持孩子们的秩序。

② 幼儿教师好比是蜡烛,奉献多而收获小,而且付出的辛劳常常得不到他人的承认。

③ 幼儿教育工作需要的是教师的责任心,而不需要专门的知识技能。

④ 幼儿教师的工作很轻松,只要会唱唱、跳跳、讲讲、画画,谁都能胜任。

(3)角色观念与实际水准差异的一般成因

① 对师生关系的认识片面。"孩子王"虽然与幼儿能融洽相处,但缺乏教师的权威感;"警察"似的幼儿教师会导致师生关系过于紧张,是缺乏亲和力的教师。

② 对幼儿教师职业态度悲观。仅仅看到幼儿教师的辛勤耕耘,没有看到通过辛勤耕耘,幼儿教师能够获得全方位的自我发展,同时也有职业自卑感。

③ 对幼儿教师的专业化认识不足。幼儿教师的工作责任心十分重要,它关系到幼儿的安全和健康,但幼儿教师的专业化水平直接关系到幼儿教育的质量。幼儿教师不断充实自己的专业知识、提高专业技能,进一步做好本职工作也是责任心强的表现,知识技能的欠缺将会阻碍幼儿教师开展教育教学活动,使教师变成幼儿的看护者而非教育者。

④ 对幼儿教师工作的艰巨性缺乏认识。唱歌、跳舞、画画等

是当好幼儿教师的部分基本功,虽然是必要的,但仅靠这些基本功是无法顺利完成促进幼儿全面和谐发展的艰巨任务的,崇高的职业道德、正确的教育观念、科学的教育方法、广博的专业知识等,是当好幼儿教师不可缺少的条件。

(4) 角色观念与实际水准差异的一般解决策略

① 增强对幼儿教师角色的认识是改善幼儿园教师教师观的关键。

② 在幼儿教师这一职业远未达到具有较高的专业地位、经济地位和社会地位之时,幼儿教师热爱本职工作,愿意为幼儿教育贡献聪明才智就显得尤为重要。幼儿教师的工作既是脑力劳动,又是体力劳动,其工作成就不能立竿见影,幼儿教师的社会贡献和劳动价值,并非人人都可以充分理解①,幼儿教师应能正视工作的长期性和复杂性。

③ 幼儿教师与幼儿的良好关系不仅与教育教学的顺利进行有关,而且通过教师对幼儿的爱折射出幼儿对他人的爱。

④ 幼儿教师实施的虽是启蒙教育,但由于幼儿对世界万物充满好奇,因此只有知识渊博、技能全面的教师才能充分满足幼儿的求知欲,发展幼儿的兴趣和爱好。幼儿教师应通过自学、参与教育研究等多种途径积极提高自身的专业化水平。

案例分析:

来访者:师生关系融洽的班级,幼儿虽然活泼,但往往缺乏耐心,浮躁,而师生关系一般的班级,孩子常规好、守规矩,但创造力略有欠缺。如何看待这一对矛盾?

咨询者:来访者揭示了幼儿园教育中的一种常见现象,更说明了师生关系对幼儿个性、智力、日常行为等方面的显著影响。对于

---

① 王斌华著:《发展性教师评价制度》,华东师范大学出版社,1998年10月,第49页。

第六章 幼儿园教师的诊断与咨询

如何看待这一矛盾,我认为应注意这样几点:

首先,师生关系反映了教育过程中教师与幼儿相互作用的方式,一定的师生关系也导致了幼儿的特定行为。1939年在勒温的指导下,由李皮特和怀特进行了关于师生相互作用的经典实验,其研究表明,教师的领导方式是课堂气氛及师生相互作用模式的重要因素。死板的安排、威胁和专制主义的控制,隔断了学生与学生之间的联系,造成学生的紧张、神经过敏和互相攻击。学会处理人与人之间的关系是学习的重要组成部分,没有良好的生活经验,学习就不可能有效地进行。根据实验,研究者认为,民主型的师生关系比起专断型和放任型的师生关系更有利于促进学生的发展。因此,幼儿教师应当确信良好融洽的师生关系对幼儿发展具有积极意义。

其次,热爱幼儿是幼儿教师的职业要求,但真正的爱与严格要求是紧密相连的。既不能一味迁就幼儿、冲淡教师的教育者身份,忽视教师的主导作用,对幼儿存在的明显问题(如缺乏耐心)不予重视,也不能为保持和提高教师的角色权威而凌驾于幼儿之上,使幼儿事事服从甚至压抑个性。

再次,融洽的师生关系是开展幼儿教育的良好开端,至于一些幼儿表现出的缺乏耐心甚至浮躁的现象,教师应作具体分析,观察这一现象出现的时机、情境,分析这一现象与特定活动内容及教师的组织策略有无内在联系。

最后,良好的班级常规体现了班级管理的科学有序,并不意味着幼儿害怕教师,幼儿常规好与创造力欠缺亦非因果,但若幼儿因为畏惧老师而"听话",则不仅会妨碍幼儿创造力的发挥,而且将妨碍幼儿的身心健康和全面发展。

来访者:您讲的这四点给了我很大的启发,但还有点抽象,您能否给我举个例子?

咨询者:记得幼儿园教师熟悉的杂志《幼儿教育》(2001年1

月,杭州)曾进行点题征文,其中一个主题或许能启发我们如何既尊重幼儿个性又维护班级常规。那个有意义的主题来源于午餐前老师的提问:

老师:老师给大家讲个故事好不好?

多数幼儿:好!

一个幼儿:不好!(几个幼儿随声附和)

当时许多幼教工作者针对孩子说"不好"发表了自己的观点,这里您也先谈谈自己的做法或看法?

来访者:孩子有时是会说"不好"的,从您今天的讲话得到启发,我觉得教师可以让说不好的孩子做自己喜欢的事,但要求是不影响别人。不过,不怕您笑话,我常常会装做没听见,对说"不好"置之不理,您知道,一个"不好"能惹出不少事来。

咨询者:很高兴您有了新的想法。除了您提到的这种做法值得肯定外,其他还有几种做法也是可行的:

——举手表决,少数服从多数;

——及时了解说"不"的真正原因,师幼及时沟通;

——鼓励幼儿尝试着参与活动。

但下面这些做法是不可取的:

——对孩子说"不好"置之不理,甚至予以严厉的眼色;

——强迫说"不"的孩子听故事;

——对说"不"的孩子严加训斥,杀鸡吓猴;

——无原则地迁就幼儿。

(二)幼儿园教师角色行为的诊断与咨询

角色行为,这里是指与幼儿教师身份相适应的日常行为,这里主要讨论幼儿教师的日常教育行为、教学行为及交往行为。随着学前教育改革的深入,教育观念的更新,幼儿园教师掌握的相关知识和技能不再是以知识形态呈现,而是以行为方式呈现。教师的角色行为直接影响着教育过程的性质和教学结果的质量。美国人

第六章　幼儿园教师的诊断与咨询

本主义教育家罗杰斯在对传统教育进行深刻批判的基础上,对教师提出的新要求是:教师必须是促进学生自主学习的"促进者",而非传统的只注重"教"的"教师"。①《幼儿教育指导纲要》则明确要求广大幼儿教师成为幼儿学习活动的"支持者、合作者和引导者",那么在幼儿教育实践中,教师表现出的哪些行为符合上述要求?哪些行为又与上述要求相悖呢?在此将对幼儿教师的角色行为进行诊断和咨询。

1. 幼儿园教师日常教育行为的诊断与咨询

(1)幼儿园教师应该具有怎样的日常教育行为——角色行为的理论依据或法的依据

幼儿教师的角色行为应当与其岗位职责相适应并有助于职责的落实,《幼儿园工作规程》对幼儿教师的职责要求是:

① 观察了解幼儿,依据国家规定的幼儿园课程标准,结合本班幼儿的具体情况,制定和执行教育工作计划,完成教育任务;

② 严格执行幼儿园安全、卫生保健制度,指导并配合保育员管理本班幼儿生活并做好卫生保健工作;

③ 与家长保持经常联系,了解幼儿家庭的教育环境,商讨符合幼儿特点的教育措施,共同配合完成教育任务;

④ 参加业务学习和幼儿教育研究活动;

⑤ 定期向园长汇报,接受其检查和指导。

《幼儿园教育指导纲要》对幼儿教师的日常教育行为提出了更为具体的要求:②

① 教师直接指导的活动与间接指导的活动相结合,保证幼儿每天有适当的自主选择和自由活动时间。

---

① 新课程实施过程中培训问题研究课题组编写:《新课程与教师角色转变》,教育科学出版社,2001年9月,第102页。

② 《幼儿园教育指导纲要》(试行)第三部分第9、10条。

② 建立良好的常规，避免不必要的管理行为，逐步引导幼儿学习自我管理。

③ 善于发现幼儿感兴趣的事物、游戏和偶发事件中所隐含的教育价值，把握时机，积极引导。

④ 教师的言行举止应成为幼儿学习的良好榜样。

幼儿教师应当以科学、正确的教育观念为指导，在幼儿一日生活的组织与实施中，充分体现符合规程与纲要要求的日常教育行为。

（2）幼儿园教师日常教育行为中的偏差——来访者的实际水准

① 幼儿在园一日的活动内容完全由教师安排好，幼儿很少有或几乎没有自由选择的时间和机会。

② 当幼儿在游戏中为游戏角色或游戏材料发生争执时，教师立刻做出决定，帮助他们安排。

③ 当孩子向老师并不流畅地讲述其感兴趣的事情时，有的教师没有听完就把孩子打发走了。

④ 有的教师一天中很少有机会与幼儿个别交谈，对一些各方面表现都不十分突出的幼儿的情况知之甚少。

⑤ 班级的环境基本由教师创设，有时也让幼儿参与，一学期变化1~2次，根据墙面可利用的情况，墙面的布置有一部分在成人的视线内，有一部分在幼儿的视线内。

⑥ 有的教师只在集体教学时讲普通话，平时则讲方言。

⑦ 有时教师虽然既没有打孩子，也没有骂孩子，但却对孩子表现出皱眉、斜视、用手敲打桌子等非言语传意行为。

（3）角色行为与实际水准差异的一般成因

① 幼儿园一日生活需做到动静交替、劳逸结合，故主要的活动环节由幼儿园或教师统一安排，这也是集体教育机构的基本特点，但由于幼儿人数多、活动场地小、活动材料缺乏以及成人认为

第六章 幼儿园教师的诊断与咨询

幼儿不会合理安排等众多原因,许多幼儿园的孩子一天的活动内容、活动方式等完全由教师控制,幼儿没有自由选择的机会,无论是否有兴趣都必须听从老师的分配。

② 幼儿与同伴交往过程中,不可避免地会出现争执,但由于担心幼儿由争执变为吵架从而影响班级常规,或认为争执双方最后还是要教师裁决避免浪费时间等,有的教师便急于解决问题,使幼儿失去自己处理纠纷、提高与同伴相处能力的机会。

③ 尊重幼儿是观念问题,更是行为问题,不能耐心倾听幼儿的叙说(有时还是结结巴巴、词不达意的叙说),究其原因,仍然是不尊重幼儿的表现,教师内心认为幼儿没什么大不了的事值得自己听,而自己却有许多事情要做。殊不知,从幼儿的主动叙说中,教师可以发现幼儿的兴趣所在,可以找到个别教育的突破口。

④ 工作时间紧、幼儿人数多等原因的确妨碍了教师每天与幼儿的个别接触、交谈,一些并非出类拔萃、也非调皮捣蛋的幼儿往往更不容易进入教师关注的视野,因而也就失去了不少接受个别教育的机会。

⑤ 有的教师误以为环境创设是为展示教师的美工技能、供成人观赏服务的,其实无论园内还是班级的环境布置都应是为幼儿的发展服务的。

⑥ 说普通话,是幼儿教师的职业要求,它关系到幼儿语言的发展和普通话的推广。但有的地区对推广普通话以及提高幼儿交往能力的意义认识不够,即使是幼儿教师也习惯使用方言,仅仅在集体教学活动时才使用普通话,平时讲普通话甚至会被他人嘲笑,因而这些地区无论是教师还是幼儿,普通话水平都较低。

⑦ 教师与幼儿除了言语交往外,还可以通过非言语传意行为传播信息,非言语传意行为能给幼儿某种暗示,消极的非言语传意行为(如皱眉、斜视、用手敲打桌子等)表达的是教师对幼儿的不满、不屑、怀疑甚至厌恶的情感,因此将会对幼儿的心理构成威胁。

（4）角色行为与实际水准差异的一般解决策略

① 以尊重幼儿、支持幼儿、帮助幼儿为出发点，想方设法高效利用园内现有场地，创造性地开发教玩具及其他活动材料，借助社区资源，尽可能地为幼儿提供自由选择、大胆探究的机会。

② 班级常规的建立有赖于幼儿自控能力、自我管理能力的提高，当幼儿与同伴在交往中发生矛盾时，教师应先做一个旁观者，观察幼儿处理问题的方式，必要时给出建议，让幼儿自己权衡，在没有或暂不可能发生危险的情况下，教师应尽可能地让幼儿自己解决矛盾，并将幼儿处理得较好的案例在班上宣传，达到教育幼儿遵守规则、与同伴友好相处、培养合作精神的目的。

③ 幼儿主动向教师叙说，教师应耐心倾听，从幼儿的陈述中了解幼儿目前关心的事情，寻找个别教育的契机；即使幼儿的陈述无实质性内容，教师也应从关心、爱护的角度给予幼儿指点。个别教育的机会无所不在，教师既要抓住幼儿的主动接近予以指导，也要积极关心不太善于主动接近教师的幼儿，利用晨间活动、游戏活动、进餐前、入睡前、离园前等时间尽可能与每一个幼儿进行交流，开展有针对性的教育。

④ 环境创设是课程实施的组成部分，良好的周围环境能够使幼儿获取重要的信息，幼儿教师应根据幼儿的认知特点、身体特点，设身处地为幼儿着想，创设真正为幼儿所用、对幼儿具有自我教育意义的环境条件。至于班级内部的环境，则应根据教育目标、教学内容、季节变化、重大节日等及时变化环境，并且由幼儿直接参与，主要利用幼儿作品，为了幼儿观察、欣赏、利用之便，墙面布置基本上应在幼儿的视线之内。

⑤ 幼儿教师应坚持说普通话，不断提高自身的普通话水平，而且给予幼儿正确的示范、良好的榜样，提高幼儿言语能力和交往能力，同时应对讽刺挖苦使用普通话者的现象毫不留情地给以批评。

第六章　幼儿园教师的诊断与咨询

⑥ 教师应多通过积极的非言语传意行为如摇头、点头、微笑、注视幼儿、认真倾听状等,暗示、启发幼儿终止不妥当的做法,支持、鼓励幼儿继续大胆地尝试、探究。

案例分析：

来访者:有的教师只是在带领幼儿进行集体活动时才有较强的教育意识,而在一日生活的其他环节则教育意识淡漠,这是为什么? 我们如何提高教师日常教育行为水平?

咨询者:有的教师在幼儿日常生活中的教育意识淡漠。譬如,教师只在上课时说普通话,平时不及在课堂上那样重视幼儿提出的每一个问题,与幼儿的日常谈话其语气、用词、耐心程度都有待改善等,都是多年来偏重课堂教学、忽视日常教育的遗风。

来访者:那么,如何提高幼儿园教师的日常教育行为水平呢?

咨询者:为了提高教师的日常教育行为水平,首先,要使教师充分认识到幼儿园一日生活的各个环节都是课程的组成部分,也是实施教育的不可缺少的时机,曾有教师建议"把幼儿的一日生活各个环节都当课上,把课又当游戏活动来做",这一建议的合理性在于"幼儿园的教育,不是几节课能包容的,幼儿在一日的各个环节中都有获取知识和经验的需要,教师的责任是满足幼儿的这种需要,尽可能地挖掘这些环节中自然呈现的教育因素,实施教育"。① 只有将课堂教学活动与日常教育保持一致并有机结合、相互补充,才能切实提高教育的成效;其次,应当强调任何时候教师在幼儿面前的一言一行都必须符合教育要求,必须有利于促进幼儿全面和谐的发展;再次,应当重视对教师日常教育行为的研究,期待教师的日常教育行为从无意识(不够重视)走向有意识(足够重视但需不断调整),再从有意识走向无意识(自觉行为)。您能明白我的意思吗?

---

① 朱静怡:《生活·教育·活动》,《早期教育》,2001 年 7 月,第 34 页。

来访者：您讲了三个要点，我好像清楚了。

咨询者：我们一起来看看两个来自幼儿园的案例，看看原班老师是怎样看待、分析和处理班上发生的那些事情的，这样您会更清楚些。

案例一：(选自《评析幼儿违规案例》一文①)

情景：一天喝豆浆时，幼儿发现所发的饼干与往常的不一样，有的说饼干的形状像铜钱，有的说饼干有橘子味……他们边吃边议论，一时间教室里失去了往日的宁静。老师不耐烦地说："跟你们说过，不该讲话的时候不要讲，谁再讲就不给他吃！"

分析：孩子们的表现虽然有违安静进餐的要求，但他们能敏锐地发现新发的饼干与往日不同，对饼干的形状、味道等仔细观察、加以想像，与同伴交流，这是多么难能可贵！教师如果理解孩子，并加以引导，不仅能够调动幼儿兴趣，增强食欲，更重要的是保护了幼儿的好奇心和探究精神。

案例二：(选自《善于把握教育契机》一文②)

情景：在一次玩沙游戏中，教师提议孩子们开展"沙中捡石"的比赛。比赛结束，教师为难地自言自语道："好像很难比较，该哪一队得冠军呢？"片刻，教师灵机一动，热情洋溢地宣布："两队的孩子都很会动脑筋，都获得冠军。"

分析：这位教师比较了解幼儿好胜心强的特点，所以给孩子一个皆大欢喜的结果。但细想一下，这个过程是否发挥了最大的教育效益呢？

调整后的情景：……教师热情洋溢地说："你们可能都认为自己队赢了，现在先请你们把自己队获胜的理由说出来，看看谁说的

---

① 刘育红、李朋庚：《早期教育》，2001年5月，第34页，《评析幼儿违规案例》一文。

② 范秀娟：《幼儿教育》，2001年9月，第21页，《善于把握教育契机》一文。

第六章 幼儿园教师的诊断与咨询

有道理。"甲幼儿说:"我们队人数少,但是捡的石子和他们一样多。"乙幼儿说:"我们队捡的石子干净,他们的石子里净是沙。"丙幼儿立即反驳道:"这次是比石子的多少,和沙子多少没关系。"

评析:这里教师巧妙地利用了幼儿的好胜心理,灵活安排了一次小辩论活动。比起调整前,更有利于培养幼儿的观察能力、思维能力和语言表达能力。

2. 幼儿园教师教学行为的诊断与咨询

(1)幼儿园教师应该具有怎样的教学行为——角色行为的理论依据或法的依据

根据《幼儿园教育指导纲要》(试行),幼儿教师的教学行为应符合以下要求:

① 教师直接指导的集体活动要能保证幼儿的积极参与,避免时间的隐性浪费。[①]

② 耐心倾听,努力理解幼儿的想法与感受,支持、鼓励幼儿大胆探索和表达。[②]

③ 关注幼儿在活动中的表现和反应,敏感地察觉他们的需要,及时以适当的方式应答,形成合作探究式的师生互动。[③]教师的指导应"有利于幼儿主动、有效地学习"。[④]

④ 尊重幼儿在发展水平、能力、经验、学习方式等方面的个体差异,因人施教,努力使每一个幼儿都获得满足和成功。[⑤]避免用划一的标准评价不同的幼儿。[⑥]

[①] 《幼儿园教育指导纲要》(试行)第三部分第 9 条。
[②] 《幼儿园教育指导纲要》(试行)第三部分第 10 条。
[③] 《幼儿园教育指导纲要》(试行)第三部分第 10 条。
[④] 《幼儿园教育指导纲要》第四部分第 7 条。
[⑤] 《幼儿园教育指导纲要》第三部分第 10 条。
[⑥] 《幼儿园教育指导纲要》第四部分第 7 条。

⑤ 避免只重知识和技能,忽略情感、社会性和实际能力的倾向。①

(2)幼儿园教师教学行为的偏差——来访者的实际水准

① 教学时间虽然有限,但教学过程中幼儿却不断有等待的时间,幼儿参与活动的频率不高。

② 有的教师能够倾听幼儿与当前主题关系密切的陈述,而常常打断幼儿似乎走题的"唠叨"。

③ 有的教师密切关注的重点是原定教学计划的步步落实,而非幼儿现场的反应,往往是教师牵着幼儿走。当发现幼儿的注意力分散时,便不假思索地批评幼儿,强迫幼儿将注意力集中到正在进行的活动上。

④ 有时教师以别的孩子能够干什么和愿意干什么为借口,批评某些孩子不会干什么或不愿干什么。

⑤ 实施教育活动时,有关知识与技能的目标落实明确,而有关幼儿情感发展、社会性发展等目标却要么没能列入活动目标之中,要么没能真正实现。

⑥ 教师有时代替幼儿尽快地完成作业。

(3)角色行为与实际水准差异的一般成因

除了教师的教育观念直接影响教师的教学行为之外,尚有以下原因导致教学行为的不理想:

① 教师的教学组织能力和教学经验欠缺。因组织能力与教学经验欠缺而影响教学效果的情况较多地发生在新教师身上,比如,有时可以因为要提醒某一个"不听话"或"不配合"的孩子而中断教学活动。

② 教师关注的重点是预设好的教学计划。教师考虑问题的出发点仍然是"我想干什么?我要达到何种目的?"而不是"幼儿

---

① 《幼儿园教育指导纲要》第四部分第7条。

第六章　幼儿园教师的诊断与咨询

想干什么？我怎么帮助他？"因而一旦感觉幼儿的说、做与完成当前任务不相干时，便立即打断幼儿，这样的结果难以生成贴近幼儿、符合幼儿兴趣的有意义的课题。

③ 教师仍然习惯于横向地评价幼儿。虽然教师对承认和关注幼儿的个体差异，避免用划一的标准评价不同的幼儿这一点已基本达成共识，但实际工作中却常常情不自禁地以某一个幼儿的长处去衡量另一个幼儿的不足，因而对幼儿造成不公平。

④ 幼儿教育评价标准的科学性欠缺。幼儿是否已经获取一定的知识可以凭幼儿的短时记忆来检验，幼儿是否已经形成某种技能可以经幼儿的模仿重复来验证，而幼儿的情感体验或社会性发展却难以一目了然。当前有的幼儿教育评价标准偏重于知识与技能的考核，其科学性、公正性都有待提高，在这样的背景下，一些教师就很可能重视教学的实时效果而非幼儿的发展过程，重知识的传输和技能的训练，当幼儿达不到要求时便替代幼儿操作。

⑤ 幼儿园课程改革对教学行为提出了更高要求，教师操作的难度加大。幼儿园课程的综合性加大，众多的教材、教参虽为教师留下了极大的使用余地，但也是对教师鉴别、选择、综合、借鉴能力的考验；强调因材施教、重视个别差异，但缺少针对幼儿的不同特点进行个别化教学的成功经验；教师在教学过程中的自主性增强，教学时间、教学内容、教学形式、教学方法、教学手段等方面的灵活性加大，需要控制的因素也随之增多，应变处理不当的可能性也增加。

（4）角色行为与实际水准差异的一般解决策略

《幼儿园教育指导纲要》（试行）要求教师成为幼儿学习活动的支持者、合作者和引导者。根据这一要求，教师的教学行为应当体现以下基本特点：

① 帮助幼儿决定学习目标，指导幼儿形成良好的学习习惯，充分调动幼儿学习的积极性，为幼儿提供各种学习便利，形成一种

接纳的支持性的课堂气氛,作为学习的参与者,与幼儿分享自己的情感和想法。①

② 给予幼儿心理支持,创造良好的学习气氛。以适当的方式鼓励幼儿的探索,活跃幼儿的思维,当幼儿出错时教师不是责备或任由同伴取笑,而是理解和鼓励,同时能够承认自己的过失与不足。②

③ 幼儿在进行自主的观察实验或讨论时,教师既不能闲着,也不能干涉,而是积极地看、听,设身处地地感受幼儿的所作所为,考虑下一步该如何指导幼儿。③

案例分析:

来访者:教师究竟怎样才能成为幼儿学习活动的支持者、合作者和引导者?

咨询者:教师应成为幼儿学习活动的支持者、合作者和引导者是《幼儿园教育指导纲要》(试行)对广大幼儿教师的新要求,这里就某幼儿园开展的一个主题活动来说明这个问题:④

情景:一次户外活动中,几名幼儿捉来了螳螂、毛毛虫,嚷着要老师帮忙把这些虫子养起来,这一举动引起了其他幼儿的注意,他们唧唧喳喳地围着老师问:"螳螂吃什么呀?"、"毛毛虫长大了是不是会变成花蝴蝶?"……带班老师见时值春天,正是各种昆虫迅速繁殖生长的季节,良好的自然环境可以为探究昆虫的奥秘提供有利条件。于是,一个"昆虫"主题的活动自然生成。

分析:这里,教师首先是一个观察者,观察到幼儿的兴趣所在;其次才是幼儿兴趣的支持者,在分析了幼儿的兴趣具备发展的

---

① 傅道春主编:《教师的成长与发展》,教育科学出版社,2001年。
② 傅道春主编:《教师的成长与发展》,教育科学出版社,2001年。
③ 傅道春主编:《教师的成长与发展》,教育科学出版社,2001年。
④ 谢雁雯:《早期教育》,2002年1月,第38页。

第六章　幼儿园教师的诊断与咨询

最基本的客观条件(春天,昆虫繁殖)后,果断改变原来的教学计划,支持幼儿探究昆虫。

情景:主题活动开始后,教师向幼儿提出问题:"昆虫有哪些?"幼儿先画出自己认为的昆虫图画,然后讲述,老师帮助记录。许多幼儿认为蜗牛、蚯蚓、螃蟹等都是昆虫,但在参观"昆虫、蝴蝶展览"后,幼儿在众多图片、实物、模型、标本前没有发现蜗牛、蚯蚓、螃蟹等,于是有的幼儿想到了——原来这些都不是昆虫!

分析:当幼儿对昆虫感兴趣时,教师提出问题"昆虫有哪些?"不失时机地引导幼儿作进一步的探究,使幼儿的兴趣走向深入。教师为幼儿提供了探究机会,也就避免了过去的习惯做法,即将正确的知识直接告诉幼儿,使幼儿学习的主要目标成为准确牢固地记住现有知识。在幼儿探究过程中,常常有幼儿无法独立完成的工作,此时教师自然成为幼儿活动的合作者,譬如该主题活动中教师帮助记录幼儿讲述的内容,而在筹备展览的过程中教师必定也是幼儿的合作者。

来访者:从您举的例子中,我似乎明白了在幼儿出现不同需要的时候教师应该能够扮演不同的角色。

咨询者:应该说教师作为幼儿学习活动的支持者、合作者和引导者,多重角色是时刻交织在一起的。支持行为本身就意味着有合作的意向,教师对幼儿的支持、教师与幼儿的合作也不同于教师与教师或幼儿与幼儿的支持与合作,积极有效、恰到好处的引导是其重要特征。因此,幼儿教师的支持者、合作者和引导者的身份不可能是孤立的,实践中切忌理解狭隘。

来访者:我明白您的意思了。可是,常常有这样的情况,就是对于幼儿提出的一些问题,教师也解决不了。譬如,上述例子中提到的哪些是昆虫,哪些不是昆虫,那位老师心里还是有数的,要是老师也不知道,孩子却提出来问老师呢?

咨询者:首先,您提到的这个问题的确是一个极为常见的问题；其次，您之所以提这样的问题，还是与您的教育观、教师观有关，传统教育中的教师无所不能的思想还深深地影响着现在的教师。其实，把学习的主动权交给孩子，让教师成为支持者、合作者和引导者而不是无所不能者，是现代教育的一大特色。仅仅担心自己回答不了孩子的问题是不必要的，因为几乎没有哪一位教师可以回答孩子的一切提问，但关键在于师生要设法共同解决问题，孩子在问题解决过程中的收获往往超越了答案本身。当然，教师平时通过各种学习途径丰富自己的知识面仍然是十分重要的，丰富的知识有助于拓宽自己的视野。

2. 幼儿园教师交往行为的诊断与咨询

幼儿园教师的职业交往对象主要有园长、同事、家长及幼儿，这里主要讨论幼儿园教师与园长、同事及家长的交往行为。

（1）幼儿园教师应该具有怎样的交往行为——角色行为的理论依据或法的依据

幼儿园教师应当成为园长的支持者，同时具有教育的自主性。作为一名普普通通的幼儿教师，工作中与园长如何相处才是适宜的？《幼儿园工作规程》第37条规定，幼儿教师要"定期向园长汇报，接受其检查和指导"。这是因为，幼儿园教师是园长实施全园教育计划的支持者，也是班级教育计划的执行者，科学安排的全园教育计划是制定班级教育计划的依据，班级教育计划的顺利实施是全园教育计划得以落实的保证，园长一般具有较为丰富的园务管理经验和幼教专业水平，如能及时了解各班的教育概况及特殊问题，有利于下一步工作的合理决策，故幼儿园教师应及时向园长汇报班级情况，乐于接受园长的检查，争取园长的支持和帮助，应当明确园长对各个班级的了解、监督、指导既是园长的义务也是园长的权利。但园长并非都是全才，加之时间、精力的限制，很可能在一些方面考虑欠妥或未加思考，作为普通教师，在积极完成本职工作的同时，也应勇于阐明自己的教育理念，为本园教育质量的提

第六章 幼儿园教师的诊断与咨询

高做好园长的参谋,充分发挥教育中的自主性。

幼儿园教师应当成为同事的合作者,同时具有一定的自信心。傅道春认为教师之间的相互合作具有以下益处:①

① 心理支持——能有人与我们共同分享成功、分担问题总是一件好事。

② 产生新想法——我们的同事是教学信息和灵感的巨大源泉。

③ 示范合作——我们需要展示给学生:在我们说合作有益时,我们自己也在力行我们所倡导的信念。

④ 汲取力量——作为一个集体,我们可以获得比个人努力能够获得的更多的成绩。

⑤ 减少工作负担——通过分享计划和资料,共同努力,我们可以减轻自己的负担。

⑥ 增强动机——与同事合作可以鼓励我们试验多种方式来促进学生的学习。

⑦ 支持变革——当个人试图单独实施革新时,往往不会发生重大的变化。当教师集体参与时,教育改革会更成功。

因此,教师与教师之间应当建立一种相互帮助的合作关系、畅所欲言的心理氛围和自信自立的工作作风。

幼儿园教师应当成为家长的沟通者。《幼儿园工作规程》第37条要求教师:"与家长保持经常联系,了解幼儿家庭的教育环境,商讨符合幼儿特点的教育措施,共同配合完成教育任务。"故幼儿园教师应本着尊重、平等、合作的原则,利用各种途径及时地与家长沟通,在对话中真正理解各自的立场和看法,达成共识,争取家长的主动参与,并积极支持、帮助家长提高教育能力。

---

① 新课程实施过程中培训问题研究课题组编写,《新课程与教师角色转变》,教育科学出版社,2001年9月,第86页。

（2）幼儿园教师交往行为的偏差——来访者的实际水准

① 有的教师认为，园长"考"自己班上的孩子是故意找毛病，所以对园长进行班级评估不予配合。

② 有的教师把个人的精力放在与园长的"私交"上，而对业务钻研不够。

③ 有的教师保守自己工作中的创新，生怕别人借鉴。

④ 有的教师不愿意与能力、水平较低的教师合作，认为与其共事很累。

⑤ 有的教师极少向家长报告本班的教育目标、教育内容、教育方法等。

⑥ 有的教师认为，虽然幼教职业要求教师是通才、全才，可在某些家长眼里，幼儿教师仍是高级保姆，与类似的家长既然很难沟通就敬而远之。

（3）角色行为与实际水准差异的一般成因

① 不少园长根据工作安排，要定期对各班进行综合评估，由于目前学前教育评价的客观性还有待提高，评估中难以避免的人为因素容易造成教师与园长的相互误解。有时是因为少数教师不能正确地看待园长对自己班级的评价，当园长提出问题和意见时产生抵触情绪；有时是因为园长的评估标准、评估方法、评估的指导思想存在明显的问题，造成教师对评估结果的不服气。

② 个别教师只注意与园长及其他领导搞好关系，业务上却不求上进，这是对幼儿园教师本职工作的误解。

③ 几乎每一位教师工作中都有自己的独到之处，如果能与同事分享自己的新思路、新做法，则有利于及时推广成功经验，及时发现现有的不足。有的教师不愿意与人交流和分享，是心胸狭隘的表现，那样既不利于他人的学习，也不利于自己的进一步发展。

④ 虽然与一些教育经验、教育技能不及自己的教师合作客观上存在一定的困难，但若因此而不愿意合作，则是忽略了教师（包

第六章 幼儿园教师的诊断与咨询

括自身)的必然发展过程,即从不会到会,从生疏到熟练,从缺乏经验到经验丰富。

⑤ 让家长及时了解本班的教育目标、教育内容和教育方法等,有助于调动家长与教师共同教育幼儿的积极性,但有的教师或因没有认识到家长参与教育幼儿的必要性,或因低估了家长的教育能力,或因其他原因,没有能够与家长及时沟通。

⑥ 由于中国传统文化的影响以及不同的家长受教育的水平、整体素质等的差异性,幼儿园教师面对的几十名家长不可能都持有正确的教师观,因而出现轻视教师的家长并不奇怪,教师应坦然视之。但若教师因为家长的观念不正确、甚至难以相处,就减少与家长的沟通,则会影响教育的质量。

(4) 角色行为与实际水准差异的一般解决策略

① 教师应正确看待园长对各个班级教育状况的评估,明确园长对教师的检查、督促及指导是其分内工作,认识到对班级教育水平的评估有利于及时总结经验和进一步改进工作,主动积极地配合园长做好评估工作。教育管理者尤其是园长要以理解和尊重教师劳动、激发教师不断改革的动机为出发点,客观地评价各班的教育质量,既能抓住主要问题,又能说服教师主动改进。

② 教师刻苦钻研业务,尽心尽职地完成工作,不断提高自己的教育水平是对园长工作的最大支持,也是与园长保持和谐关系的最重要的条件。

③ 在班内、园内通过多种形式开展交流,形成鼓励创新、共同分享教育成果的班风、园风。

④ 即使是已经做出重大成绩的教师,在刚参加工作或工作不久时,各方面也是不成熟的,每一位教师都有其发展的过程,每一位教师既需要同事的热诚支持和及时帮助,也有义务在同事需要的时候伸出友谊之手。

⑤ 及时向家长汇报本班的教育目标、教育内容、教育方法以

及本阶段的教育重点,充分调动家长参与教育的积极性,尽力开发教育幼儿的家庭及社区资源。在共同教育幼儿的过程中,使家长在教育观念、教育能力等方面得以成长。

⑥教师应充分认识到只有多交流,才能使家长真正理解幼儿园教师的工作特点,教师也有责任向家长解释幼儿园的教育理念和本班的教育意图。为此,可通过家长学校向家长宣传正确的教育观念,通过开放日活动让家长了解孩子在园是如何接受教育的,让家长看到幼儿园教师不仅能像父母一样在生活上照料孩子,而且还能够运用多种教育技能、通过各种生动有趣的活动促进孩子的身体、认知、情感、审美等的全面发展。

案例分析:

案例一:

来访者:幼儿教师之间的关系有时很微妙,有的教师虽刻苦钻研业务,但很少与其他教师沟通,有时甚至保守自己工作中的"秘密",您认为这样有什么不好?

咨询者:如果教师与教师之间有隔阂,那么教师职业就只能是一个孤独的职业,这种孤独很可能导致无意义的猜测、不正常的竞争。其实,我们有很多东西需要从别人身上汲取,当我们与同事交谈时会迸发出创新的火花,这是独自冥思苦想所无法比拟的。因此,只有广泛地与他人交流才能获得更多的间接经验,保守自己的秘密也就意味着无法知道别人的秘密,而将自己的创新与人分享,也就有可能分享到别人的不同凡响之处,何乐而不为呢?

来访者:有的老师避而不谈自己所带班级发生了本不想发生的事情,生怕别人认为自己是不称职的教师,这样又有什么不好呢?

咨询者:至于自己所带班级发生的事情,即使是一些主观上不想发生的事情,其实也并非是见不得人的事,关键在于对事情的处理方式。一般而言,不同的班级发生的许多事情都属共性的问题,

第六章 幼儿园教师的诊断与咨询

每一个班级也都有可能出现一些特殊的情况,如果能够让更多的教师了解事情的原因及后果,不仅有利于在较广泛的范围内征询处理意见,而且有利于其他班级避免类似情况的再次发生。另外,教师是否称职与班级特殊情况的发生也不完全是因果关系,对此,必须实事求是地分析,不能以偏概全,教师不能因为害怕别人说什么而尽量掩盖事实,这样有可能因处理不及时或个人考虑欠周全而使后果变得更为严重。

案例二:①

来访者:有的家长总是误解教师,有的家长总是疏远教师,有的家长往往不放心教师,有的家长常常挑剔教师。对此,教师该怎么办?

咨询者:幼儿园教师面对的几十名家长,个性、素质等有着较大的差异,教师与家长的沟通是幼儿园家长工作的关键,因为教师的主动沟通,可以消除家长的误解、疏远、担心及挑剔。虽然教师能够认识到与家长沟通的重要性,但并不一定都擅长沟通。您这些问题的核心其实就是教师如何针对各个家长的特点与其及时沟通的问题。要使沟通有效,必须首先严格要求自己,对于误解教师的家长,教师应想一想自己的言行是否有欠考虑、不适时的地方;对于疏远教师的家长,教师应认识到在家园交往中,教师应该更加主动些;对于不放心的家长,教师应通过各种途径让其了解幼儿在园的一日生活,宣传正确的幼儿教育观念;对于挑剔的家长,教师应从意见中得到改进工作的启发,更加精益求精。

来访者:您说得有道理,可是在实际工作中难度好像比较大。

咨询者:那就让我们一起来分析一个案例吧,这个例子曾作为经验交流刊登在《早期教育》杂志上。

---

① 王克朵、李连荣、鲍颖、梁丽萍、彭彤:《早期教育》,2001 年第 3、5 期"家园共育·沟通"栏目。

原文：甜甜体弱多病，动作不灵活，在一个周四的下午户外游戏时摔倒，嘴唇肿胀。离园时，教师以关切但很平稳的语气向甜甜奶奶叙述了事情的起因及处理方式。第二天，甜甜没有来园，两位教师利用中午时间登门拜访，见到甜甜的嘴唇已经消肿，放心了许多。但周一上午，甜甜爸爸来园，针对此事要讨说法，认为教师应该根据孩子的特殊情况给予更多的照顾。当班教师虽然很理解家长的心情，但同时认为一味地保护对孩子的发展不利，于是对家长说："老师是应该多照顾甜甜，但积极的锻炼对孩子今后的发展更为重要！"本来就有情绪的家长一听此言更是急躁："锻炼也不能拿孩子的健康作代价呀！我希望老师在今后的一年半时间里多拉着甜甜，不要让孩子再受伤！"教师理解家长疼爱孩子的心情，但对家长误解教师提高孩子身体素质的愿望（相反，家长将教师的这一愿望视为推卸责任的借口）而感到委屈。

针对上述情况，带班教师首先回忆了甜甜入园一年半来的自己所做的工作，教师感到这段时间里对甜甜的情况了解得最多，与其家长的个别约访也最勤，对甜甜的饮食及生活护理也较细。但在孩子的身体锻炼方面有误区，比如只是认为孩子身体弱就应该加强锻炼，相对忽视了锻炼对体弱幼儿的特别保护，锻炼的内容和进程也缺乏针对性，可能导致孩子力不从心。

教师在分析了自己工作中的不足后，及时在家园联系本上向家长做了汇报，使家长看到了教师诚恳的态度和敢于承担责任的勇气，家长再次见到教师时，比以前多了信任、理解，甚至一些歉意。以后，教师开始了针对甜甜的有计划的锻炼，每天离园时，教师很自然地与家长交流："今天我和甜甜练习跳远，甜甜跳得比昨天远了半只脚的距离呢！""今天甜甜投包会用劲了！"……这样的交流使得甜甜家长关注的焦点与教师一致，家长的问话也从"甜甜吃得好吗？""出去玩时冷吗？"变为"甜甜会单脚跳了吗？""跑得快点了吗？"后来家长主动带孩子进行锻炼。

第六章　幼儿园教师的诊断与咨询

启示：在幼儿出现问题特别是安全问题后，教师除了尽快给孩子以妥善处理外，见到家长一定要实事求是地汇报详细情况，客观地分析事故原因，主动反思自己工作中的薄弱环节，用宽容的心态等待家长逐渐理解自己，以教育的艺术（如上所述通过对甜甜的特别锻炼和培养入手开展家长工作）引导家长共同做好幼儿教育工作。

第二节　幼儿园教师专业化发展的诊断与咨询

幼儿园教师的专业化发展是指幼儿园教师为了能更好地满足本职工作的需要，通过继续学习、不断努力，从而提高业务水平、学历层次和职称级别。一般而言，幼儿园教师大多希望自己能在原有基础上有所发展，但由于各个教师的主客观条件的限制，专业化发展的愿望往往未能及时实现。幼儿园教师专业化发展的诊断与咨询的基本要求是：

（1）广泛了解来访者工作年限、业务水平、学历层次及职称级别等基本情况；

（2）了解来访者专业化发展的动机；

（3）深入了解来访者专业化发展的近期目标和长远目标；

（4）理清实现来访者专业化发展目标的必要的主客观条件；

（5）分清来访者已经具备的主客观条件和尚不具备的主客观条件；

（6）能够确定来访者最重要的和最可能的近期目标。

（一）幼儿园教师专业化发展中的一般问题

1. 平时下班后，很少看与专业相关的书籍。

2. 常常觉得自己理论水平要提高，想参加系统学习，但一直没有付诸行动。

3. 想参与幼儿教育科研，也想发表论文与同行交流心得，但往往事与愿违。

4. 已经意识到自己的学历需要提高,但参加了考试却没有通过,很苦恼。

5. 力求成为优秀的幼儿教师,不断学习深造,但常常身心疲惫。

6. 已经获得大学学习资格,但学习不够认真。

7. 总想在各方面发展得好些,但又担心别人说什么。

8. 平时很少进行教育中的自我反省。

9. 很少将幼儿教育理论与自己的实践经验加以转换。

10. 很少与同事进行专业合作。

(二)幼儿园教师专业化发展中一般问题的成因

1. 问题的主观原因

(1)已有幼教专业文凭,目前能较好地胜任幼儿园工作,因而满足现状,不求进一步发展。

(2)平时的日常工作、家庭及其他方面的负担较重,精力有限,压抑了继续学习的动机。

(3)学习能力特别是记忆力在下降,学习方法不够科学,影响了学习的效果。

(4)总以为一定级别或一定范围的课题研究才是科研,忽略了自己在工作中随时都可以进行各方面的研究。

(5)好胜心太强容易导致同事关系紧张,结果影响了自己的发展。

(6)视学历或文凭为最终目的,学习过程自我要求降低。

(7)对幼儿园教师的专业化发展途径认识不清。总以为坐在课堂里当学生能够有助于自己的专业提高,其实教育中的自我反省、主动将教育理论与专业经验进行转换和提升、突破教师彼此的孤立与封闭、学会与他人合作等都是很好的自我发展途径。

2. 问题的客观原因

第六章 幼儿园教师的诊断与咨询

(1) 环境条件的限制,很难找到适合自己阅读的书。
(2) 领导不希望因进修学习耽误工作,不支持脱产进修。
(3) 园内缺乏教育研究气氛。
(4) 年轻教师一个接一个如愿深造给工作多年的教师带来过度的心理压力。
(5) 聘用教师的随意性,甚至任人唯亲,导致幼儿教师队伍不稳定,教师对自己的发展缺乏信心。
(6) 过去接受的学校教育没有重视培养自我反省、理论联系实际等能力。
(7) 某些院校的继续教育质量不高,没有针对有实践经验的幼儿园教师的特点进行教学。

(三) 幼儿园教师专业化发展问题的解决策略

幼儿园教师专业化发展问题的解决需要教师个人与幼儿园及上级领导的共同努力。

1. 幼儿园教师应认识到教师的专业化发展途径,不仅包括可以获得更高层次学历的系统的继续学习,而且包括其他许多重要的途径。譬如,尝试以教育理论解释各种教育现象,可以理解现象背后蕴涵的深层含义,尝试以教育现象说明教育理论,可以加深对理论的认识,经常将教育理论与个人的专业经验进行转换,可以获得更高层次的整合,十分有利于教师的专业化发展;学会与同事、同行的合作,可以开拓自己的专业视野。① 幼儿园教师应认识到不断学习是称职教师的基本条件,什么时候放弃继续学习,教师职业就会远离自己。

2. 幼儿园教师要辩证地认识自我,通过不断的自我认识掌握自我是人生规划的必要手段;还可以通过与他人的交谈、自我反省

---

① 陈美玉著:《教师专业学习与发展》,(台)师大书苑发行,1999年,第285~286页。

等形式,了解自己从事幼儿教师的目的、自己的抱负水平、成就动机等;评估实现专业化发展的可能性,争取园长、同事对自身专业化发展需求的认同、支持。①

3. 幼儿园教师要确定专业化发展的近期、中期及远期目标,制定切实可行的措施,尽力分步落实。与此同时,还应根据内外变化及时调整和修正策略。

如未能按时实现目标,应实事求是地分析主客观原因,既不苛求自己,也不为自己解脱,而是设法补救。

4. 幼儿园教师应通过反思性教学获得专业成长。所谓"反思性教学"是指"教学主体借助行动研究,不断探究与解决自身、教学目的以及教学工具等方面的问题,将'学会教学'与'学会学习'结合起来,努力提升教学实践合理性,使自己成为学者型教师的过程"。② 反思性教学以探究和解决教学问题为基本点,以追求教学实践合理性为动力,因此,它能使教师通过反思自己的教学行为,在教学前、教学中及教学后获得体验,有利于激发不断追求超越的动机,从而不断地成熟起来。反思性教学实施的一般过程是:第一,对教育教学过程进行回顾,发现并明确问题;第二,分析问题,寻找问题的症结;第三,假设一种或多种解决办法和途径;第四,实践并尝试解决问题;第五,总结,再反思。③

5. 幼儿园园长应认识到教师的专业化发展是不断提高幼儿教育质量的不可缺少的重要条件,应在思想上高度重视、行动上积极支持教师的发展。园长及上级领导应关心教师的切身利益,维护教师的合法权益,满足教师的合理需要;农村幼儿园要保证教师

---

① 张添洲著:《生涯发展与规划》,(台)五南图书出版公司,1993 年,第 466 页。
② 熊川武著:《反思性教学》,华东师范大学出版社,1999 年 10 月第 1 版,第 3 页。
③ 冯晓霞、毛允燕:《反思教学——教师专业成长的关键》,《学前教育》,2002 年 3 月(上),第 5 页。

第六章 幼儿园教师的诊断与咨询

工资的发放,缩小幼儿教师与小学教师的待遇差别,稳定幼儿教师队伍,激发教师不断发展的动机;开展多种形式的培训,建立有效激励机制,切实培养和优化幼儿园教师队伍。

案例分析

来访者:其实,大多数的幼儿园教师是很爱学习的,只是平时工作比较忙,下班后总要处理一些个人事务,实在是没时间看书。想学却没时间,怎么办?

咨询者:一位有责任心的教师肯定是很忙的,但学习也是不可缺少的,因为今天放松学习就意味着明天将被淘汰。幼儿园教师要善于拾零为整地挤时间学习,经常阅读幼儿教育期刊和有关专著,并且养成随手记录有价值资料的习惯,以便需要时能迅速找到。

来访者:那么,如何提高学习效率呢?

咨询者:提高学习效率是重要的,能否提高效率则与个人的求知欲望有关,会学的人其实时时刻刻都在学,而且时时刻刻都能学到有价值的东西。在我见到的幼儿园教师中,有的想学、善于学,而有的则不然,比如,同样是去某幼儿园观摩游戏活动,可是有的教师眼观六路、耳听八方,随时记下了该园在房屋建构、环境布置等许多方面的特点,有的则不然;同样是参加短期培训,有的教师十分珍惜宝贵的学习时间,边记笔记边积极参与,有的却迟到、早退、交头接耳,两者的学习效果不言而喻。

来访者:就阅读学习而言,有什么好的方法吗?

咨询者:一般而言,平时的点滴学习要注重积累,"好记性不如烂笔头",多做笔记;系统理论的学习要注意联系实际读懂读透,并与他人多交流心得体会;教育理论专著的学习要注意多请教他人,千万不可断章取义。

第七章　学前教育机构体制的诊断与咨询

第一节　学前教育行政体制的诊断与咨询

学前教育行政体制是指在我国整体的行政体制的大背景中,各级学前教育行政的机构、权限、责任等的分配形式。学前教育行政体制涉及学前教育与社会的关系,涉及不同层次的教育行政机构之间的关系,涉及同一层次的教育行政机构与其他行政机构之间的关系,涉及教育行政机构之间不同行政部门的相互关系。因此,学前教育行政体制的诊断与咨询有其特殊性,主要表现在涉及问题的广泛性、宏观性和复杂性。由于我国的基础教育实行"地方负责、分级管理"的政策,因此,不同地区的学前教育行政体制有不同的特点。对学前教育行政体制进行诊断与咨询的一般要求是:

(1)全面把握学前教育行政体制的现实。对学前教育行政体制的诊断与咨询应该有一个科学的标准,但同时也必须面向我国学前教育行政体制的现实。全面地把握学前教育行政体制的现实,是有效地进行诊断与咨询的保证。由于社会政治、经济及文化的差异,教育包括学前教育也存在一定的差异,各地在长期实践的基础上,形成了适合当地实际的学前教育行政体制,所以,我国基层学前教育行政体制是多样化的。同时,每一种行政体制的形成,都有特定的原因和背景,咨询者必须深刻地了解这种背景,只有这样,我们做出的诊断和咨询才有针对性。

第七章　学前教育机构体制的诊断与咨询

（2）关注整个教育行政体制乃至整个政府行政体制的状况。学前教育行政体制从来都不是独立的,它是整个教育行政体制的有机组成部分。就某一特定的学前教育行政体制个案来说,它总是与当地整个的教育行政体制紧密相关,甚至与当地整个的行政体制相关。因此,进行学前教育行政体制的诊断和咨询,应关注整个教育行政体制和整个行政体制的现实,只有这样,对学前教育行政体制的把握才可能是准确合理的。

（3）关注各层次行政机构间的多维度的关系。学前教育行政体制是存在于多层次、多维度的关系之中的。学前教育行政体制的诊断与咨询从一定意义上说就是对各种关系的考察,学前教育行政体制的问题,也主要是各种正常的依存关系的损坏和扭曲。学前教育与各层次的教育行政机构之间,同各层次的行政机构之间有着广泛的联系,这种联系的缺损和异常都会造成体制上的问题。这些问题,最终都会影响到学前教育机构的教育、教学,影响到幼儿的发展。因此,一切行政关系最终都是与幼儿的发展联系在一起的,咨询者必须把握和梳理这种复杂的关系。

（4）关注学前教育行政体制的演变和发展。学前教育行政体制的诊断与咨询,需要历史的、联系的眼光,避免就事论事,避免主观臆断。就某一特定的学前教育行政体制个案的诊断与咨询来说,就是要了解其发展和演变的历程,了解该体制发生的一些重大变化的原因,从历史的发展中,深入地把握现状。

（5）关注学前教育行政体制的法理和政策依据。学前教育行政体制的诊断与咨询,要关注现实,了解背景,但更要把握法理和政策依据。法理和政策是我们分析和判断的最关键的准则,而现实背景是我们分析和判断的参照。因此,了解国家有关的法律、法规,了解国家和地方政府有关的政策,是开展诊断与咨询的基础性工作。

学前教育行政体制的诊断与咨询应从以下几个方面加以考虑:

1. 机构的设置和人员配备

学前教育行政机构的设置是各级政府根据国家有关的法律、政策,结合地方学前教育事业发展的实际,考虑学前教育管理的传统,设立管理学前教育的专门机构,确定这一机构的职能,并为这一机构配备相应的管理人员。对学前教育行政机构设置和人员配备的诊断与咨询应从以下几个方面加以考虑:

(1) 机构的有和无,即专门的学前教育行政机构在整个教育行政机构中是否存在。由于我国是个大国,人口众多,幅员辽阔,基层行政组织的层次较多。从省(自治区、直辖市)到市(地、盟)、县(市、旗)及乡(镇),各级行政机构都有相应的教育行政机构,但在这些教育行政机构中,学前教育行政机构是否存在,则是因地而异、因层而异了。一般来说,经济、文化较发达的地区,学前教育事业的发展也相对发达,建立专门的学前教育行政机构也越有条件。同时,行政层次越高,管理学前教育的跨度越大,范围越广,越需要相应的专门机构。这是从一般意义上说的,事实上,制约学前教育行政机构存在的因素有很多,有时,地方政府的观念,对待学前教育的态度和重视程度等也影响到学前教育机构的设置。在我国,经济较发达的地区没有学前教育管理的专门机构,而经济相对不发达的地区却有专门的学前教育管理机构的现象是存在的。一些经济较发达的地区的学前教育之所以不能上新台阶,与没有相应机构的管理有很大关系。当然,学前教育行政机构的设置,应从学前教育管理的实际出发,尤其是应从学前教育事业的发展规模加以考虑,又应顾及地方政府的经济承受能力,盲目地建立机构,是不可取的。

总之,无视学前教育事业发展的需要,无视学前教育管理的需要,不建立相应的行政机构,学前教育得不到专业化的管理,是学前教育行政体制中存在的主要问题。要解决这一问题,从眼前效益来说,应提高地方政府相关人员对学前教育事业重要性的认识,切实关注学前教育对社会可持续发展的价值;从长远的方面来看,

第七章　学前教育机构体制的诊断与咨询

应从学前教育立法上下功夫,通过相应的法律、法规来实现学前教育行政机构设置的正常化。

(2)人员的有和无,即是否配备相应的管理人员。这里,有几种情况都应加以讨论。一种情况是设置了学前教育行政机构,挂了牌子,但没有专门的人员,机构是空壳,是摆设。机构该履行的职能不能得到真正的履行。另一种情况是没有设置学前教育行政机构,但有专门的人员从事学前教育行政管埋的工作,学前教育行政管理的主要职能得到了履行。如有些地方把学前教育作为基础教育的一部分,学前教育的管理归基础教育处或基础教育科,并有专门的人员负责学前教育的管理工作。还有一种情况是,在整个教育行政体制中,既没有学前教育管理的专门机构,也没有专门的人员,学前教育行政管理的职能不能得到履行,管理工作处于瘫痪状态。当前,我国学前教育行政体制中人员配备存在的最大问题就是人员的空缺。有些省没有专职的管理人员,有些市、县也没有专职的管理人员。

在我国行政机构精简的大背景下,专门的学前教育行政机构的设置面临很多困难,应在考虑学前教育事业发展需要的同时,考虑地方政府的经济实力。但各级学前教育管理的职能应得到充分履行。从我国当前的现实来说,应努力做到学前教育层层有人抓,且有专人抓。如果机构设置从实际出发,可以是弹性的,那么,从学前教育发展的实际出发,管理人员的设置应是硬性的,尤其是县及县以上的政府机构中,必须有专门的人员从事学前教育的管理。而且,人员的配备应从学前教育事业发展的规模出发,如有些县人口有十多万,幼儿园三十多所,而有些县的人口近四十万,幼儿园近八十所。因此,就以上两种情况来说,学前教育管理人员配备的数量应有所不同。

2.各级行政部门的权限

拥有一定的权限是行政机构开展工作、履行职能的基本条件。

权限是指行政部门的权力界线、范围。对行政机构权限的诊断与咨询应从以下几个方面加以考虑：

（1）权限的清晰与模糊。任何行政机构的设置都是与权力的分配联系在一起的。从权力的意义上看，行政机构设置的规程，就是权力分配的过程，也是一个不断授权的过程。在我国现有的管理体制中，各级、各类行政机构都在不同程度上负有管理学前教育的任务。所谓各级行政机构，是指从中央到地方，有很多层次的行政机构，它们都对学前教育发挥着特定的领导和组织作用，但不同层次的机构对学前教育管理的重点、内容范围是有所不同的。一般来说，越到基层，管理的内容越具体。正是从这个意义上说，基层行政机构是学前教育的主要管理机构。所谓不同类型的行政机构是指除了教育行政机构外，同一级政府机构中，还有很多的行政机构涉及学前教育的管理，它们是学前教育事业发展不可缺少的支持力量。如政府的计划部门、财政部门、规划部门、物价部门、卫生部门、轻工部门、政法部门等。如何协调这些部门之间的关系，使这些部门都有效地、主动地为学前教育的发展服务，是学前教育的宏观体制中必须关注的课题。

学前教育宏观体制的建立和协调的关键在于明确不同层次、不同类型的行政机构的权限。避免学前教育谁都可管却又是谁也没管的现象。在这些关系中，不同类型的机构之间的权力关系是考察的重点。学前教育的发展经常受制于不同类型的行政机构之间的矛盾、推诿。如随着学前教育的改革和发展，尤其是幼儿园办园主体的多样化，收费标准的问题已成为影响学前教育事业发展的一个大问题。而幼儿园收费是一个涉及整个社会的大问题，它关系到职工收入及承受力，关系到其他行业收费的相对稳定，关系到办园成本的核算，关系到特定幼儿园职工队伍的相对稳定等多方面的问题，也涉及财政、计划、物价等多个行政机构，这些错综复杂关系的核心是各部门的权限及关系。

第七章 学前教育机构体制的诊断与咨询

（2）权限的合理与不合理。不同行政机构之间权限的清晰是确保权限合理的基本前提。当前，在我国，学前教育权限的合理与否应从特定的地区和特定的关系中来加以考察和分析的，如经济是否发达，对教育是否重视，大众压力群体作用是否发挥，等等，都在一定程度上影响着学前教育管理权限的划分。一般说来，一个地方经济发展水平越高，政府越有可能从经费上支持学前教育；相反一个地方经济发展水平越低，政府就越难从经费上扶持学前教育，学前教育的发展就越多地依靠社会、依靠家长。在处于相同经济发展水平的地区中，社会、政府对学前教育的重视程度，可能成为影响学前教育发展不同水平的重要因素。因此，讨论行政机构的权限，总是在一个特定的大背景中进行的。不同层次、不同类型的行政机构之间的权限的划定是因地而宜、因时而宜的，没有固定的、统一的划分模式，但应有一个基本的标准，那就是有利于学前教育事业的发展，有利于充分利用一切可以利用的力量来为学前教育服务。国务院曾就不同行政机构之间在管理学前教育方面的分工下发了相应的文件，那也是原则性的，各地在具体的落实过程中，总是要寻找适合本地的权限划分方式。

（3）权限的稳定与变化。已经划定的不同层次和不同类型的行政机构之间的权限应该相对稳定，不能经常地变化，不然，这些机构就可能无所适从，甚至出现矛盾和冲突。但不同层次、不同类型的行政机构权限的划分不是一成不变的。我国的各项事业正处于改革的过程之中，社会发展的每个层面的变化都可能影响学前教育事业的发展。从企事业单位的效益，到政府职能的转变，以及物价的变动都会在一定程度上影响到行政机构权限的相对改变，影响到不同时期、不同层次、不同类型行政机构作用的大小。权限变化的基本原则是循序渐进，效益优先，有效合作。

3.各级行政部门的责任

行政机构拥有一定的权力，就应该承担相应的责任，责任是行政机构和有关的行政人员应该履行的行政义务。对行政部门责任的诊断与咨询应从以下几个方面加以考虑：

（1）责任的清晰与模糊。与权限的划分一样，不同层次、不同类型的行政机构之间的责任划分也应是清晰的。避免有些方面的责任没有相应的机构承担，而有些责任又过多地重复承担。责任承担空白和责任过多地重复承担，都有可能造成不同机构之间的矛盾。因此，学前教育行政机构与其他一切相关机构之间的责任关系应在一种合理的机制中加以确认。这种机制的建立是学前教育管理顺利、有效的前提之一。如有些地方组织的不同行政机构协调会议制度，就是一种重要的责任协调和分配机制。

（2）责任的合理与不合理。不同层次、不同类型的机构所承担的责任是否合理，是与特定机构作用的发挥联系在一起的，也是和特定机构的行政、功能联系在一起的。无论是不同层次的机构还是不同类型的机构，它们的作用范围、资源状况、功能特点都有一定的区别，尤其是不同类型的机构更是如此。考虑机构的责任，必须同时考虑以上这些因素。一个机构的职能没有重复发挥，就意味着这一机构没有重复尽到责任，一个机构的责任过重，超出了该机构的可能和条件，都是责任不合理的表现。因此，行政机构管理学前教育责任的分配，一方面应考虑社会总体的背景，另一方面，必须关注特点机构本身的特点。

（3）责任的稳定与变化。不同层次和不同类型的机构所担负的责任应该相对稳定，这有利于这些机构发挥各自的功能。同时，随着社会的发展，随着这些机构本身的发展和变化，与这些机构相应的资源、功能等因素也在发生一些变化，这样，这些机构所履行的责任的变化是不可避免的。值得注意的是，就某一个具体的机构来说，其履行的责任可以发生变化，但就学前教育来说，其总体的管理不能出现空档。也就是说，不同层次、不同类型的机构责任的变化不是孤立的、单一的，而是相互关联的，这种变化应该导致

第七章 学前教育机构体制的诊断与咨询

更为有效的管理,而不是责任的简单推卸或叠加。

4. 行政体制中的沟通

行政沟通是各级行政部门之间协调合作的重要途径。有没有良好的沟通,也是衡量行政机构设置、行政人员配备及行政权限分割是否合理的重要途径。对行政沟通的诊断与咨询应从以下几个方面加以考虑:

(1)信息沟通的有效与无效。行政机构之间的信息沟通有两个基本维度。一个是纵向的维度,一个是横向的维度。纵向的维度中,又有上情下达和下情上达两个不同的方向。层次较低的行政机构向层次较高的行政机构传递信息,称下情上达;相反,层次较高的行政机构向层次较低的行政机构传递信息,称上情下达。这是学前教育行政机构信息沟通的基本途径,在我国当前的行政体制中,纵向的信息沟通起着十分重要的作用。横向的信息沟通也是学前教育行政机构信息沟通中不可缺少的,尤其是对于那些非国家创办的幼儿园来说,横向的信息沟通频率、沟通效果,直接影响着事业的发展。在我国,学前教育管理的基本方针是地方负责、分级管理,因此,今后横向的信息沟通将是学前教育管理行政沟通中最主要的沟通方面。

(2)视导与汇报的制度化与非制度化。视导是学前教育行政管理的一种重要形式。它是上级行政机构的人员通过视察,了解基层下级行政机构及具体的教育机构的工作状况,并根据了解的状况,对基层行政机构的工作进行指导和帮助。由此可见,视导也是上下级行政机构之间信息沟通的重要途径,而且,这种沟通是感性的、面对面的、有针对性的。视导活动的经常性有利于上下级之间的联系和沟通,有利于信息的传递。汇报也是一种信息沟通的方式,汇报一般是下级机构向上级机构。汇报有口头和书面两种方式,这两种方式中,口头汇报往往是有针对性的、临时的和非正式的,书面汇报往往是定期的和正式的。制度化的和非制度化的汇报的结合对于传递基层的信息是十分重要的。

（3）不同层次、不同类型的行政机构之间的协作与对抗。不同层次、不同类型的行政机构之间信息沟通的理想境界是形成良好的协作和配合的关系。对学前教育行政体制最大的威胁是不同层次、不同类型的行政机构之间的对抗。行政机构之间的协作应力求以法维系，通过相关的法规和政策，确保不同层次、不同类型的行政之间的联系与协作。

案例分析：

来访者：我做园长已有3年了，我一直感到特别苦恼。对于我们这个企业幼儿园，市里有市里的要求，区里有区里的要求，我们的集团公司又有自己的要求。我当初签了协议，保证5年内把幼儿园建成省示范性实验幼儿园。但现在看来，实在不容易，真是后悔来干这个园长。

咨询者：你觉得你碰到的最大问题是什么？

来访者：我觉得主要的问题是各方面的领导不能理解园长的苦衷，他们不能站在别人的立场上看待问题。一开始，我对向领导汇报、寻求领导的支持抱有幻想，希望领导能帮助我解决一些实际问题，但事实上，我经常是很失望的。

咨询者：你能不能举一个具体的例子来说明呢？

来访者：比如上个星期三，就是我给你打电话的那天，我去我们集团公司计划科找宋科长，希望他能赶快批下我们改建厨房的报告。我把厨房改建的必要性又一次说明，希望他能支持和同意。我又把区里关于验收工作的基本要求及上个月区幼教科李老师到我们幼儿园检查工作后提出的意见和要求向宋科长汇报了。宋科长说，我们的幼儿园有特殊性，区里的要求要灵活对待。验收方面，到时可以请集团领导做做区里的工作。集团需要改造的部门有很多，集团的效益又不太好，你们想征用的25平方米土地，纸版车间也想要。集团领导的意见你们可能也清楚，幼儿园的厨房毕

第七章　学前教育机构体制的诊断与咨询

竟还能用,就是面积小了一些。你们报告里说的生熟分开,不一定要分两间房子,可以做个柜子,上下分开。

我作了很多解释,不能说服他,每次从集团大楼出来,都有辞职的想法。

咨询者:你们的厨房到底怎么了?

来访者:我们的厨房只有 18 平方米,包括储藏室。但每天要做 240 个孩子的饭。实在是拥挤,又影响卫生。改造厨房已经呼吁了很多年了,但一直没有成功。我们厨房的边上,有 300 多平方米的土地,是区房产部门管的,我们已跟他们接触过,他们基本同意给我们出让 25 平方米。我们希望公司给我们解决 15 万的土地费。房屋建设的经费由我们自己负责。

咨询者:你们幼儿园是自负盈亏的吗?

来访者:不是的。当初的协议是幼儿园重大的开支由集团负责解决。

咨询者:能不能这样说,现在你面临的主要问题是经费问题,具体地来说,你现在需要 15 万元。

来访者:经费的问题当然是主要的问题,但我一直感到很委屈,我要钱又不是为了我自己的住房,是为了改善幼儿园的条件。每次区里、市里来检查,我总是提心吊胆,向集团的领导反映,总是没有满意的结果,还有很多别的事也是这样。我真的很累。

咨询者:你有没有试试让区里、市里的领导直接向集团的领导发表意见,交流想法?

来访者:这不是把问题上交吗?

咨询者:我想在你的反映无效的情况下,可以用这种方式试一下。这是一种直接的信息沟通,此外,还有一种外在的压力在里面,比你的汇报可能有效。他们之间不是上下关系,对问题的揭示可能更会深入、更到位。

来访者:我们集团领导可能会认为我借区里的人表示我的不满。

咨询者：为什么不可以呢？不然你如何履行协议呢？当然，你还可以让家长委员会发表意见。家长委员会可以向集团的领导、工会组织及职工代表大会反映幼儿园厨房的问题，这是关系到孩子健康的大问题。

来访者：家长委员会基本上是个形式，很少活动。

咨询者：把家长委员会组织好是你的职责啊！你应该让家长委员会知道你的困境。

来访者：万一集团领导还是不同意怎么办呢？

咨询者：从你个人的意义上说，如果这么多努力均无效，消极的做法是你可以修改协议，因为集团没有提供必要的条件让幼儿园上等级。但这是消极的。为了孩子的利益，可以做其他的努力，最好是说服集团的领导，圆满完成厨房的改造。如确有困难，也可以采用贷款、合建等方式。

来访者：合建是不是分利润？

咨询者：你们可以无偿地收一些外单位的孩子，请这些单位出一些资金。

来访者：以前有些单位来谈过一次性付办园资助费的事。

咨询者：可以接触一下。在接触前，最好听听有关行政部门的意见。力求合理又合法。

第二节　学前教育机构体制的诊断与咨询

学前教育机构体制是指幼儿园等学前教育机构内部的管理体制，在此，主要讨论幼儿园的体制。具体地说，涉及幼儿园内部的机构设置、人员配备及权力分配。学前教育机构体制的诊断与咨询的基本要求是：

（1）深入考察幼儿园的内部体制。要对幼儿园的体制进行诊断和咨询，就要对幼儿园的内部体制进行全面深入的考察。充分

第七章 学前教育机构体制的诊断与咨询

了解特定幼儿园体制的现状,了解它形成的原因、背景。应从历史和现实两方面全面把握幼儿园的基本状况,重点应了解现实的体制中存在的主要问题,出现的主要矛盾,或影响该体制发挥作用的主要障碍。体制涉及关系,涉及责任和利益,它总是与特定的人及其关系联系在一起的,要深入把握幼儿园的体制,必须与特定的人进行深入的交流。

(2)关注幼儿园内部体制与外部行政体制的关系。幼儿园内部行政体制的形成都是与特定区域中宏观的行政体制有密切关系的,都受到一定区域行政体制的影响,尤其是受到外部行政体制中有关政策的影响。同样性质的幼儿园在不同的区域中有不同的生存状态,主要是受到不同区域中相关政策的影响。具体地来说,幼儿园的体制受到外部两种行政体制的影响。一种是外部的总的教育行政体制,另一种是外部总的社会行政体制。总的教育行政体制对幼儿园内部的行政体制有一定的影响,幼儿园的责权关系往往不是孤立的,它总是和特定的教育行政体制保持协调,并受特定的教育行政体制的监督和影响。外部社会总的行政体制是幼儿园内部行政体制发挥作用的基本背景,它总是通过多种渠道、以多种方式对幼儿园内部行政体制产生影响。因此,必须充分把握幼儿园内部行政体制与外部行政体制之间的关系。

(3)关注不同幼儿园的性质。幼儿园体制的差异,还受到幼儿园性质的影响。不同性质的幼儿园在行政体制上有一定的差别。在我国,幼儿园的性质是多种多样的,这种多样性也造成了幼儿园行政体制上的多样性。幼儿园的性质,受到幼儿园创办者的性质的影响。有些幼儿园是国家创办的,有些幼儿园是个人创办的,有些幼儿园是集体创办的,有些幼儿园是企事业单位创办的,有些幼儿园是由多种性质的创办者联合创办的。幼儿园的性质也在一定程度上受到特定社会中总的教育行政体制的影响。因此,对幼儿园内部行政体制的改革,经常要从改变幼儿园的性质入手,从改变总的教育政策入手。

（4）关注幼儿园内部体制的合理性和合法性。考察幼儿园内部的行政体制，最重要的是考察幼儿园内部体制的合理性与合法性。所谓合理性，是指该体制是否引导了一种合理、有序的人际关系，是否使幼儿园内部责和权得到了合理分配，是否有利于形成积极向上的园风。幼儿园内部体制的合法性是指幼儿园内部体制的建立是否具有法律依据，是否符合基本的法律要求。幼儿园内部各种关系的建立和维系是否有法律的依据，幼儿园内部各种用以促进体制运行的规章和制度是否与法律、法规相一致，是否存在与现行的法律、法规相矛盾和抵触的方面。考察幼儿园体制的合法性，不但要考察文本性材料，还应考察实际运行的状况。

（5）关注幼儿园现有体制的成效。要对一种体制进行诊断，做出判断，还必须关注这种体制的现实成效，即这种体制在运行过程中及运行结束后所获得的结果，这是考察幼儿园内部体制的一个很重要的指标。幼儿园内部体制的存在本身就是为了获取一定的结果的，没有不求结果的体制。考察幼儿园体制的成效，不是简单的关注结果，而是在关注结果的同时，关注与结果相对应的投入，关注现实体制中各环节的运转状况，考察现实体制中是否存在浪费和超负现象。

以上几个方面是我们考察幼儿园内部体制的主要方面。对幼儿园内部体制的考察是一项复杂的工作，需要把多方面的因素协调整合起来，做出综合判断。

学前教育机构体制的诊断和咨询应从以下几方面加以考察：

1. 次级机构及人员的设置和配备

学前教育机构内部次级机构和人员应是幼儿园根据国家有关的法律文件，结合幼儿园事业发展的实际，考虑幼儿园管理的传统加以设置和配备的。幼儿园内部次级机构和人员的设置和配备，对于完成幼儿园各项工作是必不可少的。次级机构和人员的设置

第七章　学前教育机构体制的诊断与咨询

及配备,在一定程度上体现了幼儿园内部体制的一些特征及运行状况。因此,在考察幼儿园内部行政体制时,必须关注幼儿园次级机构的设置及人员配备的情况。对学前教育机构设置和人员配备的诊断与咨询应从以下几个方面加以考虑:

(1)次级机构和人员的有与无。根据《全日制、寄宿制幼儿园编制标准》,幼儿园应设立一些对于履行幼儿园工作的基本职能所必需的次级机构,并配备相关的人员。幼儿园作为一个机构,性质有别,规模有别,基本条件有别。因此,次级机构的设置及相关人员的配备也一定有所不同。对于幼儿园来说,最为基本的次级机构是班级。班级是履行幼儿园职能的基本单位,不管幼儿园的规模有多大的差别,都要以班级这一最基本的形式来组织幼儿,不管是同龄班还是混龄班。因此,班级是幼儿园必不可少的次级机构。为了使班级这个次级机构发挥作用,还必须配备教师及其他工作人员。不同的幼儿园中,班级的规模及教师的数量可能有一些差别。除了班级这一次级机构外,根据幼儿园的状况,还可能设立的机构有:园长办公室,配备一个园长及若干个副园长(副园长数量由幼儿园的规模决定);卫生保健室,配备保健员若干人(保健员数量由幼儿园规模决定);后勤组,配备后勤人员若干名(后勤人员数量由幼儿园的规模决定);炊事组,配备炊事人员若干名(炊事人员数量由幼儿园的规模决定);资料室,配备资料员(资料员数量由幼儿园的规模决定)。这些次级机构是幼儿园运转所需要的基本机构。但由于幼儿园规模大小有别,有些幼儿园在此基础上,还新增了一些机构,并切实地发挥了作用,而另一些幼儿园,对这些机构进行了合并,机构中的人员是互兼的。那么,如何衡量次级机构和人员的设置和配备呢?首先,我们应考察的是是否具有次级机构和相关人员。次级机构和人员的设置和配备是幼儿园履行职责的基础和前提。

(2)次级机构及相关人员设置及配备的合理与不合理。幼儿园拥有各种次级机构,只是幼儿园次级机构状况的一个基本方面,要深入了解这些次级机构及人员的状况,还应考察机构和人员的合理性。合理性的主要考察依据是次级机构及人员职责履行的情况。也就是说,合理的设置和配备意味着幼儿园的各项工作都能得到圆满的完成,幼儿园获得了良好的工作成效,这就说明了幼儿园的次级机构和人员设置和配备是合理的。幼儿园次级机构设置和人员配备中应避免职能重复和职能不清的机构,避免无所事事的人员,也应避免工作负荷差异过大。由于幼儿园的规模大小不同,幼儿园内部的次级机构的种类及需要的人员应有差别,但幼儿园基本职责的履行是所有幼儿园的目标,幼儿园内部所有人员的工作积极性得到充分调动是幼儿园共同的目标,使幼儿园取得良好的成效是所有幼儿园共同的目标。

2. 次级机构的权限

幼儿园也履行相应的行政职能,幼儿园中的各次级机构也拥有一定的权限。对幼儿园中各次级机构的权限的诊断与咨询应从以下几个方面加以考虑:

(1)权限的清晰与模糊。每一个次级机构都应履行一定的职能,也都应拥有一定的权力。在设置幼儿园的次级机构时,必须同时确定次级机构的权限。次级机构的权限越清晰,就越有利于次级机构及相关人员履行职能。相反,次级机构的权限越模糊,就越不利于次级机构履行职能,甚至还会造成次级机构之间的矛盾,从而削弱整个幼儿园的凝聚力。此外,次级机构权限的清晰度,也在一定程度上反映了幼儿园授权予责、受权纳责的状况,反映了幼儿园管理的总体水平,也反映了幼儿园内部体制的总体状况。

(2)权限的合理与不合理。在幼儿园中,各次级机构的权限清晰了,并不意味着幼儿园内部体制就合理了。权限清晰只是一个基本的、初步的标准,还应该衡量次级机构的权限是否合理,次级机构拥有与所尽职责不相称的权力就是不合理的。因此,衡量

第七章 学前教育机构体制的诊断与咨询

权限是否合理的基本标准是其与职责的一致性程度。在幼儿园中，次级机构过大的决定权和没有任何决定权都是不合理的。合理的体制倡导的是在职责范围内拥有相应的权力，以便更好地履行相应的责任。

（3）权限的稳定与变化。次级机构的权限应该相对稳定。这符合现代管理学的授权原理。如果次级机构的权力忽有忽无，让相关的人员捉摸不定，就不利于次级机构相应职能的发挥。但次级机构的权限又不应绝对地固定不变，而应根据幼儿园总的工作状况，根据幼儿园规模的变化，根据上级有关的法规、政策，灵活地进行修正和改变，以应对幼儿园总体体制中不断出现的新情况。不管是变还是不变，都应以最高的管理成效为衡量标准，以最有效地促进幼儿的发展为根本目的，避免机械刻板和变化无着。

3. 次级机构的职责

在幼儿园中，各次级机构及相应的人员拥有一定的权力，就应该承担相应的职责。在此，责任是幼儿园中各次级机构和有关的人员应该履行的工作义务。对各次级机构履行职责的诊断与咨询应从以下几个方面加以考虑：

（1）职责的清晰与模糊。与权限要清晰一样，职责也应清晰。职责的清晰主要表现在幼儿园总的工作任务都落实到相关的次级机构之中。并且，不同的机构之间既有联系，又履行各自的职责，不同的次级机构没有为职责的履行产生矛盾，幼儿园作为一个组织的整体成效发挥良好。如果幼儿园中次级机构的职责模糊，就很难出现这种结果。

（2）职责的合理与不合理。职责的清晰不能最终决定职责能否得到有效的履行。要使职责真正得到有效履行，除了考虑职责的清晰外，还必须考虑职责是否合理。所谓职责合理，主要是指职责与职权是否相称，即有多大的权力就履行多大的职责。当然，职责的合理性还表现在职责与人员的素质等方面。

(3)职责的稳定与变化。次级机构的职责与次级机构的权限一样,也应该相对稳定。只有保证职责的相对稳定,才能确保相关的人员不断钻研,不断探索工作的规律,不断提高工作的成效。也只有保证职责的相对稳定,才能使工作人员具有安全感、成绩感和归属感,才能不断地提高人们的工作积极性。与此同时,我们也应鼓励适度的变化,这种变化不是心血来潮,不是求异追新,而是顺应幼儿园整体状况的改变。如规模的扩大或缩小,发展目标的合理转移,等等。但这种变化应保持在合理的限度内,并应是有序的变化,避免职责变化过大、过快及无序。

4. 机构体制中的沟通

行政沟通是各级行政部门之间协调、合作的重要途径。在幼儿园中,次级机构也应该有良好的沟通。各次级机构之间有没有良好的沟通,在一定程度上,决定了幼儿园总体体制的运行水平和质量。因此,在幼儿园这一行政体制中,应把沟通看做是发挥工作成效的不可缺少的途径。对机构体制中各分机构的沟通的诊断与咨询应从以下几个方面加以考虑:

(1)下情上达与上情下达的有效与无效。沟通是指互为主客体的双方甚至更多方面之间的信息传递。一个组织,从一定程度上说,是通过沟通来维系的,或者可以说,沟通是组织的生命所在。沟通的质量决定了组织的质量和组织的成效。在幼儿园中,也大量地存在着沟通现象。在众多的沟通中,可以清理出两条基本的线索。一条是自上而下的线索,另一条是自下而上的线索。前者,我们称之为上情下达,后者,我们称之为下情上达。上情下达和下情上达是否有效,取决于这两条线索是否通畅。这两条线索通畅与否,又受到多方面因素的影响。其中,最主要的是,次级机构中的人员的传递信息的热情、方式,幼儿园的总体氛围,幼儿园领导的意识,等等。在下情上达和上情下达的过程中,尤其要避免的是信息的过度损耗和扭曲。因为,信息的过度损耗和扭曲经常会导

第七章　学前教育机构体制的诊断与咨询

致不良的后果,造成组织内部的矛盾和问题。

(2)检查与汇报的制度化与非制度化。根据我国的《幼儿园工作规程》,幼儿园内部的检查和汇报是幼儿园正常运转所必不可少的,也是幼儿园工作人员和园长的基本职责。园长对幼儿园各类工作人员的检查,各类工作人员之间相互的检查,都是有法规依据的。同样,无论是园长向全体职工汇报还是各类职工向园长汇报工作,或员工之间互相汇报工作,也是法规所倡导的。其实,检查与汇报,是沟通的两种特殊形式,也是两种重要的形式。幼儿园不能没有这些沟通。幼儿园应努力将这两种沟通形式制度化、经常化,使这两种沟通形式真正在形式的管理工作中产生成效。如果检查和汇报忽有忽无,检查就成了纯粹的对员工的监督,汇报就成了纯粹的接受监督,那么,检查和汇报就难以真正取得成效,难以调动工作人员的积极性。所以,检查和汇报应是经常化和制度化的,人们应能从检查和汇报中获得经验,并将检查和汇报看做是有价值的沟通方式。

(3)不同层次行政机构之间的协作与对抗。任何层次的行政机构都是建立在特定关系的基础之上的。在这些关系中,上下级行政机构之间的关系是重要的关系方面。协调上下级行政机构之间的关系,对于一个组织的生存和发展都具有重要的意义。幼儿园作为一个行政组织,具有特定的体制,在这个体制中,有不同层次之间的行政次级机构,这些不同层次的机构之间联系与协作的程度,在一定程度上决定了幼儿园工作的成效。幼儿园体制的改革和建设,就是要引导不同层次的机构之间是合作的关系、协调的关系,而不是对抗和冲突的关系。对不同层次行政机构之间关系的了解,必须深入到不同层次行政机构的实践之中,通过现实的多种次级机构之间互动的进程,判断它们之间关系的性质,并进而发现问题和不足。

案例分析：

来访者：我真是不明白，我们做老师的时候，年级组一直发挥了很大的作用。现在，年级组的活动很难开展起来。这学期，年级组长的会我已经开了三次，但年级组的活动还是没有起色。是不是现在的老师组织观念太差了？还是年级组长没有选好？

咨询者：我很想知道，为什么要设立年级组？

来访者：我们幼儿园有 11 个班，都由园长管理往往会不够深入，园长也无法照顾每一个班。年级组长是园长的助手，年级组是园长下面的一个管理层次。以前我们年级组经常集体备课、听课、学习和讨论，同一个年级总是有许多共同的问题。

咨询者：年级组长是教师吧？

来访者：是的。

咨询者：年级组长既然是教师，我想她们不可能真正成为园长在管理上的助手。因为，她们应该把绝大部分的注意力放在自己的班上。如果要她们承担年级管理的任务，我感到有点勉为其难。

来访者：主要的事情当然还是由园长来管。

咨询者：对于各个班级来说，绝大多数的事务她们自己会管理，这也是教师和保育员的职责，要园长管的不就是重要的事务吗？

来访者：你的意思是说年级组是多余的？

咨询者：不能绝对这么说，对于大部分幼儿园而言，从管理的意义上说，年级组并不是非有不可的。

来访者：那为什么我们市里那么多的幼儿园都有年级组呢？

咨询者：据我所知，大部分幼儿园的年级组更多的是具有学习和研究群体的功能，而不是一级管理组织的功能。也就是说，年级组主要是一个共同学习和研究的组织，是一个履行幼儿园多方面的综合管理职能的组织。

来访者：其实，我发现，就是共同学习和研究，比如开展教研活动，现在的年级组也不如过去的年级组。

第七章　学前教育机构体制的诊断与咨询

咨询者:我想,与过去的不同,有时是退步,有时却可能是进步。比如年级组,过去可能更多地强调统一,统一的教材、统一的教案、统一的教学组织方式。今天我们更多地要求教师创新,要求教师从本班幼儿的实际出发设计和组织教学,集体备课似乎无法达成这样的要求。如果今天的年级组不如以往活跃,没有从事以往年级组从事的活动,也不一定是坏事。

后　　记

　　《学前教育诊断与咨询》自学考试教材,是根据全国高等教育自学考试学前教育专业(本科)考试计划的要求编写的。于2002年8月全国考委教育类专业委员会聘请专家对此书稿进行了评审。

　　本教材由南京师范大学教科院顾荣芳博士、副教授主持编写。参加本书编写的人员有:第一、第六章由顾荣芳博士、副教授编写,第二、第七章由虞永平博士、副教授编写,第三章由博士研究生邱学青副教授编写,第四章由孔起英博士、副教授编写,第五章由博士生导师许卓娅教授编写,全书由顾荣芳统稿。对本书审稿的专家有北京师范大学陈帼眉教授、北京教科院徐明副研究员。

　　感谢南京师范大学学前教育系唐淑教授在本书编写过程中提出了许多有价值的建议!感谢《早期教育》编辑部曾经刊登"学前教育诊断与咨询问卷",感谢全国各地的幼儿教师填写问卷并如实反映了幼教实践中出现的各种各样的问题。正是因为有了大家的关心,本书才得以顺利脱稿。

　　由于编写《学前教育诊断与咨询》是一项极具开创性的工作,编写人员水平有限,编写时间较为紧迫,故书中难免留有缺点和错误,敬请广大读者提出宝贵意见!

　　本教材最后由全国高等教育自学考试指导委员会审定。

全国考委教育类专业委员会
2002年8月

附

学前教育诊断与咨询自学考试大纲

全国高等教育自学考试指导委员会　制定

《自学考试大纲》出版前言

为了适应社会主义现代化建设事业对培养人才的需要,我国在20世纪80年代初建立了高等教育自学考试制度,经过20多年的发展,高等教育自学考试已成为我国高等教育基本制度之一。高等教育自学考试是个人自学、社会助学和国家考试相结合的一种崭新的高等教育形式,是我国高等教育体系的一个组成部分。实行高等教育自学考试制度,是落实宪法规定的"鼓励自学成才"的重要措施,是提高中华民族思想道德和科学文化素质的需要,也是造就和选拔人才的一种途径。应考者通过规定的考试课程并经思想品德鉴定达到毕业要求的,可以获得毕业证书,国家承认学历并按照规定享有与普通高等学校毕业生同等的有关待遇。

从80年代初期开始,各省、自治区、直辖市先后成立了高等教育自学考试委员会,开展了高等教育自学考试工作,为国家培养造就了大批专门人才。为科学、合理地制定高等教育自学考试标准,提高教育质量,全国高等教育自学考试指导委员会(以下简称全国考委)组织各方面专家对高等教育自学考试专业设置进行了调整,统一了专业设置标准,全国考委陆续制定了几十个专业考试计划。在此基础上,各专业委员会按照专业考试计划的要求,从造就和选拔人才的需要出发,编写、修订了相应专业的课程自学考试大纲,进一步规定了课程学习和考试的内容与范围,有利于社会助学,使自学要求明确,考试标准规范化、具体化。

学前教育诊断与咨询

全国考委根据国务院发布的《高等教育自学考试暂行条例》,参照教育部拟定的普通高等学校有关课程的教学大纲,结合自学考试的特点,组织制定了《学前教育诊断与咨询自学考试大纲》(含考核目标),现经教育部批准,颁发试行。

《学前教育诊断与咨询自学考试大纲》(含考核目标)是该课程编写教材和自学辅导书的依据,也是个人自学、社会助学和国家考试(课程命题)的依据,各地应认真贯彻执行。

全国高等教育自学考试指导委员会
2002 年 8 月

I 课程性质与设置目的

一、课程性质和特点

《学前教育诊断与咨询》是学前教育专业(独立本科段)的专业选修课。它研究学前教育诊断与咨询的基本原理;探讨学前教育机构的环境、体制,学前教育的师资、课程、教科研工作,学前儿童的游戏活动、日常生活等方面普遍存在的问题,从而有针对性地提出教育建议。

二、本课程的基本要求

通过《学前教育诊断与咨询》的学习,要求学生掌握学前教育诊断与咨询的基本原理,熟悉学前教育诊断与咨询的基本过程和相互关系,能够针对学前教育过程中出现的常见问题做出初步的诊断,并学会提出有的放矢的教育建议。

三、本课程与相关课程的联系及区别

《学前教育诊断与咨询》与学前教育专业众多科目都有一定的联系,其内容涉及面广。与一般课程的相异之处则在于它从学前教育的常见问题入手,对学前教育过程进行分析、诊断,因此,它更具针对性、实用性和指导性。

Ⅱ 课程内容与考核目标

第一章 学前教育诊断与咨询基本原理

一、学习目的与要求

通过本章的学习,要求学生能够深入理解学前教育诊断、学前教育咨询的基本内涵,了解学前教育诊断与咨询的主要功能,熟悉学前教育诊断与咨询的基本过程及相互关系,引发学生深入思考学前教育领域的各种教育病理现象并积极创造教育对策。

二、课程内容

第一节 学前教育诊断与咨询的基本内涵及功能

(一)学前教育诊断与咨询的基本内涵

1. 学前教育诊断的基本内涵

学前教育诊断是指学前教育专家对某个或某些学前教育机构当前的教育状态所做的判断与鉴定。

学前教育诊断的主要目的。

学前教育诊断具有的特性:(1)教育性(2)求因性(3)客观性(4)个别性。

2. 学前教育咨询的基本内涵

学前教育咨询是指咨询者通过语言、文字等媒介,通过对来访者的教育观念和教育行为施加影响,从而帮助来访者解决学前教育工作中的具体问题,为学前教育机构或学前教育工作者提供专业智力服务。

学前教育咨询的途径。

学前教育咨询的对象。

3. 诊断者、咨询者和来访者

学前教育诊断与咨询中,具有专业知识和技能,能够为来访者提供诊断或咨询服务者被称为诊断者或咨询者。诊断者和咨询者往往是学前教育理论与实践专家。诊断者主要负责对来访者的教育状态做出判断和鉴定,咨询者主要负责为来访者分析当前的教育现状并提出教育策略。

要求接受咨询服务并要求解决问题者被称为来访者,来访者有时代表个人,有时代表某个学前教育机构。

4. 学前教育诊断与咨询工作者的基本素养

熟悉学前教育机构的基本情况并有丰富的专业经验,具有一定的学前教育理论修养。

具备一定的人格素质。

(二)学前教育诊断与咨询的主要功能

1. 学前教育诊断的主要功能

(1)收集来访者的基础资料。

(2)确定咨询对象。

(3)明确问题出现的背景和条件。

(4)把握问题的实质。

2. 学前教育咨询的主要功能

(1)帮助来访者梳理存在问题、认识问题症结。

(2)咨询者和来访者共同确定教育需要。根据诊断结果,咨询者与来访者共同确定特殊教育需要。

(3)提供教育行为策略,帮助来访者自我改进。

第二节 学前教育诊断与咨询的原则

(一)学前教育诊断的原则

1. 客观真实的原则:注重客观事实,对来访者所面临的教育病理现象产生的背景以及表现出的特殊性尽可能做出最客观的分析,确保诊断的真实可靠。如条件许可,诊断者应亲临现场观察、分析和判断。

2. 科学有序的原则:需要凭借诊断标准,对是否存在教育病理现象、存在何种类型的教育病理现象等做出有科学依据的鉴定,其鉴别过程又是遵循一定规律的有序进程。

3. 耐心谨慎的原则:审慎地加以评价和诊断,切不可以偏概全,做出与事实相悖的结论,误导来访者。

(二)学前教育咨询的原则

1. 咨访结合原则:良好的咨询效果有赖于咨访双方的有效互动,离开了任何一方的积极参与,咨询的效果都会事倍功半。

2. 综合原则:咨询者要善于综合分析,要尽可能地考虑导致问题产生的多种因素及其相互关系;避免头痛医头、脚痛医脚。

3. 灵活原则:咨询者能够最大限度地根据来访者的特殊性,灵活地应用咨询理论、方法,以便取得最有效的咨询效果。

4. 保密原则:有些教育问题可能纯属某学前机构的内部问题,咨询者不应将诸如此类的问题泄露给其他人。

5. 尊重原则:咨询者与来访者应该相互尊重,否则容易使咨访双方都产生不满情绪,不利于咨询活动的开展。

第三节 学前教育诊断与咨询的基本过程及相互关系

(一)学前教育诊断的基本过程

1. 全面诊察

该阶段的主要任务是收集信息。诊断者收集的信息越全面,信息反馈就越准确。可从以下纬度把握信息的来源:(1)时间纬度;(2)主客观纬度。

2. 筛选补充

对诊察阶段获得的众多资料进行审查,筛选出最典型、最能反映本质问题的有价值的信息,并进行资料与信息的归类。

3. 问题探索

通过对众多有价值信息的分析归纳,探索来访者存在的主要问题,分辨问题的主次。

4. 症结判断

该阶段旨在分析问题产生的缘由、判定问题的症结,将教育病理现象与可能的原因联系起来。

(二)学前教育咨询的基本过程

1. 目标设定

咨询目标确立的依据。

目标设定在咨询过程中具有的重要意义。

咨询中必须通过咨访双方的互动,商定咨询目标。

咨询目标最终仍由咨询者确定。

终极目标和中间目标;修正目标和发展目标。

2. 方案探讨

咨询目标确定以后,咨访双方商议策略,探讨解决问题的方案或行动计划。方案探讨需要根据来访者存在问题的性质、严重程度、特定的环境条件以及咨询者的策略和专业知识与技术储备,结合已经确立的咨询目标进行。

3. 方案实施

在来访者接受既定方案的前提下,进入方案实施阶段,即以一定的学前教育理论为指导,按照设定的目标行动。

4. 评估终止

评估终止是指对咨询的整体效果做出总结性评价,并且根据实际情况终止咨访关系。

咨访关系终止的主要原因。

(三)学前教育诊断与咨询的相互关系

1. 一般而言,科学的诊断是有效咨询的前提。

2. 诊断与咨询的各个阶段存在着交叉。
（四）学前教育诊断与咨询中的注意点
1. 不要轻易打断来访者的谈话。
2. 不要过早地对来访者加以褒贬。
3. 不要过早地解释。

三、考核知识点
1. 学前教育诊断与咨询的基本内涵。
2. 学前教育诊断与咨询的基本原则。
3. 学前教育诊断与咨询的基本过程。

四、考核要求
识记：
1. 学前教育诊断。
2. 学前教育咨询。
3. 诊断者、咨询者、来访者。
领会：
1. 学前教育诊断的原则。
2. 学前教育咨询的原则。
简单应用：
1. 学前教育诊断的基本过程。
2. 学前教育咨询的基本过程。
综合应用：
学前教育诊断与咨询的组织。

第二章　学前课程的诊断与咨询

一、学习目的与要求
通过本章的学习，要求考生能较全面地、深入地理解学前课程诊断与咨询的基本内容，了解学前课程诊断与咨询的基本途径和方法，熟悉学前课程方案和学前课程实施过程中出现的一些主要问题,引发学生在学前课程诊断与咨询的领域中对相关的理论问题和实践策略作进一步的深入探究。

二、课程内容

第一节 学前课程方案的诊断与咨询

学前课程方案是指学前课程在实施前的书面表达形式。它包括学前课程的基本理念、目标、内容及其组织、基本的活动形式、评价的途径和方法等方面的内容。由于每一个课程有特定的理念,不同的课程理念对教育行政部门、幼儿园、教师及幼儿在课程设计和实施中的作用有不同的规定,因此,不同的课程方案的详略程度是不同的。从我国当前的幼儿园课程方案来看,有些课程方案详尽、具体,有些课程方案简约、粗略。那么是否存在一个课程方案诊断与咨询的一般路径呢?答案是肯定的。

(一)学前课程方案诊断与咨询的基本步骤

1. 寻找学前课程方案的整体文本。
2. 研读学前课程方案。
3. 通过多种方式理解学前课程方案。
4. 参考一些与方案相关的文献。

(二)学前课程方案诊断的基本内容

要诊断和咨询一个课程方案,一般应从以下几个方面加以考察:

1. 学前课程理念

课程理念是课程的指针,也是课程的灵魂。对课程理念的诊断与咨询应从以下几个方面加以考虑:

(1)学前课程理念的有与无。

(2)学前课程理念的清晰与模糊。

(3)学前课程理念的一致与矛盾。

(4)学前课程理念的正确与错误。

(5)学前课程理念的下移与停滞。

（6）学前课程理念的体现与扭曲。

2. 学前课程目标

课程目标是课程实施结果的预期,也是课程实施的现实指向。对课程目标的诊断与咨询应从以下几个方面加以考虑：

（1）学前课程目标的有无与全缺。

（2）学前课程目标的可能与不可能。

（3）学前课程目标的全指向与多指向。

（4）学前课程目标的必要与不必要。

（5）学前课程目标的增加与遗漏。

3. 学前课程内容

课程内容是根据课程目标和现实的教育资源加以选择的各类活动内容,也是一些幼儿经过努力可以获得的经验。对课程内容的诊断与咨询应从以下几个方面加以考虑：

（1）学前课程内容与目标的一致与不一致。

（2）学前课程内容的经验化与非经验化。

（3）学前课程内容的确定与不确定。

（4）学前课程内容的平衡与不平衡。

（5）学前课程内容的生活化与非生活化。

4. 学前课程结构

课程结构是指课程内容组织的较为稳定的和基本的形式,它是课程的一个基本框架。对课程结构的诊断与咨询应从以下几个方面加以考虑：

（1）学前课程结构与学前课程理念的一致与不一致。

（2）学前课程结构的完善与不完善。

（3）学前课程结构的合理与不合理。

5. 学前课程实施的策略

课程实施策略是指课程实施过程中需要采用的方法、内容及形式的有机组合,是课程实施的技术性要素。对课程实施策略的诊断与咨询应从以下几个方面加以考虑：

（1）实施策略与学前课程理念的一致与不一致。

（2）实施策略的单一性与多样性。

（3）实施策略的有机性和离散性。

（4）实施策略的确定与不确定。

6. 学前课程评价的策略

课程评价是对课程实施成效所做的价值判断，是对课程实施所取得的各种结果的系统衡量。课程评价策略是指课程评价过程中所采用的方法、手段和形式等的有机组合。对课程评价的诊断与咨询应从以下几个方面加以考虑：

（1）评价方案的有与无。

（2）评价指导思想的正确与错误。

（3）评价策略的科学与非科学。

（4）评价主体的广泛与单一。

（5）评价内容的全面与片面。

学前课程方案咨询应从方案反映的实际情况出发，围绕课程观念及各个课程要素的合理性开展咨询，也涉及课程设计技术方面的咨询。

第二节 学前课程实施的诊断与咨询

课程实施的诊断是对形式的教学活动、生活活动及游戏活动等活动的诊断，它面对的不是一个文本，而是教师、幼儿以及环境的相互作用的过程。课程实施过程诊断与咨询的一般要求是：

（1）关注学前课程实施的各类活动。

（2）关注各类活动的每一个环节。

（3）尽可能地关注每一个幼儿的活动。

（4）关注多层次的互动过程。

（5）关注教师作用的发挥。

对课程实施的诊断与咨询,应从以下几方面加以考察:

1. 系统教学活动

系统教学活动是幼儿园课程实施的重要手段之一。系统教学不只是一个教师讲授的过程,也是一个师生互动并最大限度地引发幼儿通过自身的操作、体验等获得发展的过程。系统教学活动的诊断与咨询应从以下几个方面加以考虑:

(1)活动反映的理念的正确与错误。

(2)活动中教师与幼儿作用发挥的合理与不合理。

(3)活动中幼儿的投入与不投入。

(4)活动材料的适宜与非适宜。

(5)活动策略的应变与刻板。

(6)活动中目标的达成与未达成。

2. 日常生活活动

日常生活活动是学前课程的重要组成部分,也是十分重要的部分。对日常生活活动的关注,体现了学前课程把幼儿的身体发展放在首位的特点,因此,关注生活活动体现了学前课程的特质。对生活活动的诊断与咨询应从以下几个方面加以考虑:

(1)对日常生活活动的重视与忽视。

(2)日常生活活动的有序与无序。

(3)日常生活活动的有效衔接与过多等待。

(4)日常生活活动中教育的渗透与隔离。

(5)日常生活活动中教师与幼儿作用发挥的合理与不合理。

3. 游戏活动

游戏是幼儿重要的活动形式,也是一种幼儿最为自由、自主的活动形式。游戏活动是学前课程内容的重要组成部分。游戏活动的诊断与咨询应从以下几个方面加以考虑:

(1)游戏活动的真实与虚假。

(2)游戏活动的自主与非自主。

（3）游戏材料的丰富与贫乏。
（4）游戏的教师参与与非参与。
（5）游戏中的创新与死板。
（6）游戏中规则的合理与不合理。

对于学前课程实施的咨询，应针对诊断中反映的主要问题，从理念、方法、形式、手段等方面加以咨询。因此，咨询的重点应是观念的咨询和实施技术方面的咨询。

三、考核知识点

1. 学前课程方案的诊断与咨询的内容范围；课程理念的诊断与咨询；课程目标的诊断与咨询；课程内容的诊断与咨询；课程结构的诊断与咨询；课程实施策略的诊断与咨询；课程评价策略的诊断与咨询。

2. 学前课程实施的诊断与咨询的内容范围；教学活动的诊断与咨询；生活活动的诊断与咨询。

四、考核要求

识记：

1. 学前课程方案。
2. 学前课程方案包含的要素。

领会：

1. 学前课程方案的特点与学前课程诊断与咨询的内容、范围之间的关系。
2. 学前课程理念诊断与咨询的考虑因素。
3. 学前课程目标诊断与咨询的考虑因素。
4. 学前课程内容诊断与咨询的考虑因素。
5. 学前课程结构诊断与咨询的考虑因素。
6. 学前课程评价诊断与咨询的考虑因素。
7. 系统教学活动诊断与咨询的考虑因素。
8. 日常生活活动诊断与咨询的考虑因素。

简单应用：
1. 操作一个课程因素诊断与咨询的基本过程。
2. 操作一种课程活动类型诊断与咨询的基本过程。
综合应用：
1. 综合多个课程因素的诊断信息，并对课程方案作深入的咨询。
2. 综合多种课程活动的诊断信息，并对课程实施状况作深入的咨询。

第三章　学前儿童游戏活动的诊断与咨询

一、学习目的与要求

掌握学前教育机构开展游戏活动诊断与咨询的有关知识，熟悉学前儿童游戏活动指导的特点，并能对学前儿童游戏的水平做出正确的诊断和评价；熟练掌握学前教育机构游戏活动的指导策略，并具备将其运用到游戏活动的组织与领导中解决实际问题的能力。

二、课程内容

第一节　学前教育机构游戏环境设置的诊断与咨询

（一）学前教育机构的游戏环境

1. 环境：指个体生活的所有外部条件的总和，包括自然环境和社会环境。

2. 游戏环境：指为幼儿游戏所提供的条件，包括物质环境和心理环境。物质环境主要是指幼儿园各种人工或非人工的游戏空间和场地、游戏材料、游戏时间等；心理环境是指游戏中的人际交往和心理氛围，包括教师与幼儿之间的师幼关系、幼儿与幼儿之间的同伴关系以及宽松、自由、平等的游戏氛围等。

（二）游戏环境设置的一般问题及其对策

1. 游戏环境设置的一般要求

2. 游戏环境设置存在的一般问题

(1) 游戏环境的设置缺乏刺激性

游戏环境的设置应该是幼儿已有经验的再现,它的作用在于激发幼儿在与环境的相互作用中获得发展。而目前的游戏环境设置,只是给幼儿提供了一个游戏的场所,而且这种地方往往物品单调乏味,幼儿在游戏时并不能从中获得更多的经验。

(2) 游戏环境的设置缺乏层次性

幼儿园不同年龄班幼儿的经验和发展水平是有差异的,为他们玩游戏提供的游戏环境,应该体现出年龄要求的层次性。而大部分幼儿园游戏环境的设置,都千篇一律,没有个性,这种体现不出幼儿的年龄特点的游戏环境,是不符合幼儿身心发展规律的。

(3) 游戏环境的设置缺乏合理性

幼儿园游戏环境的设置缺乏合理的布局,主要是由教师凭借自己的主观经验为幼儿设置的。这种环境往往超出幼儿的已有经验及其认知发展的特点,在空间的利用方面缺乏合理的考虑,在布局上显得凌乱而松散,影响了幼儿游戏的正常开展。

(4) 游戏环境的设置缺乏计划性

游戏环境作为幼儿园环境的一个重要组成部分,应该体现出其教育价值。由于幼儿教师对游戏的认识存在偏差,使得游戏环境的设置缺乏教育的计划性。教师在为幼儿提供游戏主题和材料时,没有考虑"为什么"、"怎么样"提供既符合幼儿经验又能促进其向着"最近发展区"发展的环境。一般的做法是盲目地模仿学习别人的经验或者是自己的主观经验,有时也有部分来自于幼儿的需要。由于这种游戏的环境缺乏教育的计划性,致使幼儿园游戏成为可有可无的活动。

3. 游戏环境设置的对策

美国学者布朗芬·布伦纳认为环境既能提供机会,又能产生潜在的危机。如果幼儿在环境中被剥夺了经验,就会产生压力感和紧张感,从而影响其发展;如果环境提供了机会,幼儿就会朝着社会文化目标的方向发展。他从生态学的观点提出幼儿是自己发展的主动参与者,而不是被动接受者。正如蒙台梭利所主张的那样:让幼儿在适宜的环境里从事愉快的活动,通过有趣的"工作"来塑造自己的精神,才能使幼儿达到"正常化"。因此,为幼儿创设良好的游戏环境,有利于促进幼儿的发展。

第一,为幼儿开展游戏设置丰富的游戏环境

所谓丰富的游戏环境,就是指有足够的游戏空间和场地,有多样性的可变化的游戏材料,有充足的游戏时间以及多样性的游戏同伴等。这样的环境能激发幼儿的好奇心和求知欲,引导幼儿朝着教育所希望达到的目标发展;既是幼儿熟悉的环境,又是能引起幼儿主动、积极探索的环境。只有丰富多彩的环境才能刺激幼儿去发现问题、解决问题,激发他们从游戏中去学习和寻求有用的知识经验。

第二,为幼儿开展游戏设置开放的游戏环境

开放的游戏环境,是指游戏的时间、空间对幼儿来说都是可以自由支配的,游戏的玩具材料对幼儿来说是可以随意取放的,是共享的,游戏中的人际关系是平等的、互动的、和谐的。这种开放的游戏环境一般可以从几个方面来创设。

第三,为幼儿开展游戏设置参与的环境

参与的游戏环境,就是符合幼儿年龄特征和需要的、幼儿可以自主地与之发生互动的环境。只有符合幼儿年龄特征的游戏环境,才是幼儿感兴趣的环境。只有符合幼儿需要的游戏环境,幼儿才愿意参与。设置参与的游戏环境,应满足的几个要求。

第二节 学前教育机构游戏活动指导策略的诊断与咨询

(一)学前教育机构游戏活动指导的要求

在指导游戏活动时,要正确处理好几对关系:

1. 教育与娱乐

幼儿在游戏中成长,游戏对于幼儿来说,其价值不应该仅仅在满足快乐上,而应该在满足快乐的同时也获得发展上。幼儿通过游戏增长知识和经验,通过游戏获得各种能力的发展。

2. 规则与自由

规则与自由是相互对立的,也是同步的;不同年龄班的培养重点是不一样的。游戏中的自由必须建立在一定的规则约束之上。

3. 现实与创造

教师在游戏中要鼓励幼儿在现实的基础上去创造。如果总是以成人的眼光来评判幼儿的游戏,就会影响幼儿游戏中创造力和想像力的发展。

4. 自主与指导

研究表明:由教师指导的游戏更能促进幼儿游戏水平的提高和幼儿能力的发展。教师在鼓励幼儿自主探索、尝试的前提下,给予幼儿适当的帮助是非常重要的,这样不仅能使游戏得以继续延伸,而且能让幼儿在尝试的过程中获得成功感和胜任感。

(二)学前教育机构游戏活动指导存在的一般问题及其对策

1. 存在的一般问题

第一,对幼儿的游戏活动缺乏真正的观察

具体表现为不观察、不会观察、会观察不会记录以及会观察记录不会分析利用观察的结果。以上都没有在实质上对游戏起任何指导作用。

第二,对幼儿是游戏的主人缺乏足够的尊重

重直接的语言指导,轻幼儿在游戏中的自由探索。

第三,对幼儿游戏的特点缺乏充分的认识

重游戏的结果轻游戏的过程体验,重游戏的逼真形式轻幼儿在游戏中的创造性发挥。

2. 指导游戏的对策

第一,针对不同的年龄特征指导游戏

教师在指导游戏时,一定要根据幼儿的年龄特征来加以指导。幼儿园三个年龄班的游戏水平是不同的,小班的幼儿由于认知发展的不平衡,特别容易受到外界环境的影响,模仿周围的人和事,因此,"平行游戏法"特别适用于小班。中、大班的幼儿则可以用"交叉游戏法"、"游戏经验分享法"进行指导。

第二,针对不同的游戏主题指导游戏

幼儿玩游戏时,在不同的游戏主题中表现出的问题可能是不同的。在角色游戏中可能是不会与人交往而发生冲突;在结构游戏中可能需要的是技能或是辅助材料提供方面的指导。在同一类主题的游戏中,由于经验的多少等原因也会出现不同的问题。所以,对不同的游戏,其指导方法是不一样的。

第三,针对不同的情节发展指导游戏

幼儿游戏的情节发展要经历产生、发展、高潮、结束等阶段。幼儿在每一个阶段的游戏情节、表现和需要是不一样的,对每一个阶段的指导也应该是不一样的。

第三节 学前儿童游戏发展水平的诊断与咨询

(一)游戏发展水平

游戏发展水平:指幼儿游戏的发展。

游戏的社会性发展水平。

游戏的认知发展水平。

(二)学前儿童游戏发展水平的诊断与咨询的方法

观察法。

谈话法。

作品分析法。

三、考核知识点

1.游戏环境。

2. 游戏指导策略。
3. 游戏发展水平。

四、考核要求

识记：

1. 游戏的环境。
2. 游戏的指导策略。

领会：

1. 学前儿童游戏的发展水平。
2. 学前儿童游戏活动开展的特点。
3. 学前教育机构游戏活动存在的问题及其成因。

简单应用：

1. 游戏物质环境设置的方法。
2. 游戏发展水平诊断与咨询的方法。

综合应用：

1. 学前教育机构游戏活动指导策略。
2. 学前教育机构游戏环境的创设。

第四章 学前教育机构环境设置的诊断与咨询

一、学习目的与要求

明确学前教育机构中物质环境、心理环境和信息环境三方面的具体内容，熟悉三种环境设置的一般要求，理解三种环境设置的常见问题及其成因，熟练掌握学前教育机构环境设置方面存在问题的诊断方法与咨询策略。

二、课程内容

所谓环境，是指人生活于其中并与之互动的一切条件的综合。个体的发展离不开环境，个体是在与环境的互动中得到发展的。而环境在影响个体的同时，也被个体所改造。儿童的发展是与周围环境主动积极地相互作用的结果。学前教育机构的环境是指学前教育机构内能影响生活于其中的个体的一切条件的综合。学前教育机构的环境分为物质环境、心理环境和信息环境三大部分。

第一节 学前教育机构物质环境设置的诊断与咨询

(一)学前教育机构物质环境的一般要求

学前教育机构的物质环境是指适应学前儿童教育和保育需要而建设的各种设施(如房舍与场地)与设备(如用具与教玩具)。幼儿教育离不开一定的物质基础。良好的物质环境对儿童的发展起着促进作用。但是,物质环境不是优质幼儿教育的决定性条件。

1. 物质环境应具有功能性。
2. 物质环境应具有安全卫生性。
3. 物质环境应具有经济性。
4. 物质环境应具有美观性。

(二)学前教育机构物质环境设置的常见问题

1. 物质环境设置的非参与性。
2. 物质环境设置安全隐患多。
3. 物质环境设置的成人化。
4. 物质环境设置的豪华与缺乏。

(三)学前教育机构物质环境设置常见问题的一般成因

1. 教育观念陈旧,不考虑儿童特点与利益。
2. 缺乏经济保障。
3. 模仿心理。

(四)学前教育机构物质环境设置常见问题的解决策略

1. 保障供给。
2. 更新教育观念,为儿童发展创设环境。
3. 实事求是、因地制宜。

第二节 学前教育机构心理环境构建的诊断与咨询

学前教育机构的心理环境是指影响生活于其中的个体的一切人际关系和情感氛围。它主要包括教师与幼儿之间、园长与教师之间、教师与家长之间的人际关系与情感氛围。它是保证幼儿园各项工作顺利开展的基本心理条件,也是幼儿学习的重要途径。

(一)学前教育机构心理环境的一般要求

1. 从宏观上看,教师与幼儿、园长与教师、教师与家长之间的关系首先是平等的社会成员关系。

2. 从中观上看,幼儿有受教师、家长教育和保护的权利,教师与家长、园长与教师之间是平等的教育合作者关系。

3. 从微观上看,教师与幼儿之间是动态的、多样化的关系,其角色随活动的变化而变化;教师与家长、园长与教师之间是互相合作的关系。

4. 从本质上说,幼儿园的心理环境应该是自由的。

(二)学前教育机构心理环境构建的常见问题

1. 整体心理环境的不平等,表现为园长不能公平地对待教师,教师不能公平地对待幼儿。

2. 在具体的教育活动中,教师与幼儿之间的关系具体表现为:一是教育活动以教师为中心,教师对幼儿的高控制、高约束;二是教师对幼儿放任,幼儿处于无约束状态。

3. 教师与家长之间的关系功利化,呈现教师指挥、家长被动配合的现象。

(三)学前教育机构心理环境构建常见问题的一般成因

1. 缺乏现代化的教育观念。

2. 不恰当的管理模式。

3. 缺乏适宜的教育能力与教育技巧。

4. 办园体制不规范造成园长与教师的心理压力大。

(四)学前教育机构心理环境构建常见问题的解决策略

1. 满足个体的需要。
2. 建立恰当的角色期待、合理的规章制度与评价模式。
3. 具备现代化的教育观念。
4. 提高教育能力,营造和谐的班级群体心理气氛。

第三节 学前教育信息环境开发的诊断与咨询

学前教育机构的信息环境是指影响生活于其中的个体的学习和成长的各种信息源的综合。它包括幼儿的信息环境、教师的信息环境和家长的信息环境三大部分。

(一)学前教育机构信息环境的一般要求

1. 幼儿信息环境的要求

幼儿园为幼儿所创设的信息环境要能为幼儿创造最近发展区,要能激发幼儿的学习、探索和玩耍的兴趣,应反映当地社区文化和传统。

2. 教师信息环境的要求

幼儿园为教师创设的信息环境可以包括业务信息环境和文化信息环境。业务信息环境要有助于教师日常教育教学活动的开展,即有助于教师教育水平的提高;文化信息环境要有助于教师自身素质的可持续发展。

3. 家长信息环境的要求

幼儿园为家长创设的有关家庭教育的信息环境要有助于家庭教育水平和家长自身教育素质的提高,有助于家长与幼儿园教育的互动。

(二)学前教育机构信息环境开发的常见问题

1. 幼儿信息环境的不足、超载与不恰当。
2. 教师信息环境的贫乏与不恰当。
3. 家长信息环境的贫乏与不恰当。

(三)学前教育机构信息环境开发常见问题的一般成因
1. 信息环境创设者缺乏筛选能力。
2. 不正确教育观念的影响。
3. 信息源不足。
(四)学前教育机构信息环境开发常见问题的解决策略
1. 树立正确的教育观念。
2. 培养信息鉴别能力。
3. 多渠道收集各种教育信息。
(五)诊断与咨询案例

三、考核知识点

1. 学前教育机构三种环境的内涵。
2. 学前教育机构三种环境设置的一般要求。
3. 学前教育机构物质环境设置的常见问题、成因及其具体解决策略。
4. 学前教育机构心理环境构建的常见问题、成因及其具体解决策略。
5. 学前教育机构信息环境开发的常见问题、成因及其具体解决策略。

四、考核要求

识记:
1. 学前教育机构环境设置三个方面的内涵。
2. 学前教育机构三种环境设置的一般要求。

领会:
1. 学前教育机构三种环境一般要求的内涵。
2. 学前教育机构三种环境设置的常见问题。
3. 学前教育机构三种环境设置的常见问题的成因。

简单应用:
1. 运用要求分析、诊断某一具体的学前教育机构的物质环境存在的问题及其成因。

2.运用要求分析、诊断某一具体的学前教育机构的心理环境存在的问题及其成因。

3.运用要求分析、诊断某一具体的学前教育机构的信息环境存在的问题及其成因。

综合运用：

根据某学前教育机构环境设置的实际情况进行分析与诊断，并能提出符合实际情况的具体咨询策略。

第五章 学前教育教科研工作的诊断与咨询

一、学习的目的与要求

通过本章的学习,要求学生能够比较全面深入地了解在学前教育机构中进行教科研工作一般需要涉及因素;理解这些因素的实质以及各因素之间的相互关系;了解学前教科研诊断的基本内容和学前教科研工作中常见的主要问题,以及从事学前教科研问题诊断的基本途径和方法;初步掌握对教科研工作中常见问题的实质进行判断和寻求解决的一般知识;形成利用这些知识提高自身教科研能力的意识,引发学生对改善教科研工作的关注和对教科研本身问题进行研究的兴趣。

二、课程内容

本章内容主要包括两个部分。它们分别是:1.学前教育机构中教研工作的诊断与咨询。2.学前教育机构中科研工作的诊断与咨询。其中的详细内容又包括学前教育机构中的教研科研工作在目标设立、方案制定与实施以及管理、评估等方面的常见问题以及一般性问题的解决策略。

第一节 学前教育教研工作的诊断与咨询

(一)学前教育教研工作的实质

学前教育机构中教研工作的实质是:立足研究和解决学前教育实践中的实际问题,并在研究的过程中不断改进教育教学工作的质量,使幼儿与教师共同获得更好的发展。

(二)学前教育教研工作的主要因素及其相互关系

学前教育机构中教研工作主要因素包括:教研组织、教研目标、教研方法、教研进程、教研资料、教研成果等六个方面。首先,教研组织主要涉及人力资源的结构优化问题,是所有教研活动展开的最根本的基础;其次,教研目标选择的得当与否直接牵涉到活动开展的必要性和可能性,是教研活动能否真正有效地展开和深入的主导前提;再次,方法、进程、资料搜集等因素的性质,是获得满意教研成果的重要保障;最后,对教研成果的客观评价,涉及成果对日后改进教育教学工作影响作用,是教研成果的价值得以发挥更大作用的桥梁。

(三)学前教研工作的诊断与咨询

——学前教研工作的常见问题、一般成因与可能的解决策略

1. 教研组织的诊断与咨询

(1)教研组织是否有利于增强参与教师的主体意识。

(2)教研组织是否有利于特定问题研究的展开。

(3)教研组织是否最大限度地充分利用了本单位的人力资源。

(4)教研组织有无可能争取本单位以外的咨询资源。

2. 教研目标的诊断与咨询

(1)教研目标是否来自本单位迫切需要解决的问题。

(2)教研目标是否具体明确。

(3)教研目标是否有可能达成。

(4)教研目标是否能转化为具体的预期成果。

3. 教研方法的诊断与咨询

(1)教研方法是否明确。

(2)教研是否注意采用多种方法协同解决复杂问题。

(3)教研方法是否能够切实解决需要解决的问题。

4. 教研进程的诊断与咨询

(1)教研开始前对进程是否有预先的大致规划。

(2)教研开始后是否注意按预先的规划进行。

(3)教研进行中是否注意在需要时对预先的规划进行调整。

5. 教研资料的诊断与咨询

(1)是否已经尽可能搜集了相关的文献资料。

(2)是否已经研究和整理了与问题有关的他人研究的信息。

(3)是否明确他人的研究信息对自己的研究有什么启发。

(4)是否已经对怎样收集、整理、保管自己的研究资料做出了初步的规划。

6. 教研成果的诊断与咨询

(1)教研的实际成果与预期成果是否一致。

(2)最终实际成果的价值是否真正明确。

(3)对教研成果的价值是否形成了利用的计划。

(4)是否有新的教研课题从刚告段落的教研活动中产生出来。

第二节 学前教育科研工作的诊断与咨询

(一)学前教育科研工作的实质

学前教育科研工作与教研工作相同的实质是:立足研究和解决学前教育实践中的实际问题,并在研究的过程中不断改进教育教学工作的质量,使幼儿与教师共同获得更好发展。学前教育科研工作与教研工作之所以被专门区分开来,是因为:科研还另外特别含有寻找教育科学的客观规律、发展建设教育科学理论体系的目的。

(二)学前教育科研工作的要素及其相互关系

科研与教研从本质上讲都是对教育教学的科学规律进行研究的实践活动。学前教育机构中科研与教研实际上工作的主要差别,目前主要还是教师或幼儿园自立的研究课题和向上级申报并接受管理和指导的研究课题之间的差别。因此,学前教育机构中科研工作的主要因素应为:科研目标的选择、科研方案的设计、科研组织的建立、科研进程的管理、科研资料的搜集整理分析、科研成果的鉴定以及成果价值的后继开发等方面。首先,科研目标选择的得当与否、科研组织的结构合理与否以及科研方案设计的完善程度,都会直接牵涉到科研课题申报的成功与否;其次,科研目标选择的得当与否、科研组织结构的合理与否也是所有科研活动展开的最根本的基础;再次,科研进程的管理和资料的搜集、整理、分析等工作的质量,也是获得满意科研成果的重要保障;最后,对科研成果的自我鉴定,不仅涉及科研成果是否能够通过上级主管部门的鉴定和对其进行后继开发利用的效果,更是为未来进一步开展科研工作奠定基础。

(三)学前教育科研工作中的常见问题、一般成因与可能的解决策略

1. 科研目标的诊断与咨询

(1)科研目标的价值。

(2)科研课题的来源。

(3)科研课题研究目标的合理性。

2. 科研方案的诊断与咨询

(1)文献检索。

(2)理论依据。

(3)方案与目标的一致性。

(4)方案的可操作性、可完成性。

3. 科研组织的诊断与咨询

(1)人员能力结构的合理性。

(2)人员组织分工的合理性。

(3)人员实际投入的可能性。

4. 科研管理的诊断与咨询

(1)有无具体的管理组织结构。

(2)有无可执行的管理方案。

(3)具体执行的管理是否得力。

5. 科研资料的诊断与咨询

(1)是否对资料的搜集、整理、分析做出了具体的规划。

(2)收集资料的规划是否合理。

(3)已经搜集的资料是否有漏洞。

(4)是否需要采取资料搜集的补救措施。

6. 科研成果的诊断与咨询
(1) 科研的实际成果与预期成果是否一致。
(2) 科研成果的实际价值如何。
(3) 科研成果推广价值是否已经做出了预期推广的规划。
(4) 是否有新的科研课题从成果中产生出来。

三、考核知识点
1. 学前教育教研工作的实质。
2. 学前教育教研工作的要素及其相互关系。
3. 学前教育教研工作中的常见问题。
4. 学前教育教研工作常见问题的一般成因。
5. 学前教育教研工作常见问题的一般解决策略。
6. 学前教育科研工作的实质。
7. 学前教育科研工作的要素及其相互关系。
8. 学前教育科研工作中的常见问题。
9. 学前教研科研工作常见问题的一般成因。
10. 学前教育科研工作常见问题的一般解决策略。

四、考核要求
识记：
1. 学前教育教研工作的要素。
2. 学前教育科研工作的要素。

领会：
1. 学前教育教研工作的实质。
2. 学前教育科研工作的实质。
3. 学前教育教研与科研的异同以及相互关系。
4. 学前教育教研工作中各要素之间的相互关系。
5. 学前教研科研工作中各要素之间的相互关系。
6. 学前教育教研工作中的常见问题及其一般成因。
7. 学前教育科研工作中的常见问题及其一般成因。

简单应用：

1. 能够根据书本知识判断学前教研机构中常见的教研问题的实质及其可能的成因。

2. 能够根据书本知识判断学前教研机构中常见的科研问题的实质及其可能的成因。

综合应用：

1. 能够根据书本知识对学前教育机构中常见的教研问题提出可能的解决策略。

2. 能够根据书本知识对学前教研机构中常见的科研问题提出可能的解决策略。

第六章　幼儿园教师的诊断与咨询

一、学习目的与要求

通过本章的学习，要求学生能够全面了解幼儿园教师角色期待与实际水准差异的基本要求，全面了解幼儿园教师专业化发展的诊断与咨询的基本要求，深入理解角色观念的是与非，正确判断角色行为的得与失，学会确定适宜的专业化发展目标并尝试付诸实践。

二、课程内容

第一节　幼儿园教师角色期待与实际水准差异的诊断与咨询

幼儿园教师的角色期待主要指人们对担任幼儿园教师者应该具有的角色观念、应该体现的角色行为的一般认识。理论上，幼儿园教师的角色期待与其实际水准应保持一致，然而实践中有时两者基本接近，有时两者有些差异，有时则差异较大。差异主要表现在幼儿园教师的角色期待高于其实际水准。幼儿园教师角色期待与实际水准差异的诊断与咨询的基本要求是：

（1）掌握幼儿园教师角色期待的理论依据。

(2) 掌握幼儿园教师角色期待的法的依据。
(3) 掌握来访者的实际水准。
(4) 能够正确分析差异成因。
(5) 能够商定解决策略。

(一) 幼儿园教师角色观念的诊断与咨询

观念是指客观事物在人们头脑中的表象。幼儿教师的角色观念主要是指作为幼儿教师应具有的正确、科学、全面的儿童观、教育观和教师观。由于幼儿教师所受的教育不同、工作与生活环境的不同等复杂因素的干扰，许多幼儿教师在观念上存在着差异，而角色观念是角色行为的先导，幼儿教师持有的观念将直接决定其在幼儿教育过程中的行为。这里将首先对幼儿教师的角色观念与实际水准差异的表现、成因进行分析，并探讨相应的解决策略。

1. 幼儿园教师儿童观的诊断与咨询
(1) 幼儿园教师应该具有怎样的儿童观——角色观念的理论依据或法的依据。
(2) 儿童观的偏差——来访者的实际水准。
(3) 角色观念与实际水准差异的一般成因。
(4) 角色观念与实际水准差异的一般解决策略。

2. 幼儿园教师教育观的诊断与咨询
(1) 幼儿园教师应该具有怎样的教育观——角色观念的理论依据或法的依据。
(2) 教育观的偏差——来访者的实际水准。
(3) 角色观念与实际水准差异的一般成因。
(4) 角色观念与实际水准差异的一般解决策略。

3. 幼儿园教师教师观的诊断与咨询
(1) 幼儿园教师应该具有怎样的教师观——角色观念的理论依据或法的依据。
(2) 教师观的偏差——来访者的实际水准。

（3）角色观念与实际水准差异的一般成因。

（4）角色观念与实际水准差异的一般解决策略。

（二）幼儿园教师角色行为的诊断与咨询

1. 幼儿园教师日常教育行为的诊断与咨询

（1）幼儿园教师应该具有怎样的日常教育行为——角色行为的理论依据或法的依据。

（2）幼儿园教师日常教育行为的偏差——来访者的实际水准。

（3）角色行为与实际水准差异的一般成因。

（4）角色行为与实际水准差异的一般解决策略。

2. 幼儿园教师教学行为的诊断与咨询

（1）幼儿园教师应该具有怎样的教学行为——角色行为的理论依据或法的依据。

（2）幼儿园教师教学行为的偏差——来访者的实际水准。

（3）角色行为与实际水准差异的一般成因。

（4）角色行为与实际水准差异的一般解决策略。

3. 幼儿园教师交往行为的诊断与咨询

（1）幼儿园教师应该具有怎样的交往行为——角色行为的理论依据或法的依据。

（2）幼儿园教师交往行为的偏差——来访者的实际水准。

（3）角色行为与实际水准差异的一般成因。

（4）角色行为与实际水准差异的一般解决策略。

第二节 幼儿园教师专业化发展的诊断与咨询

幼儿园教师的专业化发展是指幼儿园教师为了能更好地满足本职工作的需要，通过继续学习、不断努力，从而提高业务水平以及自身学历层次和职称级别。一般而言，幼儿园教师大多希望自己能在原有基础上有所发展，但由于各个教师的主客观条件的限

制,专业化发展的愿望往往未能及时实现。幼儿园教师专业化发展的诊断与咨询的基本要求是:

(1)广泛了解来访者工作年限、业务水平、学历层次及职称级别等基本情况。

(2)了解来访者专业化发展的动机。

(3)深入了解来访者专业化发展的近期目标和长远目标。

(4)理清实现来访者专业化发展目标的必要的主客观条件。

(5)分清来访者已经具备的主客观条件和尚不具备的主客观条件。

(6)能够确定来访者最重要的和最可能的近期目标。

(一)幼儿园教师专业化发展中的一般问题

(二)幼儿园教师专业化发展中一般问题的成因

1.问题的主观原因。

2.问题的客观原因。

(三)幼儿园教师专业化发展问题的解决策略

1.幼儿园教师应认识到教师专业化发展的多种不同途径。

2.幼儿园教师要通过不断地自我认识掌握自我。

3.幼儿园教师要确定专业化发展的目标并尽力落实。

4.幼儿园园长应认识到教师的专业化发展是不断提高幼儿教育质量的不可缺少的重要条件,应在思想上高度重视、行动上积极支持。

三、考核知识点

1.幼儿园教师的角色期待。

2.幼儿园教师角色期待的理论依据。

3.幼儿园教师角色期待的法的依据。

4.幼儿园教师角色期待与实际水准差异的一般解决策略。

5.幼儿园教师专业化发展中的一般问题及其成因。

6.幼儿园教师专业化发展问题的解决策略。

四、考核要求
识记：
1. 幼儿园教师的角色期待。
2. 幼儿园教师的专业化发展。

领会：
1. 幼儿园教师角色期待的理论依据。
2. 幼儿园教师角色期待的法的依据。
3. 幼儿园教师专业化发展中的一般问题及其成因。

简单应用：
1. 幼儿园教师角色期待与实际水准差异的一般解决策略。
2. 幼儿园教师专业化发展问题的解决策略。

综合应用：
1. 联系自身实际，进行幼儿园教师角色期待与实际水准差异的诊断，并提出可行性建议。
2. 提出专业化发展目标，分析目标实现的必要性和可能性，并提出保障措施。

第七章 学前教育机构体制的诊断与咨询

一、学习目的与要求

通过本章的学习，能使学生理解学前教育体制的基本类型及对其进行诊断与咨询的基本内容范围；了解学前教育行政体制和学前教育结构内部体制的差别；熟悉学前教育行政体制和机构内部体制诊断与咨询的基本价值标准，引发学生深入思考学前教育体制中存在的主要问题及解决的主要对策。

二、课程内容

第一节 学前教育行政体制的诊断与咨询

学前教育行政体制是指在我国整体的行政体制的大背景中，

各级学前教育行政的机构、权限、责任等的分配形式。由于我国的基础教育实行"地方负责、分级管理"的政策,因此,不同地区的学前教育行政体制有不同的特点。对学前教育行政体制进行诊断与咨询的一般要求是：

(1) 全面把握学前教育行政体制的现实。
(2) 关注整个教育行政体制乃至整个政府行政体制的状况。
(3) 关注各层次行政机构间的多维度的关系。
(4) 关注学前教育行政体制的演变和发展。
(5) 关注学前教育行政体制的法理和政策依据。

学前教育行政体制的诊断与咨询应从以下几个方面加以考虑：

1. 机构的设置和人员配备

学前教育行政机构的设置是各级政府根据国家有关的法理文件,结合地方学前教育事业发展的实际,考虑学前教育管理的传统,来设立管理学前教育的专门机构,并为这一机构配备相应的管理人员。对学前教育行政机构设置和人员配备的诊断与咨询应从以下几个方面加以考虑：

(1) 机构的有和无。
(2) 人员的有和无。

2. 各级行政部门的权限

拥有一定的权限是行政机构开展工作的基本条件。权限是指行政部门的权力界线、范围。对行政机构权限的诊断与咨询应从以下几个方面加以考虑：

(1) 权限的清晰与模糊。
(2) 权力的合理与不合理。
(3) 权限的稳定与变化。

3. 各级行政部门的责任

行政机构拥有一定的权力,就应该承担相应的责任,责任是行政机构和有关的行政人员履行的有关行政义务。对行政部门责任的诊断与咨询应从以下几个方面加以考虑：

(1)责任的清晰与模糊。

(2)责任的合理与不合理。

(3)责任的稳定与变化。

4.行政体制中的沟通

行政沟通是各级行政部门之间协调、合作的重要途径。有没有良好的沟通，也是衡量行政机构设置、行政人员配备及行政权限分割是否合理的重要途径。对行政沟通的诊断与咨询应从以下几个方面加以考虑：

(1)信息沟通的有效与无效。

(2)视导与汇报的制度化与非制度化。

(3)不同层次不同类型的行政机构之间的协作与对抗。

第二节 学前教育机构体制的诊断与咨询

学前教育机构体制是指幼儿园等学前教育机构（本书主要指幼儿园）内部的管理体制，具体地说，涉及幼儿园内部的机构设置、人员配备及权力分配。学前教育机构体制的诊断与咨询的基本要求是：

(1)深入考察幼儿园的内部体制。

(2)关注幼儿园内部体制与外部行政体制的关系。

(3)关注不同幼儿园的性质。

(4)关注幼儿园内部体制的合理性与合法性。

(5)关注幼儿园现有体制的成效。

学前教育机构体制的诊断与咨询应从以下几方面加以考察：

1.次级机构和人员的设置与配备

学前教育机构内部各分机构是幼儿园根据国家有关的法理文件，结合幼儿园事业发展的实际，考虑幼儿园管理的传统加以设立的，并为这些分机构配备相应的管理人员。对学前教育机构设置和人员配备的诊断与咨询应从以下几个方面加以考虑：

（1）次级机构和人员的有与无。

（2）次级机构及相关人员设置和配备的合理与不合理。

2. 次级机构的权限

拥有一定的权限是行政机构开展工作的基本条件。权限是行政部门的权力界线、范围。幼儿园也应履行相应的行政职能，幼儿园及其分机构也拥有一定的权限。对幼儿园中各分机构的权限的诊断与咨询应从以下几个方面加以考虑：

（1）权限的清晰与模糊。

（2）权限的合理与不合理。

（3）权限的稳定与变化。

3. 次级机构的职责

在幼儿园中，各分机构拥有一定的权力，就应该承担相应的责任，在此，责任是幼儿园中各分机构和有关人员履行有关的工作义务。对各分机构责任的诊断与咨询应从以下几个方面加以考虑：

（1）职责的清晰与模糊。

（2）职责的合理与不合理。

（3）责任的稳定与变化。

4. 机构体制中的沟通

行政沟通是各级行政部门之间协调、合作的重要途径。幼儿园中，各分机构也应该有良好的沟通。有没有良好的沟通，在一定程度上，决定了幼儿园总体体制的运行水平和质量。对机构体制中各分机构的沟通的诊断与咨询应从以下几个方面加以考虑：

（1）下情上达与上情下达的有效与无效。

（2）检查与汇报的制度化与非制度化。

（3）不同层次行政机构之间的协作与对抗。

三、考核知识点

1. 学前教育行政体制包含的基本要素。

2. 学前教育机构内部体制包含的基本要素。
3. 学前教育行政体制的诊断与咨询。
4. 学前教育机构内部体制的诊断与咨询。

四、考核要求

识记:
1. 学前教育行政体制与学前教育机构内部体制。
2. 体制包含的基本要素。

领会:
1. 不同地区的学前教育体制的差异与学前教育体制的诊断与咨询的内容范围之间的关系。
2. 机构设置与人员配备的诊断与咨询。
3. 权限分配的诊断与咨询。
4. 责任分摊的诊断与咨询。
5. 不同层次或不同机构之间沟通的诊断与咨询。

简单应用:
1. 对某一学前教育行政机构的某一要素(如人员配备、责任分摊等)进行诊断与咨询。

综合应用:
1. 综合学前教育行政机构的各基本要素的诊断信息,对某一级学前教育行政体制状况进行综合咨询。
2. 综合学前教育机构内部各分机构的诊断信息,对学前教育机构整体的体制状况进行深入的咨询。

Ⅲ 有关说明与实施要求

一、关于考试目标的说明

为使考核内容具体化和考试要求标准化,本大纲在列出考试内容的基础上对各章规定了考核目标,包括考核知识点和考核要求。明确考核目标,有助于考生进一步明确考试内容和要求,更有目的地系统学习;也有助于明确命题范围,合理地安排试题的难易程度。

本大纲的考核知识点按照识记、领会、简单应用及综合应用四个层次规定其应达到的要求。各能力层次的含义如下。

识记:能知道有关的名词、概念、知识的含义,并能正确认识和表述。

领会:能全面理解和把握基本概念、基本原理、基本方法及重点内容。

简单应用:在领会的基础上,联系实际解决一些简单的问题。

综合应用:在领会的基础上,综合运用本课程所学知识,联系实际解决问题。

二、关于自学教材

《学前教育诊断与咨询》,全国高等教育自学考试指导委员会组编,顾荣芳主编,高等教育出版社出版。

三、自学方法指导

1. 在全面系统学习的基础上,掌握基本概念、基本理论。学前教育诊断与咨询内容涉及诊断与咨询基本原理、课程诊断与咨询、环境诊断与咨询、师资诊断与咨询、教科研诊断与咨询、管理体制诊断与咨询等各个方面,考生应首先全面系统地学习各章、在此基础上掌握重点。

2. 记住要求识记的名词和基本概念。

3. 在理解的基础上,掌握重点内容,并能理论联系实际加以运用。

四、对社会助学的要求

社会助学者应根据本大纲规定的考试内容和考核目标,认真钻研教材,掌握全部考试内容和考核知识点。

五、关于命题考试的若干要求

1. 本课程的命题考试,应根据大纲规定的考试内容和考试目标来确定考试范围和考核要求。考试命题要覆盖到各章,并适当突出重点章节。

2. 本课程在试题中对不同能力层次要求的分类比例一般为:识记15%,领会40%,简单应用15%,综合应用30%。

3. 每份试卷中,不同难易度试题的分数比例一般为:易,占20%;较易,占30%;较难,占30%;难,占20%。试题的难易度与能力层次不是一个概念。

4. 本课程考试试卷采用的题型一般为简答题、论述题和案例分析题等。

附录 题型举例

一、简答题
1. 什么是学前教育诊断?
2. 设置游戏环境的对策有哪些?

二、论述题
1. 试分析学前教育诊断与咨询的基本过程。
2. 学前教育机构体制的诊断与咨询应主要从哪些方面加以考察?

三、案例分析题
举例略。

《自学考试大纲》后记

《学前教育诊断与咨询自学考试大纲》是根据全国高等教育自学考试学前教育专业考试计划(独立本科段)的要求拟定的。2001年1月,教育类专业委员会召开大纲审稿会,对大纲提出了具体的审核意见。会后,编写人员根据审稿会意见对大纲进行了认真修改和完善。经复审后定稿。

本大纲由南京师范大学顾荣芳博士、副教授编写。参加审稿的专家有:华东师范大学李季湄教授,北京师范大学陈帼眉教授等。

全国高等教育自学考试指导委员会审定通过本大纲。

谨向参加大纲编写和审稿的专家表示感谢!

全国高等教育自学考试指导委员会
教育类专业委员会
2002年8月